津派文化研究

第 1 辑

津派文化研究中心 编

天津社会科学院出版社

图书在版编目（CIP）数据

津派文化研究. 第一辑 / 津派文化研究中心编.
天津 ： 天津社会科学院出版社，2025.6. -- ISBN 978
-7-5563-1096-8

Ⅰ. G127.21

中国国家版本馆 CIP 数据核字第 2025FL3371 号

津派文化研究. 第一辑
JINPAI WENHUA YANJIU.DI YI JI
责任编辑： 李思文
装帧设计： 安　红
出版发行： 天津社会科学院出版社
地　　址： 天津市南开区迎水道 7 号
邮　　编： 300191
电　　话：（022）23360165
印　　刷： 北京盛通印刷股份有限公司
开　　本： 710×1000　　1/16
印　　张： 18.5
字　　数： 200 千字
版　　次： 2025 年 6 月第 1 版　　2025 年 6 月第 1 次印刷
定　　价： 68.00 元

融通南北　互鉴中西

——祝贺《津派文化研究》集刊创刊

天津,是一座由河海文化与近代历史编定的城市。

与中国历史悠久传统的城市相比,天津,还是一座晚近发展起来的城市。

八百年前的南宋时期,临安已经发展成世界上最大、最繁华的都城;那时,被称作"直沽"的天津,才刚刚诞生。

不过,这时中国的政治生态已悄然发生变化。

原本诞生在黄河流域的中原文明和农耕技术,在历史的推动下,渐渐转移到江淮,甚至更远的岭南地区。而中国的政治重心,则向可以沟通蒙古草原、东北地区和江淮岭南的燕山平原转移。历史运行的标志,是哪个政权能够掌控燕山平原的中心,哪个政权就有可能把握天下,统一中国。

由于天津身边流淌着一条直通大海的海河,又有着南北运河与海河源头的交汇,是距离首都最近和最为便捷的交通枢纽,也是供应首都物资链的最后一站,遂使这里的三岔河口,很快发展成中国最为繁盛的内河港——直沽港。从此,天津城市有了因河海交融而形成的丰饶、完整的鲜活生命。

河海通津的优越区位，盐漕之利的经济，使天津成为"粮艘商舶，往来之冲"，也造就了这座城市"聚天下之粟，致天下之货"的特殊地位。

经济崛起了，城市对文化的渴望与需求，接踵而至。一批底蕴丰厚的江淮名士，因受礼遇沿运河北上，定居天津。所谓"吴老弹棋品第一，柳朱绘事技殊工。黄图他日编方技，掌录人才半寓公。"天津文化也因燕赵风骨与江淮底蕴的完美融合，得到了充分的填补与提升，并逐步彰显。

经过两次鸦片战争，中华古老文明开始受到近代文明的强烈冲击。

创巨痛深的教训，迫使国人不得不反求诸己，这才发现在两种互不交融的现实碰撞中，自身与世界的巨大差距。

正是在时代变局的磨砺中，开启了一场以天津为窗口和跳板，取才异邦，借鉴世界的近代化建设。其中，既有物质，也有思想；既有经济，也有政治；既有文化，也有教育。只用了半个多世纪的时间，天津，一举成长为中国北方最大的工商业和港口贸易城市。而这一切，又无不是河、海带来的文明互鉴的赐予。文明互鉴，为天津注入了饱含改变的动力。

河与海，赋予了因城市底蕴而铸就的津派文化。独有的多元包容，融通和谐，通俗实际，开放创新的特色与精神和气质，既保留传统，又拥抱世界，是津派文化与众不同的特色。800年的漫长岁月，已将这一切深深刻印在这座城市的生命之中，成为这座城市过去、现在与未来密不可分的衔接。河与海,自古至今,为津派文化脉动出无限的创新发展活力。

思考,始终是人类生命成长的支撑。

一座城市和一个人一样,她的辉煌,往往不是比别人强多少,而是善用别人的长处。近代以来,我们这样做了,而且做得很成功。这一历史经验,在推动文化传承发展上的善作善成上,至关重要。

如今,津派文化在光晕绽放的同时,也开启了新的力量之门,不但增强了天津这座中国历史文化名城的魅力,还能给人以深邃的"津味"感受。

为深入研究津派文化,进一步擦亮津派文化品牌,努力做好津派文化的传承发展,《津派文化研究》集刊正式创刊。

这部"集刊"与读者见面,不仅是一种学术研究上的情愫,更是一个时代对于历史与社会的热情召唤。

学术,从不在于跟随,而在于自我探求。我们读的是书,看的却应该是整个世界。

衷心期望,"集刊"在一个崭新时代的浇灌与呵护下,成长为一棵参天大树,一面沐浴阳光,一面洒落阴凉,把自己站立成永恒。

罗澍伟

2025 年 6 月 2 日

目　录

· 津派文化专题论丛 ·

· 津派文化名家学人 ·

· 学术述评 ·

CONTENTS

· Special Series on Tianjin Culture ·

· Renowned Scholars of Tianjin Culture ·

· Academic Review ·

论文明交流互鉴重要论述的人类命运观照*

On the Important Discussion of Exchanges and Mutual Learning Among Civilizations：Caring for the Destiny of Mankind

纪亚光

内容提要：文明交流互鉴重要论述是对"世界文明向何处去"这一时代之问做出的科学回答，突破了人类文明走向"文明冲突"的困境。文明交流互鉴以人的交流互鉴为核心，以构建人类命运共同体和创造人类文明新形态为价值旨归，是实现人类文明进步与世界和平发展的重要动力。在文明交流互鉴重要论述的引领下，中国着眼于人类前途命运和整体利益，展开与其他文明的交往互动，在"一带一路"和构建人类命运共同体、建立国际多边合作机制、捍卫国家主权、提高本民族文化和文明的自主性、弘扬全人类共同价值等方面采取一系列实践举措。"文明交流互鉴"摆脱了西方资本主义治理

* 本文为研究阐释党的二十届三中全会精神国家社会科学基金重大专项"坚持用改革精神和严的标准管党治党的理论创新和机制建设研究"（24ZDA106）、山东省社科专项重点项目"习近平总书记关于党的建设的重要思想研究"（23CXSXJ13）的阶段性成果。

模式及价值准则难以实现各地区均衡发展、全球化的良性循环的局限,实现了对西方现代性的扬弃和超越,从人类文明的前途命运和全人类整体利益出发,为人类社会实现共同繁荣进步提供了中国智慧和中国方案。

关键词:文明交流互鉴 文明冲突论 人类命运共同体 西方现代性

文明交流互鉴重要论述是习近平总书记在世界经历百年未有之大变局的时代背景下,对"世界文明向何处去"时代之问的科学回答。从2013年习近平总书记首次提出"文明交流互鉴"以来,学界的相关研究成果丰硕,尤其是从国际政治、对外交往、人类文明等视域的新视角研究,通过对比东西方文明不同历史观的演变,就"文明交流互鉴"对"文明冲突论"的超越性蕴涵进行了有益探讨,但仍存在有待进一步探讨的空间:一是围绕文明交流互鉴重要论述的生成逻辑、价值意义等方面的研究,涵盖的论域有重叠,对其不同阶段的内涵要义和具体实践特征的考察尚需深入;二是从学术史文明范式变迁、西方现代性的反思维度剖析"文明交流互鉴"对人类命运的现实观照有待深化。有鉴于此,本文从国际学界文明范式变迁脉络入手,基于习近平总书记关于文明交流互鉴的重要论述,梳理文明交流互鉴理论与实践的演进过程,探析文明交流互鉴所蕴含的深切人类命运观照。

一、文明论"去西方中心化"的变迁： 文明交流互鉴问题的缘起

2014 年 3 月 27 日,习近平总书记在联合国教科文组织总部的演讲中全面深刻阐述文明交流互鉴的看法和主张,强调"应该推动不同文明相互尊重、和谐共处,让文明交流互鉴成为增进各国人民友谊的桥梁、推动人类社会进步的动力、维护世界和平的纽带"①。为理解这一重要论述的理论和现实意义,有必要系统考察国际学界关于文明论研究范式②的变迁脉络。

自 20 世纪 90 年代初冷战结束之后,民族主义和宗教势力勃然兴起。日本思想家池田大作称这一时期为"取代以往的美苏两极体制,开辟人类融合之路的新秩序尚未形成"的内部秩序混沌的时代。在此背景之下,社会科学领域学者展开对学术范式的反思与探讨。最为代表性的理论是 1993 年美国政治学家塞缪尔·亨廷顿(Samuel Huntington)提出的"文明冲突论"。亨廷顿认为,冷战结束后的国际政治冲突将主要由来自不同文明的国家和团体引发的文明冲突所主导。他指出,1648 年《威斯特伐利亚和约》之后西方世界的冲突是君主之间的战争;1793 年法国大革命之后是民族国家之间的战争;1917 年俄国革命之后是意识形态的冲突,如上都可以说是西方

① 习近平:《在联合国教科文组织总部的演讲》,《光明日报》2014 年 3 月 28 日,第 2 版。
② 范式(paradigm)是托马斯·库恩(Thomas Kuhn)在讨论科学革命的结构时提出来的,指某一"科学家集团"或"科学共同体"成员共同持有基本理论或实践这一理论的"模型或模式"。

文明之间的战争。然而,随着冷战的结束,国际政治已经超出了西欧的框架,国际问题的核心在于西方文明与非西方文明之间的冲突与斗争。亨廷顿指出,冷战时期是意识形态冲突时期,而冷战结束后则是文明冲突时期。由于西方文明之间的冲突尖锐化,西方世界的战争将由军事争端转为不同文明之间的斗争。亨廷顿强调,儒教与伊斯兰教之间日益紧密的关系正在挑战西方的利益、价值观和权力①。

　　亨廷顿"文明冲突论"一经发表便在学界引发了广泛争论。有学者指出,亨廷顿将"文化学意义上的文明互动关系嫁接到国际政治领域"作为主要的分析范式具有一定高明之处,但以动态的、相对的、变化的国际现实得出一个绝对的文明冲突主宰全球政治的观点有失偏颇②;日本学者神川正彦认为,亨廷顿"文明冲突论"尽管引入了"文明"这一术语和视角,但其理论是在旧有国际政治的学术范式之下,将"板块文明"③与国际政治框架下"民族国家"的角色同等看待,由此将"文明"视为"文明冲突论"的主体,欠缺对地球文明是在诸多文明相互作用、超出民族国家的层面而产生的关注,无视了

---

① 参见塞缪尔·亨廷顿:《文明的冲突与世界秩序的重建》,周琪、刘绯、张立平等译,新华出版社,1999。

② 刘靖华:《冷战后世界冲突问题——评塞缪尔·亨廷顿的文明冲突论》,《世界经济与政治》1994 年第 2 期。

③ "文明冲突论"把世界划分为八个文明板块,预测后冷战时代的国际冲突将在这些文明之间进行,各文明交界的"断层线"地区尤其可能爆发剧烈的冲突,世界将呈现文明间集团对抗的情况。

文明的主体性和内部的多样性①。相较于将文明论引入民族国家框架下的做法，美国前国务卿亨利·基辛格（Henry Alfred Kissinger）提出"多极均衡论"，认为在冷战结束之后永久的敌对或友好的国家均不存在，因此美国、俄罗斯、日本和中国都将在国际政局中占据主导作用，意识形态的对立以及安全保障措施的威胁也并不会发生。②此外，不仅以亨廷顿为代表的基于国际政治的学术范式提出的文明论受到质疑，长期以来以世俗化理论为主要学术范式的宗教社会学，伴随世界各地的宗教复兴，其分析框架也有所变化。宗教社会学最初聚焦二战后高度工业化社会中宗教变革的社会因素，其研究基于现代民族国家的假设，认为现代的民族国家体系与民主政治只能在宗教的背景下产生。日本学者山中弘认为，在后冷战时代，有必要转变研究立场，阐明现代民族国家本身的意识形态性质。此外，他指出，古典宗教社会学基于近代西方兴起的民族国家模式秉持的世俗化理论已不合时宜，要理解当代全球化时代下的宗教变革，就必须摆脱基于现代西欧宗教史的现代主义历史观框架。③

如上所述，在世纪之交的历史节点上，伴随全球化的发展，西方现代文明的主流地位受到挑战，原有以民族国家作为基本研究单位

---

① 神川正彦：《比較文明の方法：新しい知のパラダイムを求めて》，《刀水歴史全書 37（比較文明学叢書 2）》，刀水書房，1995，第 127–129 页。

② 《基辛格在日本"北陆地区论坛"的演说》，《读卖新闻》1993 年 11 月 27 日，转引自刘靖华《冷战后世界冲突问题——评塞缪尔·亨廷顿的文明冲突论》，《世界经济与政治》1994 年第 2 期。

③ 山中弘：《宗教社会学の歴史観》，载池上良正等编《宗教史の可能性》（岩波讲座宗教第 3 卷），岩波书店，2004，第 107–129 页。

的文明范式在冷战后的世界格局中已禁不住推敲。此时,学界的文明范式逐步走向"去西方中心化",试图通过探寻和构建新的文明论将其取而代之。其中较为代表性的有伊曼纽尔·沃勒斯坦(Immanuel Wallerstein)的世界体系理论,以及安东尼·吉登斯(Anthony Giddens)、罗兰·罗伯逊(Roland Robertson)等人的全球化理论。① 沃勒斯坦是旗帜鲜明"去西方中心化"的代表,他用体系代替国家,从全球角度探讨资本主义与社会主义世界体系之间的关系,将文明的概念嵌入世界体系理论之中。沃勒斯坦认为,资本主义并非唯一的文明,全球化过程将带来多种文明共存共生,资本主义文明会因其他文明的崛起和发展而受到挑战。② 安东尼·吉登斯将全球化与制度性转变紧密联系在一起,指出全球化是西方制度在全世界蔓延并与其他文化相互交错、发展推演的复杂过程。③ 此外,罗兰·罗伯逊也抛弃了"国家中心论"。他以"民族国家社会"为参照点分析人类文明状况,认为全球文化不应以某一种文化为中心,而是由多元文化共同构成。总之,在"冷战"已结束和新秩序尚未形成的背景之下,学界对西方现代文明的批判与反思成为共识。

进入 21 世纪,虽然以中国为代表的新兴经济体积极参与国际贸易体系助推全球化达到前所未有的高度,但全球金融危机的发生为逆全球化浪潮埋下伏笔。1999 年世界贸易组织西雅图会议期间,

---

① 文军:《90 年代西方社会学视域中的全球化理论评析》,《开放时代》1999 年第 5 期。

② 伊曼纽尔·沃勒斯坦:《现代世界体系》第一卷,罗荣渠等译,高等教育出版社,1998,第 1 页。

③ Anthony Giddens, *The Consequences of Modernity*, Cambridge: Polity Press, 1990, p175.

发生了震惊世界的反全球化示威。在 2008 年金融危机之后,全球贸易额占全球 GDP 比重开始出现显著下降,金融体系的不稳定性令全球化产生了裂痕,发达国家与发展中国家之间资源分配不均衡引发的矛盾突显。正如美国著名左翼学者阿里夫·德里克(Arif Dirlik)所说,资本主义全球化意味着资本主义的固有矛盾从国家层面转为世界矛盾。他指出:"全球化在当代的概念化的直接先驱者是现代化话语,它根植于被资产阶级(当时尤其是美国)称之为的'文明'中。"①此外,他主张"根据资本主义现代性所勾勒的幻景来改造世界"。② 以美国为首的霸权主义国家试图将危机转嫁至全球,引发广大发展中国家的不满,进而选择逆全球化战略。总之,愈演愈烈的逆全球化浪潮表明,资本主义治理模式、西方现代文明的价值准则在全球范围内已陷入困境。

人类文明应该通向何处去? 党的十八大以来,以习近平同志为核心的党中央对这一时代课题做出了科学回答,主张不同文明之间展开文明交流互鉴以化解冲突。从学术史文明论研究范式变迁的维度来看,习近平总书记提出"文明交流互鉴"重要论述是源于对人类前途命运的现实观照。一方面,西方现代文明旧有的以民族国家为研究单位的假说难以适应 20 世纪 90 年代以来的第三次全球化浪潮;另一方面,西方文明的治理模式及价值准则在资本主义向世

---

① 阿里夫·德里克:《跨国资本主义时代的后殖民批评》,王宁等译,北京大学出版社,2004,第 8 页。

② 阿里夫·德里克:《全球主义与地域政治》,王春梅、王怡福译,《马克思主义与现实》1998 年第 5 期。

界扩张的过程中,不能在全球范围内实现各地区均衡发展、各国家共同繁荣进步,难以实现全球化的良性循环,由此所引发的逆全球化浪潮更是将人类文明重新推向"文明冲突论"的困境。在人类文明史转折点上,"文明交流互鉴"正是"人类向何处去"这一时代命题的客观反映,体现着人类历史发展到新阶段的必然要求。

二、文明交流互鉴重要论述的理论内涵

基于习近平总书记关于文明交流互鉴的重要论述,从是什么、理论核心、态度原则、作用效能、价值旨归五方面,可以缕析其理论内涵。

第一,何为文明交流互鉴。习近平总书记指出:"文明交流互鉴,是推动人类文明进步和世界和平发展的重要动力。"①一方面,文明交流互鉴推动人类文明进步。2014 年 3 月,习近平总书记在联合国教科文总部演讲中强调:"中华文明是在中国大地上产生的文明,也是同其他文明不断交流互鉴而形成的文明。"②中国人自古有"和而不同"的传统,中华文明之所以经历 5000 多年历史变迁始终一脉相承,正是由于同其他文明不断交流互鉴、学习、消化、融合、创新。2019 年 5 月,习近平总书记在亚洲文明对话大会开幕式上说,丝绸之路、茶叶之路等记录着亚洲先人们交往交流、互通有无的文

---

① 习近平:《在联合国教科文组织总部的演讲》,《光明日报》2014 年 3 月 28 日,第 2 版。
② 习近平:《在联合国教科文组织总部的演讲》,《光明日报》2014 年 3 月 28 日,第 2 版。

明对话,亚洲文明在同世界文明的交流互鉴中发展壮大。① 另一方面,文明交流互鉴促进世界和平发展,是增进各国友谊的纽带和桥梁。2014 年 5 月,习近平总书记在出席中国国际友好大会时指出:"要通过推动跨国界、跨时空、跨文明的交流互鉴活动,促进各国人民相互了解、相互理解、相互支持、相互帮助,在世界各国人民心灵中坚定和平理念、坚定共同发展理念,形成防止和反对战争、推动共同发展的强大力量"。②

第二,文明交流互鉴的核心是人的交流互鉴。其原因可从三方面来检视。其一,人与人的交流,使各国人民跨越国界、增强不同文明之间的理解和信任。2014 年 5 月 22 日下午,习近平总书记在上海召开的外国专家座谈会上指出,"文明交流互鉴,首先是人的交流互鉴",要加强国际人才的交流合作,以推动不同文明相互尊重和世界各国人民的相互理解。③ 其二,人文交流为促进民心相通、推进文明交流互鉴创造条件。习近平总书记在亚洲文明对话大会开幕式上说:"人是文明交流互鉴最好的载体。深化人文交流互鉴是消除隔阂和误解、促进民心相知相通的重要途径。"④其三,人民性是中

① 习近平:《深化文明交流互鉴　共建亚洲命运共同体——在亚洲文明对话大会开幕式上的主旨演讲》,《光明日报》2019 年 5 月 16 日,第 2 版。
② 习近平:《在中国国际友好大会暨中国人民对外友好协会成立 60 周年纪念活动上的讲话》,《光明日报》2014 年 5 月 16 日,第 2 版。
③ 新华社:《习近平:不拒众流方为江海　中国永做学习大国》,载人民网·时政 2014 年 05 月 23 日:http://politics. people. com. cn/n/2014/0523/c1024 - 25058425. html,访问日期:2025 年 1 月 23 日。
④ 习近平:《深化文明交流互鉴　共建亚洲命运共同体——在亚洲文明对话大会开幕式上的主旨演讲》,《光明日报》2019 年 5 月 16 日,第 2 版。

国共产党的鲜明底色,中国共产党始终为人民谋幸福、为民族谋复兴、为人类谋进步、为世界谋大同。2023 年 3 月,习近平总书记在中国共产党与世界政党高层对话会上强调,面对现代化之问,"我们将始终把自身命运同各国人民的命运紧紧联系在一起,努力以中国式现代化新成就为世界发展提供新机遇,为人类对现代化道路的探索提供新助力,为人类社会现代化理论和实践创新作出新贡献"。[①]他曾在全球文明倡议中强调:"要共同倡导加强国际人文交流合作,探讨构建全球文明对话合作网络,丰富交流内容,拓展合作渠道,促进各国人民相知相亲,共同推动人类文明发展进步"。[②]

第三,文明交流互鉴应秉持的态度和原则。从 2013 年习近平总书记首次提出"文明交流互鉴"十余年来,关于文明交流互鉴的态度和原则的论述不断丰富发展。首先,文明交流互鉴需认识到文明的三个特征:文明是"多彩的""平等的""包容的"。2014 年 3 月,习近平总书记深刻指出,文明交流互鉴的价值在于文明的丰富多彩,进行交流互鉴应该以平等为前提,人类文明因包容才有交流互鉴的动力。[③] 其次,文明交流互鉴要做到四个坚持。2019 年 5 月,习近平总书记在亚洲文明对话大会的主旨演讲中指出,文明交流互鉴要坚持相互尊重、平等相待,坚持美人之美、美美与共,坚持开放包容、互学互鉴,坚持与时俱进、创新发展,共同创造亚洲文明和世

① 习近平:《携手同行现代化之路——在中国共产党与世界政党高层对话会上的主旨讲话》,《人民日报》2023 年 3 月 16 日,第 2 版。

② 习近平:《携手同行现代化之路——在中国共产党与世界政党高层对话会上的主旨讲话》,《人民日报》2023 年 3 月 16 日,第 2 版。

③ 习近平:《在联合国教科文组织总部的演讲》,《光明日报》2014 年 3 月 28 日,第 2 版。

界文明的美好未来。① 再次,文明交流互鉴要坚守文化自信。2019年 11 月,习近平总书记在致信祝贺甲骨文发现和研究 120 周年时强调,要坚定文化自信,促进文明交流互鉴,为推动中华文明发展和人类社会进步作出新的更大的贡献。② 最后,文明交流互鉴应抛弃对抗思维、弘扬全人类共同价值。2021 年 4 月,习近平总书记在博鳌亚洲论坛开幕式的主旨演讲中指出:"要摒弃冷战思维和零和博弈,反对任何形式的'新冷战'和意识形态对抗。国与国相处,要把平等相待、互尊互信挺在前面,动辄对他国颐指气使、干涉内政不得人心。要弘扬和平、发展、公平、正义、民主、自由的全人类共同价值,倡导不同文明交流互鉴,促进人类文明发展。"③

第四,文明交流互鉴的作用。其一,文明交流互鉴有利于国家在捍卫主权斗争中获得支持、实现人类社会共同发展进步。2014 年6 月,习近平总书记在中阿合作论坛第六届部长级会议开幕式上的讲话中指出:"中阿人民在维护民族尊严、捍卫国家主权的斗争中相互支持,在探索发展道路、实现民族振兴的道路上相互帮助,在深化人文交流、繁荣民族文化的事业中相互借鉴。"④其二,文明交流互鉴有助于提升本民族文化、文明自主性,为实现民族复兴提供精神

---

① 习近平:《深化文明交流互鉴 共建亚洲命运共同体——在亚洲文明对话大会开幕式上的主旨演讲》,《光明日报》2019 年 5 月 16 日,第 2 版。

② 《习近平致信祝贺甲骨文发现和研究一百二十周年强调 坚定文化自信 促进文明交流互鉴》,《人民日报》2019 年 11 月 3 日,第 1 版。

③ 习近平:《同舟共济克时艰,命运与共创未来——在博鳌亚洲论坛 2021 年年会开幕式上的视频主旨演讲》,《光明日报》2021 年 4 月 21 日,第 2 版。

④ 习近平:《弘扬丝路精神,深化中阿合作——在中阿合作论坛第六届部长级会议开幕式上的讲话》,《光明日报》2014 年 6 月 6 日,第 2 版。

动力。2016 年 1 月,习近平总书记在阿拉伯国家联盟总部的演讲中指出,中国倡导文明交流互鉴,"将继续毫不动摇支持中东、阿拉伯国家维护民族文化传统,反对一切针对特定民族宗教的歧视和偏见"。① 其三,文明交流互鉴可以提高国际形象,推动本民族文化、文明走向世界。2022 年 12 月,习近平总书记在对非物质文化遗产保护工作作出重要指示强调:"要推动中华优秀传统文化创造性转化、创新性发展,不断增强中华民族凝聚力和中华文化影响力,深化文明交流互鉴,讲好中华优秀传统文化故事,推动中华文化更好走向世界。"②

第五,文明交流互鉴的价值旨归。一方面,文明交流互鉴是构建人类命运共同体重要的价值前提。当今世界形势处于百年未有之大变局,中国从人类命运的现实观照出发,积极应对人类共同挑战,构建在谋求本国发展中促进各国共同发展的人类命运共同体。而文明交流互鉴促进不同文明之间形成人类共同价值观,是构建人类命运共同体的重要途径。2023 年 9 月,习近平总书记在致 2023 北京文化论坛的贺信中强调:"加强同全球各地的文化交流,共同推动文化繁荣发展、文化遗产保护、文明交流互鉴,践行全球文明倡议,为推动构建人类命运共同体注入深厚持久的文化力量。"③另一方面,文明交流互鉴旨在于弥补"文明冲突论"二元对立思考范式的

① 习近平:《共同开创中阿关系的美好未来——在阿拉伯国家联盟总部的演讲》,《光明日报》2016 年 1 月 22 日,第 3 版。

② 《习近平对非物质文化遗产保护工作作出重要指示强调:扎实做好非物质文化遗产的系统性保护 推动中华文化更好走向世界》,《人民日报》2022 年 12 月 13 日,第 1 版。

③ 《习近平向 2023 北京文化论坛致贺信》,《人民日报》2023 年 9 月 15 日,第 1 版。

不足,创造人类文明新形态。2023年8月,习近平总书记在金砖国家工商论坛闭幕式上指出:"蓄意鼓噪所谓'民主和威权'、'自由和专制'的二元对立,只能造成世界割裂、文明冲突。"①中国坚持文明交流互鉴,提出全球文明倡议,强调促进世界文明多样性,弘扬全人类共同价值,就是要促进不同文明百家争鸣、百花齐放,打破交流壁垒,创造人类文明新形态,赓续人类文明的薪火。总之,多姿多彩是文明的本色,要通过文明交流互鉴促进人类文明百花齐放,使人类文明薪火相传、从危机中走向正轨生生不息。

三、文明交流互鉴重要论述的中国实践

在习近平总书记关于文明交流互鉴重要论述的引领之下,为实现人类文明进步与世界和平发展,中国着眼于人类前途命运和整体利益,以人的交流互鉴为基础、以构建人类命运共同体为价值旨归,扎实展开与其他文明交流互鉴的生动实践。

第一,从实践动能上看,高质量建设"一带一路"和构建人类命运共同体为文明交流互鉴提供强大动力。其一,"一带一路"为文明交流互鉴提供了强有力支持。传统中外文明交流是通过陆路、海陆两种途径实现的,中华文明在与外域文明的交融中繁荣进步。习近平总书记在继承古丝绸之路文化精神的基础上,将陆海两条路线概括为"一带一路",提出了建设"丝绸之路经济带"和"21世纪海

---

① 《深化团结合作　应对风险挑战　共建更加美好的世界——在2023年金砖国家工商论坛闭幕式上的致辞》,《人民日报》2023年8月23日,第2版。

上丝绸之路"的倡议。"一带一路"正是以古丝绸之路精神为基础，因此这不仅是一条经济贸易合作交往之路，更是文明交流的延续。2013 年 9 月，习近平总书记首次提出"文明交流互鉴"。他在访问中亚四国期间与有关国家领导人交谈时，回顾汉代张骞出使中亚开辟古丝绸之路的历史，阐述建设"丝绸之路经济带"的构想。① 其二，在高质量建设"一带一路"政策依托和构建人类命运共同体旨归的推进之下，文明交流互鉴的空间逐渐拓宽。"一带一路"倡议得到世界各国的积极响应，在 10 年间，"'一带一路'合作从亚欧大陆延伸到非洲和拉美，150 多个国家、30 多个国际组织签署共建'一带一路'合作文件"②，"一带一路"合作取得丰硕成果。正是依托于"一带一路"政策，实现了中华文明、罗马文明、印度文明等不同文明之间的交融互动。共建"一带一路"国家在文明交流互鉴中既加深了本国的文化底蕴和文明财富，又促进了经济繁荣发展。其三，文明交流互鉴推进"人类命运共同体"从最初倡议落实到具体行动之中。2018 年 8 月，习近平总书记在推进"一带一路"建设工作 5 周年座谈会上发表讲话，指出"一带一路"建设要从"大写意"向"工笔画"精耕细作的高质量方向转变，推动构建人类命运共同体。之后，在2018 年 9 月的中非合作论坛上，习近平总书记提出要携手打造中非命运共同体，非洲共 37 个国家加入了"一带一路"朋友圈。2019 年

---

① 《梦想，从历史深处走来——记习近平主席访问中亚四国和共建"丝绸之经济带"》，《人民日报》2013 年 9 月 13 日，第 2 版。

② 习近平：《建设开放包容、互联互通、共同发展的世界——在第三届"一带一路"国际合作高峰论坛开幕式上的主旨演讲》，《人民日报》2023 年 10 月 19 日，第 2 版。

5月,亚洲文明对话大会的会议主题是"亚洲文明交流互鉴与命运共同体"。习近平总书记在主旨演讲中强调:"要加强世界上不同国家、不同民族、不同文化的交流互鉴,夯实共建亚洲命运共同体、人类命运共同体的人文基础"。①

第二,从实践主体和方式上看,文明交流互鉴多涉及在遵守共同机制的基础上形成的多边合作组织,通过外交展开人民之间的友好往来。目前推动文明交流互鉴的组织主要包括联合国教科文组织、中国人民对外友好协会、中国国际交流协会、国际古迹遗址理事会等。首先,国际多边合作机制为各国之间文明交流互鉴提供了广阔平台和机遇。习近平总书记在与多国领导人的会谈中多次强调要发挥政府间交流机制、加强多边组织和国际事务的协调合作。在这方面,联合国教科文组织通过国际工程技术大会展开学术交流,举办世界遗产大会、国际教育信息化大会、青年论坛等活动,扩大不同国家(地区)之间人员往来和青年交流互动,为文明交流互鉴做出了重要贡献。除在联合国框架下的全球区域合作组织,上海合作组织(SCO)亚洲区域的多边合作组织、亚欧会议(ASEM)的跨区域的多边合作组织等也是文明交流互鉴的重要组成部分。其次,民间外交和人文交流是文明交流互鉴的主要途径。2014年5月,在中国人民对外友好协会成立60周年大会上,习近平总书记高度肯定了中国人民对外友好协会对加深与世界各国人民友谊、为促进国家关系铺路架桥、为推动国际合作穿针引线,以及通过民间外交、城市外

---

① 习近平:《深化文明交流互鉴 共建亚洲命运共同体——在亚洲文明对话大会开幕式上的主旨演讲》,《光明日报》2019年5月16日,第2版。

交、公共外交促进中国民间的对外友好工作等方面作出的贡献①。再次,中国在推进对外交往和人文交流方面,尤其重视青年的力量。2015年10月,习近平总书记在联合国教科文组织第九届青年论坛开幕式上指出,青年富有朝气和梦想,他们是未来领导者和建设者,"全球青年有理想、有担当,人类就有希望,推进人类和平与发展的崇高事业就有源源不断的强大力量"②。

第三,从实践内容上看,文明交流互鉴以各民族文化、文明为基础,尊重其他国家捍卫主权和发展自主性,展开经济、政治、科技、文化、教育等方面的交流互动。一方面,中国在对外交往中尊重其他国家、民族的历史传统文化,不以独尊或贬损任何一种文明为前提,探寻不同文明中的共通之处。例如,中东问题是自第二次世界大战结束后延续最长时间的地区热点问题,中东自古以来也是各种文明交汇、冲突的地带。2016年1月,习近平总书记在访问阿拉伯国家埃及时谈道:中国与埃及同为文明古国,近代以来在反霸权主义、反殖民主义的斗争中同声相应、同气相求。在当今风云变幻的国际形势之下,中国与阿拉伯国家要做自主发展道路的实践者、地区和平的捍卫者、互利合作的推动者、文明多样性的倡议者③。在实行互利共赢的具体措施上,习近平总书记在阿拉伯国家联盟总部的演讲中指出,要通过共建"一带一路",确立和平、创新、引领、治理、交融的

---

① 习近平:《在中国国际友好大会暨中国人民对外友好协会成立60周年纪念活动上的讲话》,《光明日报》2014年5月16日,第2版。

② 《习近平主席在联合国教科文组织第九届青年论坛开幕式上的贺词》,《人民日报》2015年10月27日,第1版。

③ 习近平:《让中阿友谊如尼罗河水奔涌向前》,《人民日报》2016年1月20日,第1版。

行动理念,做中东和平的建设者、中东发展的推动者、中东工业化的助推者、中东稳定的支持者、中东民心交融的合作伙伴,编织真正互利共赢的合作伙伴网络①。另一方面,文明交流互鉴涵盖的内容和范围丰富多样。习近平总书记在会见秘鲁总统时指出:"中秘都拥有灿烂文明和深厚文化,双方应该加强教育、文化、旅游、科技、青年交流等合作,成为不同文明交流互鉴的表率。"②

第四,从制度规范上看,文明交流互鉴作为构建人类命运共同体的关键环节,体现在党的方针政策和法律法规之中。2021年11月通过的《中共中央关于党的百年奋斗重大成就和历史经验的决议》指出:"促进人类文明交流互鉴,国家文化软实力、中华文化影响力明显提升"。③ 2022年10月,党的二十大报告中指出:"深化文明交流互鉴,推动中华文化更好走向世界。"④2023年3月,习近平总书记在中国共产党与世界政党高层对话会上提出全球文明倡议,强调"中国共产党将致力于推动文明交流互鉴,促进人类文明进步"。⑤ 2023年6月通过的《中华人民共和国对外关系法》第二十四条及第四十四条分别规定,中国"坚持平等、互鉴、对话、包容的文明观,尊重文明多样性,推动不同文明交流对话","推进国际传播能力

---

① 习近平:《共同开创中阿关系的美好未来——在阿拉伯国家联盟总部的演讲》,《光明日报》2016年1月22日,第3版。

② 《习近平会见秘鲁总统博鲁阿尔特》,《人民日报》2023年11月18日,第1版。

③ 《中共中央关于党的百年奋斗重大成就和历史经验的决议》,《人民日报》2021年11月17日,第1版。

④ 《党的二十大报告辅导读本》,人民出版社,2022,第41页。

⑤ 习近平:《携手同行现代化之路——在中国共产党与世界政党高层对话会上的主旨讲话》,《人民日报》2023年3月16日,第2版。

建设,推动世界更好了解和认识中国,促进人类文明交流互鉴"。①
如上体现了中国共产党为推动文明交流互鉴、实现人类文明进步、
促进世界和平发展的孜孜追求和不懈努力。

四、超越西方现代性:文明交流互鉴的人类命运关照

近代以来的西方现代文明理论存在西方中心主义论调的倾向。
池田大作对此指出,在现代化科技的助推之下,西方现代化因其满
足人性私欲、为人类提供极大便利,以致形成一股西方主导的现代
化潮流席卷世界,其他文明只能被迫接受。西方文明中心主义思
想,最初形成于 18 世纪,到 19 世纪达到顶峰,主要以西方文明进
步、进化思想的方式表现出来。20 世纪尤其是第一次世界大战之
后,西方文明中心主义逐渐转变为文明倒退、文明循环论、文明停滞
论②。由于西方现代化带来的巨大生产力的优势,西方中心主义经
历了乐观向悲观的历史嬗变。在文艺复兴与宗教改革的助推之下,
17 世纪西欧兴起了科技革命,近代科学开始形成发展。之后,18 世
纪后半叶,工业革命与启蒙运动极大地促进了欧洲精神层面和物质
方面的现代化,"科技革命""工业革命"和"启蒙运动"对西方现代
文明的起源产生了深远影响。非欧洲世界在现代化的过程中接受
了这一文明论,并在本土文明的融合中进行自身变革。如福泽谕吉

---

① 《中华人民共和国对外关系法》,《人民日报》2023 年 6 月 29 日,第 12 版。
② 李艳艳:《马克思主义文明理论及其当代价值》,人民出版社,2017,第 264 页。

在出使欧美后认为日本应该建立为与欧美并肩的现代文明国家,并在《文明论概略》中将其批判锋芒指向德川时代的专制政府和封建旧制①。因此,西方现代性在世界范围内的展开,一定程度上是由欧洲起源的"科技革命""工业革命"和"启蒙运动"所带来的积极优势所推动的,然而,西方现代性所致的消极方面却不可避免地呈现出来。其一,"科技革命"。尽管科技革命推动生产方式和思维方式的变革,但当科技一旦为资产阶级服务、成为资本增值的生产工具时,便导致人的异化以及人与自然的关系的恶化。一方面,马克思主义认为,资本主义生产关系之下,机器的进步反而增加了工人劳动的强度,使工人的生活地位难以得到保障②。换言之,机械化大生产导致工人附属于机器成为工具,使人丧失了主体性和自由意志,按工具理性和技术理性而行动。另一方面,资本主义制度下,自然作为人的资产和资源,人与自然的关系呈现出占有掠夺的关系。其二,"工业革命"。"工业革命"实现了由机器制造的大规模生产,在提高生产效率的同时又受社会固有消费能力的限制,导致大量的生产浪费,以致资本主义世界周期性爆发经济危机。其三,"启蒙运动"。尽管"启蒙运动"掀起了西欧社会反封建、反教会的思想文化革命,但正如霍克海默和阿多诺所指出的,启蒙自我标榜超越了宗教神话,却将理性视为普遍真理,又陷入了将启蒙作为最权威神话的循

---

① 卞崇道:《融合与共生——东亚视域中的日本哲学》,人民出版社,2008,第67页。
② 赵露:《马克思主义科技观在中国式现代化建设中的创新发展与实践应用》,《四川大学学报(哲学社会科学版)》2024年第4期。

环,使人类在不断膨胀中沦落为单向度的"客体"①,启蒙运动由此衍生为资产阶级的意识形态。

概而言之,伴随资本主义在全球的扩张,西方现代性产生的弊病使西方文明的中心地位受到动摇。神川正彦从比较文明研究的视角解读西方中心主义的研究范式。他指出:19世纪世界帝国主义殖民化运动将世界经济的大网编织起来,欧洲文明成为唯一的中心文明,其他文明都在欧洲文明的理论下被置于"周边文明"的位置;然而实际上,如果将唯一的文明等同于普遍性文明,即"唯一的普遍文明",那么其他文明就会被视为"半文明",甚至会被视为"未开化"和"野蛮",这是一种极为错误的认识。他认为:"其他地域曾经作为世界'中心文明'的伊斯兰文明、印度文明和中国文明等即所谓的东方文明的抵抗是强烈的,这些文明并非被消灭了,但是屈服于近代欧罗巴文明的强力之下,也是不容否认的历史事实。"②换言之,西方文明在向世界扩散和传播的过程中,其中心地位由于西方现代性的弊病而受到削弱,而之前不作为中心文明的被迫边缘化的文明对此所做出的反应与抵抗更加强烈,试图改变边缘状态实现自主和独立。

新时代以来,中国坚持文明交流互鉴理念,致力于多重实践推进人类文明向多样化方向发展,是对西方现代性的扬弃与超越,破

---

① 李慧娟:《启蒙的界限——兼及霍克海默、阿多尔诺〈启蒙辩证法〉》,《社会科学战线》2010年第9期。

② 伊东俊太郎、梅棹忠夫、江上波夫:《比较文明研究的理论方法与个案》,周颂伦等译,上海三联书店,2017,第5页。

解了西方文明中心主义研究范式下衍生出的"文明冲突论",其理论价值与实践价值彰显了中国在现代化进程中关照人类命运的人文情怀。

第一,在理论价值层面。首先,文明交流互鉴强调文明的包容性,主张不同文明开放包容、互学互鉴,弘扬全人类共同价值,谋求人类文明的共存共生。在马克思主义世界历史观与中华优秀传统文化中"和合"观念的理论基础上,文明交流互鉴重要论述尊重人类文明的多样性,致力于建立普遍价值体系和世界秩序。一方面,马克思主义认为,世界市场的形成"为文明和进步做好了准备"[1],区域化、封闭化、民族化的状态被打破,加深了人类文明之间的联系与依存。另一方面,中国传统"和合"观念克服了西方霸权主义狭隘和不平等的文明观,基于人类命运凝聚广泛共识。[2] 其次,文明交流互鉴的核心在于人的交流,抛弃了国际政治框架下以民族国家为单位的文明范式,化解了意识形态分歧导致文明冲突的可能。如前文所述,亨廷顿的"文明冲突论"将文明论纳入国际政治的框架下,认为民族国家将是世界事务中最强有力的行为主体,世界政治的主要冲突将发生在不同文明的国家或集团之间。与之明显不同的是,文明交流互鉴重要论述着眼于人类命运与整体利益,以人的交流为载体,冲破国家的界限,化解不同文明之间的分歧、探寻和平发展、互

[1] 中共中央马克思恩格斯列宁斯大林著作编译局:《马克思恩格斯文集》第一卷,人民出版社,2009,第680页。
[2] 陈红娟、吴迪:《"人类命运共同体"对中华优秀传统文化"和合"思想的创新发展》,《北京行政学院学报》2024年第6期。

惠共荣的交往方式。例如,英国历史学家阿诺德·约瑟夫·汤因比
(Arnold Joseph Toynbee)认为,未来统一世界的不是西欧和西欧化
的国家,而是中国,其中重要的原因在于"儒教的世界观中所包含的
人道主义"以及人与自然和谐共生的"天人合一"思想①。其三,文
明交流互鉴有利于提高本民族文化、文明的自主性,推进人类文明
繁荣发展。文明交流互鉴重要论述秉持文明是"多彩的""平等的"
"包容的""文化自信"等原则,认为文明没有高低贵贱之分,是一种
接受文明多样性与异质性的兼容并包,超越了西方文明因现代性的
优势衍生出的文明优越论、文明等级论、文明不平衡论,追求具体的
普遍性,而非西方现代文明自诩为尊贵优越而强加给其他文明的抽
象的普遍性。

第二,在实践价值层面。首先,将不同文明之间的对话交流作
为处理文明冲突的重要手段,有助于促进世界和平发展。冷战结束
后,国际有识之士致力于推动文明多样性作为处理国际关系的规
范。1998 年,联合国大会首次通过决议,将 2001 年定为"联合国文
明对话年",并于 2001 年通过《文明对话全球议程》。中国作为联合
国的创始国之一和联合国体系的维护者,在维护世界和平、促进全
球发展、推动国际合作等方面作出了重要贡献。2023 年,习近平总
书记提出全球文明倡议,倡导尊重世界文明多样性、弘扬全人类共
同价值、重视文明传承和创新、加强国际人文交流合作,强调要坚持
文明平等、互鉴、对话、包容,为化解文明隔阂与冲突提供了中国智

① 汤因比、池田大作:《选择生命:汤因比与池田大作对谈录》,冯峰、隽雪艳、孙彬译,商
  务印书馆,2017,第 347 页。

慧与中国方案。其次,从全人类的整体利益出发有助于文明与经济之间的交融促进。中国在处理外交关系时融入中华优秀传统文化因素,强调树立"正确义利观",既找到不同国家之间的利益交汇点,同时又要有原则,讲情谊和道义,为发展中国家提供更多的支持和帮助①。新时代以来,中国通过广泛开展文明交流互鉴,为建立可持续、共同繁荣的全球治理模式发挥了重要推动作用。面对全球化过程中出现的由于资源分配矛盾引发的逆全球化浪潮与文明冲突,中国的"一带一路"倡议以及构建人类命运共同体的实践,推进了国际经济合作和多边主义协商机制的形成,突破了西方资本主义治理模式及价值准则难以实现各地区均衡发展、难以实现全球化的良性循环的困境,反映出"文明交流互鉴"从全人类整体利益出发的宏大视野和人文情怀,为构建人类命运共同体奠定了深厚的文化根基。

作者:纪亚光,南开大学马克思主义学院教授、博士生导师

---

① 《习近平在周边外交工作座谈会上发表重要讲话强调:为我国发展争取良好周边环境,推动我国发展更多惠及周边国家》,《人民日报》2013 年 10 月 26 日,第 1 版。

认识天津历史文化的三个维度

Understand the Three Dimensions of Tianjin´s History and Culture

白俊峰

内容提要：天津是国家历史文化名城。在漫长的时间演变过程中,其历史文化呈现出多源性与多元性的鲜明特征。基于学术史脉络梳理这座城市的历史文化,应秉持全国、全域、全时三个维度,把天津历史文化看作一个极具包容性的整体,主动融入博大精深的中华文化,同时注重不同地区和不同历史时期的有机衔接。应遵循历史文化发展的自律性,区分历史语境与当代语境并进行贯通式思考,从文化结构或文化模式的角度,揭示内蕴其中的气质。

关键词：历史文化　多源性　多元性　全国维度　全域维度全时维度

天津是国家历史文化名城。关于天津的历史文化,是一个常讲常新的话题。早在清乾隆四年(1739),天津道陈弘谋为《天津县志》作序时就说:"津邑特肇端于卫,卫则肇端于海津镇,元以前省无可考焉。即自前明设卫而后,亦只为军勋屯占、漕粟估盐之地,非有声明文物之可观。"①原籍扬州的天津诗人王又朴也认为："其俗尚勇力而推(椎)鲁不文,又河渠南通吴越荆楚,岁漕粟而致之都,东南百里之近即海,四方客之逐鱼查(槎)者趋如鹜,以故好学能文之士,数百年卒无闻焉。"②纪晓岚为蒋诗《沽河杂咏》所作序,亦持相似观点。③ 到了清代后期,陈弘谋等人的观点不再成为主流。道光年间的天津诗坛领袖梅成栋,致力于总结乡邦文化,其《津门诗钞》勾勒出以本土诗人为主体的带有鲜明地域特征的文脉谱系。以图像方式留存城市记忆的《津门保甲图说》,也凸显了基于地域认同的文化自觉。这都得益于天津由军事属性向传统城市属性的成功转型,商业的繁荣与文化的发展,使得乡贤已经拥有更多可资骄傲的资源,也就摆脱了早期"椎鲁不文"的包袱。晚清以来,天津这个带有地域和文化双重指向的词,几乎失去"非有声明文物之可观"的意涵。本土文人金钺以"人文偾兴之速,实罕匹伦"④来评价康熙之后二百余年天津文化的发展。今天,类似"椎鲁不文"等略带"贬义"的论调已经消失在公共视域,但相关讨论愈发多元。

天津历史文化长期处于被讨论的状态,形成了上述层累生成的近乎学术史的知识体系。尽管知识生成中难免会出现误读,但也属

① 陈弘谋:《天津县志》序,载《天津县志》,清乾隆四年刻本。
② 王又朴:《王介山古文》自序,载《诗礼堂全集》第23册,清光绪元年补刻本。
③ 纪晓岚:《沽河杂咏》纪序,载《天津竹枝词合集》,赵娜、高洪钧编注,天津人民出版社,2014年,第68页。纪晓岚认为:"天津擅煮海之利,故繁华颇近于淮扬。然置卫始于明,置州升府,割河间七邑隶之,亦六七十年事耳。故其地古迹颇稀,明以前可屈指数。"
④ 金钺:《屏庐丛刻》序,载《屏庐丛刻》,民国十三年金氏刻本。

26

于历史之构成。用今天的眼光看,陈弘谋等人的观点有其历史局限性,却也很难完全否定,陈氏将天津城市形成发展史前推到"军勋屯占"的时代,就比从明代设卫筑城谈起更为客观。恰恰是每个时期出现的不同认识,凸显了历史的张力。立足当代语境讨论这座城市的历史文化,有必要对此稍作回顾。

一、天津历史文化具有多源性与多元性特征

天津历史文化发展的基本脉络,非三言两语可以说清。笔者认为,应首先从自然禀赋谈起。从文化生态学的角度观察,自然禀赋乃至海岸线摆动、气候变迁等因素,都与城市历史文化息息相关。陈雍在谈到天津历史文化名城的基本特征时,首先强调的就是人地关系。他认为,天津地区十万年以来的考古遗存,从燕山到渤海渐次分布。遗存年龄越古老的越靠近燕山,年龄越年轻的越靠近渤海。这个分布规律显示出,天津古代先民随着全新世海退,从燕山南麓不断向渤海之滨迁移的历史过程。在此基础上,陈雍提出天津三个时段的大历史分期,即长时段的"万"、中时段的"千"、短时段的"百":十万年以来天津先民适应环境的人文历史,千年以来天津城市的形成发展历史,百年以来天津城市近代化和天津人民斗争的历史。[①] 陈雍"万、千、百"的提法高度凝练,近年来愈发受到重视,成为学界研究天津历史文化的基本共识。基于人地关系解读历史

① 陈雍:《天津历史文化名城的基本特征》,载陈雍《考古何为》第7章"考古学和文化遗产保护",天津人民出版社,2022,第250页。

文化,也与人文社科领域"空间转向"的趋势不谋而合。

但是,具体到不同历史时段或天津辖域内的各个地区,问题则会复杂得多。从历时与共时两个角度分析,还需要追问:天津的历史文化在博大精深、源远流长的中华文化中如何呈现? 辖域内不同地区、不同历史时段的文化属性和面貌如何衔接? 这些问题不好回答,原因在于天津历史文化具有鲜明的多源性和多元性特征,应从学理层面进行系统的研究和揭示。

多源性,表现在构成天津历史文化的因素不是单一的。必须承认,目前在天津地区还没有找到具有内生性和内源性的文化遗存或文化现象。以北部地区的考古学文化为例,进入新石器时代以来,天津处于以燕山南北长城地带为中心的北方文化区,以山东为中心的东方文化区,以关中、晋南、豫西为中心的中原文化区三大文化板块的交界、边缘和辐射地带,北部地区因此成为来自不同区域的史前文化的接收、交汇和融合之地,盛立双将其比喻为"北风南下、西风东渐"。[1] 1994 年,苏秉琦在天津观摩考古发掘材料时认为,天津这个地方很有特点,今天刮东风,东边的东西就刮来了,明天刮西风,西边的东西又刮来了,天津考古就是"用边角下料做时装"。[2]

---

[1]　盛立双:《天津北部地区的考古发现与认识》,载白俊峰《佛道之辩与人文塑造:以盘山北少林寺为中心》,天津社会科学院出版社,2024,第 240-241 页。

[2]　陈雍:《边角下料做时装》,载陈雍《说说考古》第六章"问津",故宫出版社,2017,第 162 页。陈雍对苏秉琦的观点进行了深入阐述:"边角下料"的意思是说,天津发现的考古遗存大都是周边地区考古学文化边缘;"做时装"的意思是说,不同考古学文化边缘的东西汇合在天津组成新的形态。这段话涉及天津考古究竟是复线式思维还是单线式思维的问题,实际上苏先生是在用文化传播论来改变天津同行简单进化的思维方式,为天津考古指明了方向。

苏秉琦敏锐地把握到了天津考古学文化呈现出的多源性特征。也就是说,古代天津无论是史前时期还是历史时期,并没有产生本地的"原生"文化,而是受到了周边的影响。

多元性是多源性的重要体现。"边角下料"是天津考古材料的地域特征,而所谓"做时装",恰是不同时期的不同文化不断碰撞、交流、汇集、融合,来源不同、各具特色,在天津这个舞台上形成新的形态,构成了天津历史文化的全部。多元性集中表现在时间与空间两个方面。考古研究表明,天津史前时期遗存最先出现在北部地区,商周时期遗存从北部地区逐渐分布到西部地区,到了春秋战国又逐渐拓展到南部地区,而中心城区所在的中部地区迟至金元时期才有人类遗存。明代以来,尽管城市进入快速发展和定型的历史阶段,但文化面貌在每一个特定时期,也呈现出多样性特征,具有多元并蓄、包容共生的鲜明特色。明代天津作为卫城,带有浓重的军事色彩。清代前中期,城市地位提升,盐商群体引领文化风尚,天津遂成为运河沿线三大文会中心之一,以地理之便北衔京师、南望江淮,一时文风炽盛。清代后期乃至民国,城市开埠,洋务兴起,工商业快速发展,文化教育空前繁荣,天津的城市地位更加凸显。凡此种种,导致对天津历史文化的讨论,必然会多元化。到了今天,也很难给出一个无懈可击的"标准答案"。对城市的认知仍在不断深化当中,历史深邃处的多彩景观,还需要一层层地拨开云雾,方得洞见。

既然"是什么"不好回答,是否可以换一种思考方式?跳出思维惯性,从上述追问入手,思考"怎么看"这个问题。前述清代陈宏谋等人其实已经给出了很好的提示,他们将城市历史与所谓"声明文物"联系起来,体现了历史与文化的不可分割。基于这个常识,笔者认为,认识天津历史文化应秉持全国、全域和全时三个维度。

二、秉持全国维度自觉跳出天津认识问题

首先是全国维度。认识天津,必然要跳出天津。这是视野问题,也是方法论问题。天津的历史发展进程和拥有的文化,是融入中华文化的长河之中的,绝非孤立于这个伟大的传统之外。比如说,中华文明的五个突出特性,在天津这块土地上是如何呈现出来的?解答这个问题,必须站在全国维度,事实上也就触及了天津在中华文化体系中所处的方位。

以清代前中期本土艺术发展为例。众所周知,盐商是促进天津艺术发展的重要因素,他们在获得巨大经济利益的基础上,大兴园林,广结文士,并以诗词、书画自娱,形成一个带有鲜明群体辨识度和地域特征的文化现象。在这个群体中,来自江南的文人和艺术家与盐商意气相投、交游唱和,为城市留下了宝贵的艺术传统。前述梅成栋的外祖朱岷原籍江苏,诗文书画俱佳,后在津占籍,并深度参与了盐商家族的艺术活动,为天津艺术发展作出了重要贡献。朱岷于乾隆二年(1737)应水西庄查礼邀请绘制《秋庄夜雨读书图》,描绘了秋日水西庄莽苍萧瑟的独特美感,展现了查礼雨夜发奋读书的抱负,为了解清代天津的地方生活与文化发展提供了一个重要窗

口。① 因此，如果不从"南人北上"的社会现象中统筹思考天津本土的艺术发展，就会割裂与历史语境的关联。"南人北上"的艺术史进程，恰恰反映了清代前中期天津与不同地区、不同文化的交流、互动和融合。

蓟州盘山北少林的多宝佛塔，则是反映中华文明突出统一性和包容性的绝好见证。该塔建于明末清初，考古出土包括佛道造像在内的一批珍贵文物。佛道造像共处一塔，国内并非孤例，但北少林寺在蒙金之交见证了佛道的冲突和融合。蒙金中都之战爆发后，盘山遭受战乱冲击，北少林寺的前身法兴寺被全真教道士占据，更名栖云观，后在蒙古政权干预下，经佛道之辨而重归僧人并更名北少林寺，这在目前可见的考古资料中具有唯一性。因此，多宝佛塔及其出土文物是我国北方地区元明时期佛道融合历史背景的绝佳考古例证。这些珍贵文物数百年来共处一塔、相守不离，真实反映了不同宗教和教派融合共生的现象。②

秉持全国维度，要思考北京这个重要参照。在中国的城市群分布中，像天津与北京这样地缘相近、关系紧密的"双城"，非常独特。比如，如果不从元代大运河管理以及天津与北京的关系观察武清区

① 此图现藏天津博物馆，引首有朱岷"秋庄夜雨读书图"题识，后有刘文煊、吴廷华等人题跋。

② 多宝佛塔始建于明崇祯十七年（1644），清顺治九年（1652）竣工。2017年10月，佛塔在修缮过程中意外发现文物，天津市文化遗产保护中心组织专家对其进行了考古清理，出土各类文物169件（套），是进入21世纪以来天津地区重要的考古发现。出土文物现藏元明清天妃宫遗址博物馆，2023年，该馆举办了"灵光独耀：蓟州多宝佛塔出土文物保护成果展"。

十四仓的功能定位,就很难理解元代如此大规模的仓储漕运体系设在此地的原因。彼时的武清及十四仓已经具备了维护帝国粮食安全乃至政治社会安全的职能,这与明代以来天津被定位为"拱卫京师"的独特作用是吻合的。① 因此,这两个直线距离一百多千米的超大型城市,自金元时期开始便体现出了典型的"互文性"特征,离开彼此,许多问题说不清。这种独特关系与金元以来北京成为全国的政治中心密不可分。

三、秉持全域维度注重不同地区的有机融合

其次是全域维度。首先要厘清行政区划与历史文化之间的关系。按前述,讨论天津的历史文化,自然不能离开天津北部地区的蓟州,但蓟州在 20 世纪 70 年代才正式划归天津管辖,而且蓟州的历史文化自有渊源,积淀深厚,与城区的历史文化面貌区别明显。这就导致许多人有意无意地忽略了包括蓟州在内的周边各区,出现一种"唯中心城区论"的片面认识。只要提起天津,大都会想到明代设卫筑城、漕运繁荣、近代百年风云变幻、城区类似孤岛的语言现象,等等。但是,问题摆在这里——如何将天津看作一个有机整体,在全域范畴展开讨论?更进一步说,用行政区划强行框定历史文化

---

① 2024 年 9 月至 12 月,天津市文化遗产保护中心组织对十四仓遗址进行主动性考古工作。该年度最主要的发现是完整揭露出一座元代漕仓仓廒建筑基址,并通过重点考古勘探确认一组由 12 座建筑基址组成的漕仓院落遗址。该遗址布局清晰,规模体量巨大,属国内同时期同类型考古遗存的突破性发现,为元代运河漕仓制度研究提供了重要考古实物资料。这是国内首次发掘出元代国家漕运仓储遗址,是中国大运河考古的重大成果,可见证中华文明的统一多民族国家发展特征。

的边界是不科学的。借鉴"文化空间"的概念，可以将天津辖域内的历史文化视为一个类"文化空间"的整体，这个整体始终处于不断衍生的状态，兼具了时间性与空间性，集合了时间、空间与人类活动，具有极强的溢出物理边界的开放性和包容性。如果脱离中心城区以外的地区讨论天津历史文化，必然是不全面的。

第二个问题随之而来：既然我们不能忽略蓟州地区的历史文化，如何将其与中心城区进行有效衔接？还是要回到历史事实中寻找答案。比如，清代前中期天津与蓟州盘山发生了密切的文化关联。天津本土文人张霔与盘山儒僧智朴交往密切。水西庄查氏家族的查为仁、查礼以及他们的江南友人都曾登临盘山并留下诗文、图像等史料。稍晚的金玉冈是一位卓越的画家、诗人和旅行家，他登临盘山的经历也丰富了盘山的文化内涵。所有这些，都为讨论天津城与蓟州地区历史文化的衔接问题提供了可能。① 历史上，盘山作为文化名山经历了两次重要的转型。第一次是由自然之山向佛教名胜转型，大致发生于唐辽时期。第二次是由佛教名胜向人文名胜转型，清代前中期完成这个历史进程。促成第二次转型的因素很多，比如乾隆对盘山的营造，使其拥有了"皇家山林"色彩。其中也离不开天津文人对盘山的吟诵和描绘，恰恰是他们的"观看"与"塑造"，留下了宝贵的"文本遗产"，与散布山林的"实体遗产"共同构

---

① 查为仁于清乾隆五年（1740）二月携友人游盘山，有《游盘日记》存世，记述颇详，具有重要文学和文献价值。受兄长影响，查礼于当年秋与汪沆等游盘山，留有诗文，并于清乾隆八年（1743）九月委托画家高镜绘《秋山听梵图》记此次出行，该图玻璃干版摄影底片现藏天津博物馆。金玉冈多次游盘山，于清乾隆十八年（1753）年绘《峰顶云罩挂月图》，该图现藏天津博物馆。

成盘山的历史文化景观。

四、秉持全时维度注重不同时期的有机衔接

再次是全时维度。前述的全国、全域维度,属于共时性的思考方式,强调了历史的空间属性。全时维度则属于历时性的,强调时间的线性演变。因此,需要自觉在历史发展的完整轴线中思考问题,而不是机械地把历史演进的状态裁剪为几个孤立的不相干的片段,甚至是忽略掉自以为不重要的部分。有赖于七十余年考古工作的深入开展,天津考古人围绕"天津人类从哪里来、天津文化从哪里来、天津城市从哪里来"的"考古三问",通过长期考古实践,目前已经构建起天津地区距今十万年以来的考古遗存编年序列,不仅延伸了天津的历史轴线,而且解决了许多棘手的学术问题。关于"天津人类从哪里来",蓟州朝阳洞、太子陵等的数次调查和发掘,在建构起天津地区距今十万年至一万年旧石器遗存编年的同时,也揭示出与同时期华北地区同类遗存的密切互动关系。① 关于"天津文化从哪里来",蓟州青池遗址 2023 年的考古发掘,揭示出旧石器时代晚期序列地层和旧、新石器时代过渡时期遗存,为探讨天津文化起源

---

① 2019 年 7 月至 9 月,天津市文化遗产保护中心组织对蓟州朝阳洞 2 处洞穴遗址进行正式考古发掘,出土包括旧石器时代石制品在内的各时期文物标本 200 余件。2021 年 10 月至 11 月,天津市文化遗产保护中心组织对蓟州太子陵旧石器遗址进行主动性考古发掘,出土石制品标本 158 件。这两次考古发现,见天津市文化遗产保护中心、吉林大学考古学院编著,盛立双、王春雪执笔:《天津旧石器考古新发现与研究(2015~2019)》,科学出版社,2024。

提供了重要证据。① 关于"天津城市从哪里来",千年以来的城市形成发展史也有扎实的考古材料做支撑,位于市区内的天妃宫遗址在天津城市发展史中具有重要地位,是金代直沽寨发展为元代海津镇的见证和城市原生点的标志。② 因此,即便天津城有一个确切的"生日",也不能忽视历史的连续性,否则会给人"六百多年前的天津无史可考"的片面印象。一言以蔽之,秉持全时维度,就是要自觉把天津历史文化置于中华民族百万年人类史、一万年文化史、五千多年文明史这个宏大的历史叙事中。

秉持全时维度,要找寻历史演进的必然逻辑,注重把天津地区不同历史时期的文化和面貌做关联性思考,进行有机的衔接并强化阐释。比如,提及天津文博文化时,大都会想到近代以来诸多开创先河的历史贡献。由此细分出的收藏史、博物馆史等,都有深入探讨的必要。而谈到天津艺术鉴藏史,许多人往往把晚清民国作为勃兴的起点。事实上,清代前中期天津已经形成浓郁的艺术鉴藏氛围,涌现出一批重要的收藏家,且对晚清民国收藏文化的繁荣起到了重要作用。天津盐商安岐收藏之富甲于海内,是清代最重要的民间收藏家之一。天津博物馆《雪景寒林图》曾经安岐收藏,后入乾隆

---

① 青池遗址位于蓟州区州河湾镇原青池一村北侧、州河南岸的河流二级阶地上,天津考古工作者曾于 20 世纪 90 年代对遗址进行过三次考古发掘。2023 年 10 月至 12 月,天津市文化遗产保护中心组织对青池遗址进行第四次考古发掘,出土旧石器和新石器时代打制石器、磨制石器、陶器、骨器、兽骨等不同质地文物标本 1000 余件。
② 天妃宫遗址现为全国重点文物保护单位。1998 年 12 月至 1999 年 1 月,在陈雍的指导和参与下,天津考古工作者对遗址进行了全面考古发掘。后经多方呼吁,遗址得到妥善保护。2002 年,天津市委、市政府在遗址基础上建成元明清天妃宫遗址博物馆。

内府,晚清归天津收藏家张翼,张翼之子张叔诚将其捐献国家。① 这幅画的递藏经历颇具代表性,见证了收藏文化的两次转折——乾隆时期藏品向内府聚拢并形成古代收藏史最后一个高峰、清末内府收藏流散并宣告古代收藏史终结。这两次转折,天津均深度参与并扮演了重要角色。

总之,以上讨论并非系统梳理总结天津的历史文化,而是从考古、文献两种材料出发,以个案为例,提供新的思考方式,核心在于把天津历史文化看作一个极具包容性的整体,主动融入博大精深的中华文化,同时注重不同地区和不同历史时期的有机衔接。做好这项工作,有赖于多学科介入。建议从基本史实出发深挖天津历史文化的基本面。浅表的、局部的或短时期出现的文化现象虽然从属于天津历史文化的整体,但不能就此简单定性为基本特色。应在中华民族多元一体的大格局内,遵循历史文化发展的自律性,区分历史语境与当代语境并进行贯通式思考,从文化结构或文化模式的角度,揭示内蕴其中的气质。对知识生成中出现的误读,也要及时纠正。

作者:白俊峰,天津市文化遗产保护中心主任、研究馆员

---

① 《雪景寒林图》为传世名画,画中可见北宋范宽款。安岐之前归梁清标,安岐入藏后,收入其《墨缘汇观》,录为范宽作,但学界对《雪景寒林图》是否为范宽真迹存有争议。这幅画在清代的递藏经历,是古代艺术鉴藏中心北移的见证。

天津的文化带和文化区探析

A Discussion on the Cultural Belt and Cultural Districts in Tianjin

王振良

内容提要： 在宏观缕述天津地域历史进程和文脉发展的基础上，提出天津五条主干文化带（大运河文化带、海河文化带、燕山文化带、滨海文化带、蓟运河文化带）和三个文化亚区（大运河文化区、滨海文化区、蓟运河文化区）的划分，并进行简明扼要的解读与辨析，对深刻把握"津派文化"乃至天津地方文化具有启发意义。同时提出未来天津城市发展，应着重规划蓟运河文化区，构建津城、滨城和蓟城三足鼎立的主体城区格局。

关键词： 津派文化 海河 文化带 文化区 蓟城

2024年以来，"津派文化"成为天津地方文化研究领域的热词，怎样给这四个字下定义，其内涵和外延应该包括哪些？可谓是众说纷纭，每位研究者都有各自考量。确实，这样的问题容易见仁见智，想要达成共识需要时间——如果没有对天津地方文化深刻的整体把握，即使勉强回答也会流于肤浅与片面。本文没有试图解决问题的打算，只谈关于天津文化带和文化区的浅见，对理解津派文化乃至天津地方文化或有助力。因为视角宏观难于精准把握,肯定会存在很多不足,谨略述己见以供批评讨论。

2021年4月16日,《今晚报》第12版发表拙文《九河下梢说"纵横"——一把可能深度解锁天津文化的钥匙》,提出针对天津文化的若干整体看法:一是影响天津文化的三大重镇:中心城区、蓟州区、滨海新区(核心是大沽);二是天津的四条主干文化线路:天津至北京的大运河,北京至蓟州的燕山南麓官道,蓟州至大沽的蓟运河—海岸线,大沽至天津的海河;三是天津的三个文化亚区:以中心城区和环城四区为核心的大运河文化区,以滨海新区大沽、北塘为核心的滨海文化区,以蓟州、宝坻、宁河为核心的蓟运河文化区。[1]

2022年11月2日,天津市规划和自然资源局发布《天津市历史文化名城保护规划(2021—2035年)》草案公示稿,其中第七条"构建历史文化名城保护格局"提出:"突出天津历史文化特色,构建'一市双城一区,四带三片多节点'的历史文化名城保护格局。'一市'指统筹天津市域的整体保护,'双城'指不断推动津城和滨城的保护,'一区'指统筹保护蓟州区各类历史文化资源,'四带'指大力促进大运河文化带、海河文化带、长城文化带、海洋文化带沿线地区的文化传承与发展。"[2]深入解读这段文字中的关键词,与《九河下梢说"纵横"》的提法有着明显契合关系。除了"一市"特指整个天

① 王振良:《九河下梢说"纵横"——一把可能深度解锁天津文化的钥匙》,《今晚报》2021年4月16日,第12版。
② 《天津市历史文化名城保护规划(2021—2035年)草案公示》,天津市规划和自然资源局,https://ghhzrzy.tj.gov.cn/ywpd/cxgh_43015/ghgs/202211/t20221102_6024105.html。

津市域之外,"双城""一区"显然对应中心城区、滨海新区和蓟州区这三大文化重镇,"四带"则基本对应大运河、海河、燕山南麓、蓟运河—海岸线四条文化线路。这种契合充分表明,在对天津地方文化的宏观认知方面,研究者和规划者已经趋于一致。

关于天津的文化线路和文化带,现在看来尚有巨大解析空间,而关于文化亚区的问题,当年因报纸篇幅所限亦仅点到为止,故不揣简陋续草此文作进一步探讨。

一、天津的五条主干文化带

天津地处"九河下梢",居华北平原之东北隅,东濒渤海,北枕燕山,西控太行,南望黄淮,扼华北、东北和西北之交通咽喉。天津的人文史通过考古发掘,可追溯到距今 10 万年前,而有文字记载的文明史也逾 3000 年,但天津地区早期历史零散破碎,对天津地方文化形成影响相当有限。直至辽金以降,亦即北京渐进开启都城大幕之后,天津地区才日益显出其重要性。城市随之迅速崛起,由军事性质的直沽寨、海津镇、天津卫,发展为行政性质天津州、天津直隶州、天津府(附设天津县)、天津特别市和天津直辖市。今天谈论天津地方文化,无论是文化线路、文化带还是文化区,都带有显著的辽金元明清印迹,奠定了天津地方文化的基本色调。当然这并非说春秋战国、秦汉三国、两晋南北朝、隋唐五代的痕迹在天津完全没有,但毕竟年深日远文献难征,其因子在天津地方文化中所占比重甚微。

关于文化线路、文化带和文化区三个概念,其间的区别还是非常显著的。此前《九河下梢说"纵横"》偏重的是天津文化线路及线上的点(城市或重要村镇),胶着于地理和交通对历史文化的影响,过于强调了文化的流动性。文化带则不然,它在线的基础上向两侧地区缓慢渗透,于是流动的文化就有了影响纵深,渐次加宽而成为文化带。文化带继续向两侧辐射,同时受自然地理和行政区划约束,其影响逐渐布满某个区域并沉淀下来,这样就有了文化区。

天津的四条主干文化线路与两条辅助文化线路,在《九河下梢说"纵横"》中已有申说,这里不再赘述。与四条主干文化线路对应的,其实就是天津最重要的五条主干文化带。

一是大运河文化带。北京经过辽南京、金中都的过渡,成为元明清三个大一统王朝的首都。从元世祖至元九年(1272)定都大都起,迄今750多年间北京都是中国最大的出行目的地——虽然偶有中断,但都为时甚短——可是传统的陆路交通成本高昂且便利有限,从杭州经天津至北京的大运河,遂成为近代以前中国最为繁忙的南北交通动脉,人流、物流、资金流络绎不绝。

元明清时期,漕运是大运河的最核心功能。南粮北运的同时也夹带着大量私货,固然明朝起已从法律层面认可私货之存在,但夹带数量实际远超过所规定比例。由此天津成为南方粮食、货物在北方的最大集散地——天津至通州的北运河水浅流急,因此南方粮船抵津之后,需要换载至平底驳船之上,再沿北运河溯至通州以供北京(具体装卸、运输和仓储过程十分复杂)。又无论河运还是海运,漕粮在天津地区都要截漕(河漕在三岔口、海漕在大沽口),以应华北各地军民所需,真正运往通州的漕粮只有大约半数。因此某种意义上可以说,天津是运河文化带上漕粮转运的最重要枢纽。南方货物的集散也与漕粮相仿,在临清以前不断地"集",抵达天津之后不断地"散"。诗人所云"东吴转海输粳稻,一夕潮来集万船"①"南风一夜漕船集,越缶吴罂压满街"②,描摹的就是南方漕粮、货物抵达天津时的景象。乾隆《天津县志·形胜》言天津交通之便称"地当九河津要,路通七省舟车"③,现在看来后半句颇有些保守。所谓"七省"应该包括浙江、江苏、山东、河南、直隶,其他两省或是山西和安徽。而事实上呢?更远的江西、湖北、湖南、福建、广东以及云南、贵州、四川,也均有通过长江水路麇集扬州,再沿京杭大运河北上的通道。缅甸、琉球、越南、菲律宾乃至整个东南亚的朝贡路线,也离不开京杭大运河航运的存在。大运河文化带集中了天津最密集的古镇,包括唐官屯、陈官屯、双塘、静海、独流、辛口、杨柳青、西沽、丁字沽、天穆、北仓、杨村、南蔡村、河西务等,其中西沽、丁字沽1949年后已经融入天津城区,静海、杨柳青、北仓则分别成为静海、西青、武清三区政府所在地,杨柳青更是中国历史文化名镇。

二是海河文化带。海河起自三岔口,终于大沽口,全长七十多千米,上承九河,下注渤海,明清以来一直是漕粮、食盐、水产以及军事运输的重要通道,同时夹海河南北两岸各形成一条陆路,即南岸的海大道和北岸的北塘道。海河文化带的重要古镇有河北岸的张贵庄、军粮城、新河与河南岸的咸水沽、葛沽、小站、新城与大沽,其

---

① 王懋德:《直沽海口》,江沛、秦熠、张志国主编《中国交通史料汇编》第61册《漕河图志》,北京燕山出版社,2021,第311页。

② 汪沆:《津门杂事诗》,《历代竹枝词》丙编,第1006页。

③ 乾隆《天津县志》卷四,乾隆四年刻本。

中葛沽是天津市历史文化名镇,新河、新城、大沽 1949 年后已经融入滨海的核心城区。海河通河达海,海河文化带也就成了异文化楔入天津的最重要通道,早期是盛行于闽台的妈祖文化,近代以降则是随坚船利炮而来的西洋文化。河海通津的自然地理位置,使得天津人视野宽阔,胸襟旷达,既开放,又包容。

三是燕山文化带。这条文化带内的自然遗产和文化遗产十分丰富,其间明显包含多条大体平行的文化线路——明长城、中上元古界地质剖面和燕山南麓驿道等。笔者谈文化线路时局限于交通仅及于燕山南麓驿道,现在看与长城文化带之概括同样保守,故称之为燕山文化带更为恰当。丰厚的自然底蕴和悠久的人文历史,使得这条文化带还藏有丰厚的宗教文化、士人文化、皇家文化和红色文化等。燕山文化带的重要古镇除渔阳外,还有邦均、官庄、别山、穿芳峪、马伸桥、下营及孙各庄,还包括一处天津市历史文化名城(蓟州)、两片天津市历史文化街区(独乐寺历史文化街区、渔阳鼓楼历史文化街区)、一个中国历史文化名村(西井峪)和五个中国传统村落(黄崖关、小龙扒、桃花寺、隆福寺、小穿芳峪)。

四是滨海文化带。天津市历史文化名城保护规划草案称海洋文化带过于笼统,地理方位的指向性不强,但天津毕竟设有滨海新区,故此称滨海文化带更为恰切,因为“滨海”含有实指意义。滨海文化带是在海洋渔业和盐业基础上发展起来的,后来逐渐汇入航运、海防、造船及石油工业、海洋工业等,形成天津独有的海洋文化。滨海文化带的重要遗产有渔业遗产、盐业遗产、海防遗产、海洋工业遗产,还有享誉世界的自然遗产——渤海湾西岸古海岸线遗迹,现为以贝壳堤和牡蛎礁景观为代表的古海岸与湿地国家级自然保护区。

五是蓟运河文化带。蓟运河文化带在天津市历史文化名城保护规划草案中未能有所体现,虽然与学界对蓟运河流域研究相对薄弱有关,但明显是个重大缺失。蓟州建城以来即是四战之地,故由蓟州通达渤海的蓟运河,在天津历史文化上的地位虽不及大运河,但其重要性仍然不容忽视。蓟运河的航运功能历史悠久。三国时曹操北征乌桓,为运送军用物资开挖泉州渠,南起今天津市区以东的海河,北抵今宝坻区境内大致相当古鲍丘水下游的蓟运河。隋炀帝和唐太宗东征高丽,蓟运河均是重要的军事运输通道。辽代改幽州为南京(今北京),为保证粮食供给等开通辽运河,蓟运河则为其最重要的组成部分。明代蓟州作为九边重镇之一,北抗蒙古,东防女真,周边驻有庞大的军队。而且明代实行军户制,无论官兵皆有家属,所需补给基本靠蓟运河解决。清代蓟州成为腹地,但相邻之遵化建有清东陵,驻防的八旗兵和绿营兵密度远高于其他地区,同时形成诸多满族村落,其军需和民需也主要靠蓟运河解决。与此同时,营建东陵的石料、木材以及工匠等,也都离不开蓟运河运输。蓟运河是连接天津山与海的重要通道,如果没有蓟运河文化带,天津的文化流动或说文化循环就会断裂。蓟运河文化带的重要古镇有芦台、宁河、新安、新仓、下仓、上仓及林亭口、丰台等,其中芦台今为宁河城区,新仓今为宝坻城区,此外还包括一个中国传统村落(陈塘庄村)

以上五条文化带可看作是天津的文化主动脉。此外,天津还有不少文化次动脉,如天津经蓟州至下营之古道(今津围公路),旧津保路及子牙河、大清河、永定河、金钟河等,还有意义重大但路线模糊的辽运河(民间俗称萧太后运粮河)。这些水陆交通线明清时期也较繁忙,形成具有一定特色的文化线路和文化带,孕育出王庆坨、宜兴埠、崔黄口等重要古镇,但其历史意义与前述五条文化带相比,则不可同日而语,甚至一定程度上被其覆盖。

二、天津的三个文化亚区

一个地方的原始文化,往往发端于一个或数个点,然后根据地理环境的不同,呈涟漪状向四周扩散,或呈波浪状单方向推进,形成原始的文化区。文化区内的点之间,或不同文化区之间互相交流,文化意义上的交通就产生了,于是就有了文化线路和文化带。文化带不断地辐射,充塞到一定地域空间,就会形成文化区或文化亚区。

文化亚区或称文化副区,显然是个相对概念。对于中国文化来讲,北方农耕文化是亚区;对于北方农耕文化来讲,燕赵文化是亚区;对燕赵文化来讲,天津文化是亚区。而对于天津文化来讲还可以细分,充分考虑自然地理环境、人文历史脉络和行政区划现状,我们从学术观察和规划发展角度,大体将天津划作三个文化亚区——大运河文化区、滨海文化区和蓟运河文化区。

一是大运河文化区,范围包括今中心城区、环城四区和武清、静海二区。以今天津市中心城区的六个区(和平、河东、河西、南开、河北、红桥)为核心,其中包括14片天津市历史文化街区,是天津作为中国历史文化名城保护的重中之重;环城四区(东丽、津南、西青、北辰)为大运河文化区的辐射区,大体属于清代民国天津县范围,拥有杨柳青、北仓、宜兴埠、张贵庄、军粮城、咸水沽、葛沽等重要卫星城镇,因受城市辐射各镇均人才辈出,文化发达;再沿北运河上溯至武清,沿南运河上溯至静海,则构成大运河文化区的影响区。

天津市区作为聚落,因卫戍而设立,因漕运而勃兴,故被称作"运河载来的城市"或"运河驮来的城市""运河飘来的城市",其文化受大运河影响自然无需多言。南来北往的商贾,增进了工商业的繁荣;南来北往的士子,推动了雅文化的发展;南来北往的匠人,则促成了民间艺术的提升。环城四区属于天津城的近郊,历史上业态以服务天津城市为主,出产粮食、食盐、水产、蔬菜、瓜果、花卉等,民间体育、民间音乐、民间舞蹈等广场艺术发达。静海和武清则属于这个文化区向南北展开的两翼,独流、杨村、河西务等古镇,因皆处于交通要道,部分承担起天津城市的集散功能。与此同时,中心城区和东丽区、津南区受海洋文化影响明显,而有大运河穿过的西青、北辰和武清、静海受白洋淀文化影响偏多。即以中心城区而论,其文化也明显分为两大部分:西北方向的红桥、南开、河北三区受运河影响中国传统文化较为发达,东南方向的和平、河西、河东三区受海洋影响西方现代文化发达,而其中的河北与南开两区,又呈现出明显的传统与现代杂糅的过渡特征。

二是滨海文化区(也可考虑称渤海湾文化区),范围即今滨海新区,原塘沽、汉沽、大港三区。之所以未称其为海洋文化区,是因这个说法过于模糊,而"滨海"虽然也有同样弱点,但至少可与滨海新区相呼应。原塘沽区为滨海文化区的核心区,原汉沽区、大港区为辐射区和影响区,也是滨海文化区南北展开的两翼。滨海文化区历史上以海河为界长期分治,海河以北先后属于当时的武清县、香河县、宝坻县、宁河县,海河以南先后属于当时的清池县、静海县、天津县。1949年1月,海河下游两岸解放,直接划归天津市管理,设立塘大(指北岸的塘沽和南岸的大沽)办事处。1949年3月,塘大办事处改称塘大区。1952年4月,塘大区更名塘沽区。同年塘沽新港开港,标志着天津港由河港向海港转化的大体完成,也标志着原塘沽区城市化进程的基本完成。同时或略晚,北翼的原汉沽区、南翼的原大港区也相继完成城市化的进程。1948年12月,汉沽解放,划宁河县土地建立汉沽特别区,属晋察冀边区冀东第十五专区,1949年8月改属天津专区。1949年10月,汉沽特别区改为汉沽镇;1954年1月,汉沽镇改为汉沽市;1958年6月,又改为天津市汉沽区。1960年3月,汉沽区重设为汉沽市,改属唐山;1962年8月复归天津,仍称汉沽区。南翼的原大港区1979年才最后形成统一建制,此前其行政归属和政府所在地飘忽不定,城区的城市化步伐最晚,到20世纪80年代中期才基本完成。大港地区1949年1月解放,地域分属天津、静海、黄骅三县。1953年5月天津县撤销,原属天津县的地域改属南郊区;1958年撤销郊区,今大港区中塘镇等随南郊区划归河西区;1962年四郊恢复,划入河西区的地域复归南郊区。1963年,分黄骅、静海各一部分建天津市北大港区,区政府驻今赵连庄村。1970年,北大港区并入南郊区。1979年又从南郊区析设大港区,辖原北大港区地域,同时又将南郊区的中塘乡等划入,大港区行政建制至此稳定下来。

滨海文化区枕河依海,蓟运河、海河、独流减河自北至南穿境入海。得天独厚的地理位置,自古以来即孕育了发达的渔业和盐业。元代海运开通,使这一地区的航运业日益发达。光绪十四年(1888)唐胥铁路延至天津,其后分别向北京和山海关、沈阳两个方向展筑,成为著名的北宁铁路,彻底改变了天津的传统交通格局,对滨海地区经济社会发展产生深远影响。"鱼盐之利"解决了生存问题,"航运之利"则促进了发展,促进了天津滨海地区早期村镇的形成和生长。李鸿章把铁路修到塘沽,使开滦煤和长芦盐由此外运,三北的"土货"和西方的"洋货"则由此外销与内销。因为有取之不尽的化工原盐,便利的水陆路交通,范旭东才选中塘沽建起"永久黄"企业及大批配套设施,初步奠定了原塘沽城区的基础。原汉沽城区和大港城区的崛起,也与化学工业有关。1926年,聂汤谷创立渤海化学工业公司,对原汉沽城区形成影响很大,曾派生出渤海大楼、渤海菜园等地名。1949年后大港油田开发,催生了一批石油化工企业,对原大港城区形成起了决定性作用,不过这已是20世纪七八十年代的事了。

三是蓟运河文化区。这个文化区包括蓟州、宝坻、宁河三区,蓟运河穿境而过,紧密联结起燕山文化带和蓟运河文化带。三区自北向南依次展开,海洋性特点越来越强。之所以将两个文化带并入一个文化区,是因燕山文化带本身地处蓟运河流域,与蓟运河文化带交叉面积较大,而且蓟、宝、宁三地均历史悠久,文化交流较多,文化共性极强,特别是辽金元文化遗存,远较天津其他地区丰富。

蓟州是天津市唯一的"千年古县",距今10万年前的旧石器时代,已有人类在此繁衍生息。据《太平寰宇记》记载,唐开元十八年(730),分幽州之渔阳、三河、玉田三县置蓟州。该地辽属析津府,金属中都路,元属大都路,明清属顺天府。该地1913年改称蓟县,翌年改属京兆特区;1928年属河北省;1949年先后属河北省通县专区和唐山专区;1960年属河北省天津市;1961年属天津专区;1973年划归天津市,2016年撤县设蓟州区。

宝坻历史上亦长期属于幽州。后唐清泰三年(936),河东节度使石敬瑭割幽云十六州予契丹,随之转为辽金之地。辽会同元年(938),割武清、潞县、三河之地置香河县。金大定十二年(1172),分香河县地置宝坻县,隶中都路大兴府。元至元初属大都路大兴府,明永乐间改属顺天府。该地1914年改顺天府为京兆特别区,1928年并入河北省;1949年隶属于天津专区,1958年改属唐山专区,1960年改属河北省天津市,1961年回归天津专区;1973年划归天津市,2001年撤县设宝坻区。

宁河本属宝坻县。清雍正九年(1731)析其地置宁河县,属顺天府。该地1914年改顺天府为京兆独立区;1928年并入河北省;1949年属河北省天津专区,1958年改属唐山专区;1959年与汉沽区合并划归天津市,称天津市汉沽区;1960年又归唐山专区并建汉沽市;1961年复置宁河县,仍属唐山专区;1962年复属天津专区;1973年划归天津市,2015年撤县设宁河区。

蓟州、宝坻、宁河之地,夏商以来均属幽州,春秋战国时为燕国腹地。其后幽州不断游移缩小,但三地仍之不改。辽属析津府,金属中都路,元属大都路,明清属顺天府。民国以来作为冀东之地,与唐山关系尤其密切,归属上上分分合合,直到 1973 年才基本稳定下来。蓟运河文化区无疑以蓟州为中心,全境受燕山、蓟运河和冀东文化影响。不仅方言发音接近,民俗也大致一体。民间信仰碧霞元君,以迁西县景忠山为区域性信仰中心。蓟运河文化区由北向南,受海洋影响逐渐加强。特别是军事驻防方面,因为蓟运河依山通海,故此由最北的黄崖关长城——典型的陆防,向南一直延伸到蓟运河口的北塘,转为了典型的海防。

三、河海交融的海河文化区

前面谈天津的文化亚区,依托大运河文化带划定了大运河文化区,依托滨海文化带划定了滨海文化区,依托燕山文化带和蓟运河文化带划定了蓟运河文化区。那为何没有依托海河文化带划定海河文化区呢?原因其实很简单,海河沟通大运河与渤海,流程只有七十多千米(早期流程更短),其上游明显受大运河影响,中下游明显受海洋影响,如果以海河为轴线划定一个文化区,与大运河文化区和滨海文化区明显存在过多重叠。

没有划定海河文化区,但不等于其不存在。在哪里?将大运河文化区和滨海文化区合在一起,其实就是海河文化区。海河文化区整体上具有明显的河海交汇特征,但其间差异仍非常明显——从海河下游向上游逐渐推移,地理空间的海洋性特征呈递减趋势,因此考虑到天津文化多样性的呈现,我们仍然主张以滨海文化带为基础划出独立的滨海文化区,海洋文化则是这个区域的主导性特征。

虽然海河干流被一分为二,划给两个不同的文化区。但从历史角度看,这两个文化区的共性越来越强,其一体化进程至今仍在加速中。

　　天津作为退海之地,历史上河流密布、洼淀众多。在 1949 年之前,海河干流地区从未形成过统一建制。但相近的自然地理环境,使其一体化进程很早就开始了,最初体现就是水运、陆运的开通,初步实现交通一体化,港口一体化则随后不断推进。天津的港口历史非常久远,可追溯至东汉末年曹操在华北平原开凿平虏渠、泉州渠和新河渠。三条运渠将多条大河连通在一起,初步形成以海河为中心的华北航运网络。隋炀帝时大运河南北贯通,天津地区的航运乃由区域性网络转为全国性网络,其作为枢纽的意义开始呈现。今东丽区军粮城则是天津地区最早的海港,唐时永济渠、滹沱河、潞河在此汇流入海,大批军粮等在此贮存转运,被称作"三会海口"。北宋时黄河北迁夺取界河(今海河)入海,天津地区的海岸线迅速向东推进,军粮城随之失去转运功能和海港地位。

　　金元明清时期,旧三岔口(今望海楼附近)成为转运漕粮为主的内河港。咸丰十年(1860)天津开埠,紫竹林一带形成新的港区,俗称紫竹林码头。随着西方列强的入侵,天津港的规模和职能逐渐发生变化:传统的中国帆船被大型轮船取代,内河航运为主转为海洋航运为主,内贸性主权港口成为殖民性外贸港口。与此同时,列强在海河下游纷纷圈地修筑码头。这些码头水深普遍超过紫竹林,便于停靠无法进入内河的大型船舶,天津港区开始向深水域延展。1937 年侵华日军独占天津港,为了"以战争培养战争",1939 年日本兴亚院制定北支那新港计划案,1940 年在海河口北岸建设塘沽新港,至 1945 年投降,计划完成不到一半。1946 年,南京国民政府对塘沽新港进行维护性建设,勉强可以停靠船只装卸。1949 年,塘沽新港被天津军官会接受接收。1951 年,中央政务院决定继续修建塘沽新港,1952 年 10 月 17 日举行开港典礼,天津港大体完成由河港向海港的转折,天津和滨海地区初步实现港口一体化。

大运河文化区和滨海文化区的交流,最初是渔盐二业的商品运输和集散。元代开通海运,南方的粮食及商品加入进来。明朝为防御倭寇建设海防,大沽、北塘建设炮台并驻扎军队,更加密切了天津和滨海地区的往来。在这样的背景下,清朝初年行政一体化也开始推进。雍正九年(1731),天津由直隶州升为府,同时附郭设立天津县,海河南岸的大沽划归天津县管辖。1949 年滨海地区解放,海河下游两岸直接划归天津市设塘大区(1952 年更名塘沽区)。1958年,河北省汉沽市并入天津市称汉沽区,1960 年划回唐山,1962 年复为天津市汉沽区。原大港区地僻人稀,其地民国时属黄骅、静海、天津三县,1949 年后变化频仍,1979 年正式设立大港区。也就是说,原塘沽区、汉沽区和大港区,在 1949 年、1962 年、1979 年成建制纳入天津市,完成天津城区和滨海地区的行政一体化进程。2009年,经国务院批准撤销塘沽区、汉沽区与大港区,正式合并为行政意义上的滨海新区。

随着天津由河港向海港的转移,海河下游原塘沽区的经济发展开始提速,典型事件就是范旭东创办的"永久黄"集团之崛起,使得原塘沽地区的城市地位变得日益重要,与天津市区的规划一体化遂提上日程。1928 年,国民政府在形式上基本统一全国,天津依据特别市组织法规成立特别市政府。其时市政当局主张将天津全县以及宁河、宝坻、静海、沧县各一部分划入天津市区，且必要时可进一步扩大。这是将滨海地区划归天津市区的最早动议，然因河北省政府态度游移"未便同意"，此事遂被拖成了悬案。1930年，中华民国首都南京市制定《首都计划》，天津市市长崔廷献受此影响，认为天津城市建设规划不能再行拖延，决定把规划范围缩至最低限度，"除公安局所辖警察区域不计外，并应将大沽、北塘，及海河以南，金钟河以北各二十里，划入本特别市区域范围以内，藉资发展工商业，以维持本埠之繁盛……"①其后不久，天津市政府通过《大公报》公开征集规划方案，结果梁思成、张锐联合草拟的《天津特别市物质建设方案》获第一名。方案明确提出，天津城市空间发展以海河往东为最相宜，应将大沽口纳入本市范围。1937年天津沦陷，为强化殖民统治以配合侵略战争，日伪政府先后出台《天津都市计划大纲》《大天津都市计划大纲》及《北支那新港计划案》等，其中无论天津地区、塘沽地区共同发展的双城方案，还是出于资源掠夺目的单独港口规划，都对滨海地区给予了特别重视——天津紧邻北京，承担着重要的政治、交通及军事功能，对华北地区今后发展必然起到至关重要的作用；而塘沽地区作为海河连接渤海的外港，则有着极为重要的战略意义，其水运本身也对天津工商业发展有着重要影响。抗战胜利后南京国民党政府接管天津，1946年制订了《扩大天津都市计划》，也将"塘沽纳入天津"作为天津市区建设原则。1949年之后

---

① 张锐：《从市政学的立场上观察大天津市的区域和组织问题》，《大公报》，1930年1月21日，第13版。

的天津城市规划,对日伪当局和国民政府的规划都有所借鉴。改革开放以后,天津市于1985年提出"一条扁担挑两头"战略构想,即"整个城市以海河为轴线,改造老市区,作为全市的中心,工业发展重点东移,大力发展滨海地区",同时"开辟海河下游新工业区……建设发展滨海新区"①。"滨海新区"四字第一次出现在正式的天津文献中,在此基础上形成的《天津城市总体规划方案》,1986年8月获国务院原则批准。2020年11月,天津市委十一届九次全会又通过《中共天津市委关于制定天津市国民经济和社会发展第十四个五年规划和二〇三五年远景目标的建议》,明确指出天津将打造"津城"和"滨城"双城发展格局,滨海新区的地位进一步提升。

大运河文化区与滨海文化区,伴随着交通一体化、港口一体化、行政一体化和规划一体化,文化一体化进程也不断加快。因此,考虑到观察视角丰富多元及地方文化的多样性呈现,可将天津划分为三个文化亚区——运河文化区、蓟运河文化区和滨海文化区;考虑到海河文化的整体性和独立意义,则可将天津划分为两个文化亚区——海河文化区和蓟运河文化区。

此外,天津辖域南宽北窄,近半个世纪以来的主体城区发展,重心明显偏重南部——大运河文化区哺育出"津城",滨海文化区哺育出"滨城"。根据天津辖域现状及文化分区情况,我们认为未来城市整体发展,应在蓟运河文化区布下重要一子,即规划发展文化底蕴厚重的"蓟城",构建津城、滨城和蓟城三足鼎立的天津市主体城区

① 《天津市城市总体规划方案》,1985年4月30日,天津市第十届人民代表大会第三次会议通过。

格局,以拉动京津中间的武清城区、津蓟中间的宝坻城区、滨蓟中间的宁河城区,真正实现天津社会、经济、文化等的均衡发展和科学发展。

结　语

根据前面的简单叙述和分析,关于天津的文化线路、文化带和文化区,可以得出如下基本结论。

第一,自然地理环境是文化生长的基本土壤,会对地方文化的形成产生根性影响。凡是某个地方或空间生长出来的文化,一定是地理和人文要素交融的结果。天津最早的人文史只能在北部山区发端,而不可能是经常洪水泛滥的沿海低平原。天津的原始人类是渐进走出燕山,由北向南进入台地、平原并开始土地梯次开发的。海河干流聚落出现以后,天津人则追随海洋成陆的过程,由西向东沿河发展,这一进程至今仍在推进。

第二,交通条件是经济社会发展与文化流动的催化剂,重要的河流、海岸与驿道会形成文化流动的线路,而文化流动过程中会在重要节点沉淀,繁荣所穿越的城市及位置适宜的村镇。天津的三大历史文化重镇——中心城区、蓟州区、滨海新区以及众多古镇,都是这种文化流动沉淀之后的结果,它们全部处在沟通南北东西的水陆交通要冲位置,历史上不仅对于天津、北京乃至华北,对就是全国来说也都具有重要意义。

第三,依托交通形成的文化线路,会缓慢地向线路两侧渗透而形成文化带。文化带的重要端点均为交通枢纽及文化沉淀之地,这些端点会形成多种文化的叠加和交融——交通越便利,文化越多元,也就越有生长活力,进而形成较大城镇和特色文化。天津的中心城区、蓟州城区以及滨海新区的大沽与北塘就是这样的端点,也是天津地区最具历史意义和文化价值城或镇——中心城区的运河文化、滨海新区的海洋文化、蓟州城区的卫戍文化无不特色鲜明。

第四,文化带持续向两侧渗透会越来越"宽",再加上重要节点的辐射,会逐渐充溢到一定地域形成文化区。在这一过程中,除山河湖海等自然地理要素阻隔之外,行政区划对文化区的形成也有重要影响。不同文化区之间还会有交叉重叠的过渡地带,如滨海文化区的原汉沽区地处蓟运河尾闾,虽然海洋文化特征明显,但也有蓟运河文化区特征,受到冀东文化的深刻影响;海河文化区的武清区,与蓟运河文化区也有着扯不断的联系,尤其是辽金文化特色;至于海河文化区与滨海文化区更是剪不断理还乱,海河干流原盐坨地(今意风区附近)以下,都被老天津人笼统称作"海下",周汝昌先生甚至提出过"海下文化"概念。

在这里侈谈文化线路和文化带、文化区,其中文化线路解决的是异文化之间关系即交流互鉴问题,文化带解决的地方文化沉淀、生长和形成问题,文化区则解决地方文化多元交融问题。文化线路是流动的,会给地方文化发展带来活力;文化区是相对静止的,流动的文化在某个地域沉淀并融合,从而形成新的地方文化;文化带则介于动和静之间,它向两侧渐进地缓慢地渗透,随着时间推移会促进文化区的形成。

作为直辖市的天津地域相对促狭,自 1979 年政区基本稳定之后,越来越便利的信息和交通,必然促进社会、经济和文化的快速融合,故此最终走向一体化是必然趋势。即如蓟运河文化区,1949 年前与天津并无隶属关系,虽因地理切近总有些藕断丝连,但明显是不同的文化系统。现今随着行政管辖的存在,蓟运河文化区与大运河文化区、滨海文化区的联系越来越频繁,社会、经济、文化交流越来越密切,假以时日,三个文化区融为一体,形成新型的天津地方文化或者"津派文化",并非没有可能性。

作者:王振良,天津师范大学古籍保护研究院教授、博士生导师

从历史文化街区阐析津派文化

Analysis of Jinpai Culture from Historical and Cultural Districts

谭汝为

内容提要：以三岔河口、老城厢、五大道、河北新区、劝业场等 10 个历史文化街区和水路风光、名人故居、名街休闲等 10 个文化景观为例，阐释天津城市文化在历史进程中，体现在运河漕运、妈祖信俗、商贸娱乐、中外建筑等领域的多元并蓄、包容共生、务实开放等特点，并对津派文化进行总结。

关键词：历史文化街区　城市风情　多元包容　津派文化

中国古代城市大多起源于政治、军事、防卫等需要。天津从明初设卫（1404）到清顺治九年（1652）三卫合一；清雍正三年（1725）改卫制为州制，后升为直隶州，再到雍正九年（1731）设天津府——其间经过 300 多年的历史行程。天津设卫，并非经济繁荣的产物，而是军事政治的需要，但随着人口集聚、财富增多，为满足消费需求而生成并兴盛的市场、交换和贸易等经济功能必然推动城市逐步走向繁荣。

从早期的政治型城市或军事型城堡，向经济型或工商型城市的转型发展,需要一定的历史机遇和区域条件。天津在清代前期,完成从军事卫所向经济型城市的转型发展;在清代后期,由单一功能的军事卫城一跃而为华北区域的中心都市和天子脚下的畿辅首邑,成为中国北方在城市化进程中迅速崛起的典型都市。究其成因,一是襟河枕海、拱卫京畿的地理方位与南北要冲、河海通津的便捷交通,这种区位优势成为城市发展最重要的"硬件条件"。二是1860年天津开埠,所有的租界码头都设在海河上游两岸,促进城市经济迅猛发展、人口快速增长,很快就成为"三北"(华北、东北、西北)地区的贸易口岸和经贸中心。三是运河漕运带来的南北交流、天津开埠和租界设立促进了东西方文化的交融,迥不相同的两个城区却可雅俗共存,多元包容的区域文化得以良性发展,对文化教育的重视及人才的层出不穷,为城市繁荣打下深厚和持久的根基。

一、历史文化街区呈现津派文化多元包容的特色

历史文化街区是弥足珍贵的原生资源,是固化城市记忆的基础,也是城市文化魅力之所在。它承载着深厚的文化底蕴,展示历史风貌,再现城市发展动态的活历史。习近平总书记强调:"中国式现代化离不开优秀传统文化的继承和弘扬,天津是一座很有特色和韵味的城市,要保护和利用好历史文化街区,使其在现代化大都市建设中绽放异彩。"在城市形成和发展的漫长历史进程中,天津形成了一批富有历史传统且极具特色的历史文化街区。这些街区拥有个性鲜明的历史文化、独特的历史建筑和人文地理景观,是城市内

最具内涵的地区,典型地凸显出天津城的社会变迁、城市发展和文化传承,具有独特的历史文化价值。

为数众多的历史文化街区,从不同的侧面体现津派文化的特征、起源与变迁。本文精选典型的历史文化街区——最早形成的三岔河口、侯家后;元代形成的大直沽、天后宫;明初形成的老城厢;清代中后期陆续形成的三条石、河北新区;近现代形成的五大道、小白楼、劝业场等。这些历史街区的社会生活及人文景观,从不同的角度,展示不同时期天津多源性、多元化、中西合璧、古今交融、雅俗共赏的城市风貌,凸显津派文化别具一格的特色,形成天津城市格局的重要肌理,成为独特而珍贵的人文地理资源。

(一)三岔河口街区:多元文化交融地

文化是一个城市的特色,也是一个城市的亮点。三岔河口是天津城市的发祥地、南北交通的主要枢纽、多元文化的交融区。早在明清相交之际,天津城的繁荣兴盛已如《天津卫志·序》所言:"天津为卫,去神京二百余里,当南北往来之冲,京师岁食东南运数百万之漕,悉道经于此;舟楫之所式临,商贾之所萃集,五方之民之所杂处……名虽为卫,实则即一大都会所莫能过也。"[①]清朝初年,全国开放海禁之后,广东、福建、浙江、江苏等地的商船运来大批南货,在三岔河口附近卸货,在天津贸易集散。与此同时,天津海船也从三岔河口出发,把南货运往奉天(辽宁),然后再把东北的大批粮食运

---

① 薛柱斗:《重修〈天津卫志〉序》,载天津市地方志编修委员会编著《天津通志·旧志点校卷》(上),南开大学出版社,1999,第6页。

往直隶(河北)和山东。南北水路交通的畅通促进了商业的繁荣,而商业的繁荣又推动了南北文化的融合。

交通是城市的大动脉,无论人类文明的起源,还是中外著名城市的发展,皆因江河而建、因水运而兴的。九河下梢、河海相通的天津,加之运河漕运中心的优势,以及沟通中外的水运交通体系,成为天津城市迅速崛起和全面繁荣的首要因素。

从元代开始不断繁荣的北门外沿河商区扩展至东门外的天后宫南北,形成了热闹的"环城通衢"。欧洲各国的舶来品这时也进入了天津市场,东门外和北门外各建有一条洋货街。商业的空前发展,招徕各地商贾的麇集。于是,以海河的三岔河口为中心的内河贸易港区,在清代业已形成。

天津筑城设卫后,商贩船家云集,戍守军旅常驻,流动人口激增。通过来往于三岔河口的无数船舶,天津城接纳了漕运船民、移居商贾、垦戍军士、破产农户和外省务工人员,形成"五方杂处"的移民城市。另外,居住在天津的外省籍商人为维护自身利益,以乡谊为纽带结成了民间组织,如山西会馆、闽粤会馆、山东会馆、云贵会馆、安徽会馆、广东会馆等。在天津工商界,广帮、潮州帮、山西帮、宁波帮、河北冀州帮等都很有实力和影响力。南来北往的交通和南北经济文化的交流,使天津成为受南方影响最大的北方大都市。因此,天津人在北方人豪放爽朗的性格主调之外,还兼具南方人柔婉精明的性格特点,典型地体现津派文化的个性。

(二)侯家后街区:餐饮娱乐集结地

早在元代设立海津镇之前,位于南运河畔古老的客货码头——

侯家后就已有人家在此定居。至明永乐二年(1404),在天津设卫筑城前,侯家后已形成漕运繁忙、百货集散之地了。侯家后北有码头,南靠估衣街,西依北大关。历史上的南粮北运,促使大批漕船在三岔河口、侯家后一带交卸转运,漂泊劳碌的船工、水手纷纷在此登岸休整。行旅商贾往来停留对消费的需求,大大促进了侯家后一带商业的发展。到了清朝乾隆年间,由于人口的汇集,侯家后一跃成为热闹火爆的餐饮娱乐区。这里成为酒馆、戏院、澡堂、茶园、说书唱曲儿的聚集之地,从早到晚丝竹檀板,余音袅袅,游人不绝。津门著名的"八大成"饭庄都集于此,享誉海内外的狗不理包子,最初也是从侯家后发迹的。

侯家后的娱乐场所以茶馆最为兴旺,早在清朝即已闻名的有三德轩、四合轩、天会轩、东来轩——人称"侯家后四大轩"。侯家后的戏园子也不少,以协盛园和小袭胜轩的历史为久,常演出京剧和河北梆子,各有500多个座位,长期上座不衰。后在小马路又开设玉茗春、小华北戏园等,演出曲艺、河北梆子、评戏等,经常客满。

当年侯家后的餐饮业为天津之最。天津不仅有小吃,更有各式名馔大菜。至清末民初,《津门小志》记载侯家后餐饮业状况:"本埠饭庄约五百有奇。其中最著名者,为侯家后红杏山庄、义和成两家,其次则为第一轩、三聚园。装饰之华丽,照应之周到,味兼南北,烹调精绝,大有'座中客常满,樽中酒不空'之概";"侯家后本弹丸之地,而酒家茗肆,歌榭妓寮,大都聚于此处。就侯家后一隅而论,一日一夜,可费至千金"①。戴愚庵《沽水旧闻》在"侯家后掌故"中对这一传统商业区也有描述:"独侯家后一区,繁华景象,又非今日之所有。该地商号麇集,歌馆楼台相望,琵琶门巷,丛集如薮。斜阳甫淡,灯火万家。辫丝帽影,纸醉金迷。其开辟之早为津门各地之始。"②可见,南运河畔传统商业区是何等繁华!

运河发达带来巨量的客流而形成的消费群体,有力地助推了侯家后地区的繁华竞逐。北京的名公巨卿,遇有大宴会,乃群趋津埠,任意挥霍。为适应这种消费需求,侯家后的酒席馆遂更加红火,陈设华丽,远胜京师。每当夕阳西下,车马盈门,笙歌达旦。京华王公巨卿趋津挥霍的情景,表明其消费能力远超天津本地居民,也昭示出津派商业文化的诱人魅力。

(三)大直沽街区:漕运枢纽

1998年,天津考古工作者在大直沽挖掘出具有明显地层关系的元代文化积层,从依次叠压的地层中,找到了一些零散的宋代或更早的文化堆积,证明大直沽确是天津市区现存最早的聚落遗址。国家文物局考古专家组高度评价道:"大直沽是天津历史文化名城的原生点,天妃宫则是这个原生点的标志,是天津历史上唯一的极为宝贵的遗迹。"③

---

① 转引自赵永强、陈克:《天津饮食文化史》,天津教育出版社,2023,第142页。
② 转引自赵永强、陈克:《天津饮食文化史》,第142-143页。
③ 毛国强主编:《名家纵谈传统文化》,天津科技翻译出版有限公司、天津社会科学院出版社,2024,第423-424页。

大直沽的兴起和发展,与元代的漕运密切相关。元朝定都燕京后,其稻粮多来自江浙地区。为了解决南粮北运的困境,至元十九年(1282)从海道试航,经大直沽,将漕粮35000石载入燕京,打开了一条海上漕运通道。金代在此设转运站,元朝也设转运中心,成为军事重镇和漕粮的重地,沽河(海河)干流也成为上运京师的大动脉。到了元朝,大直沽又成了海运之要地。当时的沽河(海河)旧道距前台很近,其渡口叫海津渡。元朝百户府和盐粮厅就建在中街路北的天妃宫东侧。

选择大直沽作为南北漕运的转输地,首先是地理位置的得天独厚;其次是高台地势,使其免受水患威胁;最后是沽河(海河)于此形成一个大湾,水深流缓,适合漕运船只停泊。每年春秋两季,数百艘漕船及数千名船工在这里停泊会聚,码头上呈现繁忙壮观的景象。漕运分为河漕和海漕两大类别,需要在南北交通要冲——大直沽这个地方中转。尽管当时天津地区尚未建卫,但元朝政府看中了这块风水宝地,将其视为首都(大都)经济命脉不可或缺的补给线。

海运的频繁,引起人们对风涛的敬畏,元朝在海运经过的重要地点,敕建"灵慈宫"多处,祭祀海神,封为"天妃"。大直沽就建有敕建天妃灵慈宫(东庙),简称大直沽天妃宫,庙址在今河东区大直沽中路。砖木结构,宋代风格,气势恢宏,巍巍壮观。宫前广场建有戏楼,每逢庙会,敬香者络绎不绝,民间花会精彩纷呈。

(四)天后宫街区:妈祖民俗与商贸牵手

天后宫是天津市区现存最古老的建筑,始建于元代泰定三年

(1326),至今已有近 700 年的历史。天后宫内供奉的天后,就是南方人熟悉的妈祖,原是福建莆田湄州岛一位姓林名默的女子。据记载,林默生而神异,自幼聪明伶俐,娴习水性,能乘席渡海,云游岛屿间。在林默去世之后,不少水手、渔夫在海上遇险时,往往看见她在风浪中引导大家脱离危险,民间感其护佑之功,于是修庙祭祀,这就是妈祖的由来。

当妈祖信仰传入天津这一五方杂处之地后,很快便与天津的民俗文化相融合,并被广泛接受。特别是人们把这种信仰移植到与自己生活密切相关的求子和祛疾(主要指天花)等方面,赋予妈祖更多、更实际的功能。作为海神天后,在天津域内的流传过程中,逐渐演化为福佑万方、有求必应的居家保护神。这种民间信俗与崇拜逐渐渗透民众的精神生活和物质生活,乃至城市的社会、政治、经济、文化等层面。①

天后宫是天津商业文化发源地之一。以妈祖为主角的俗信活动既具文化特征,又呈商贸色彩。宫南、宫北大街东临海河,西连卫城,不仅直接为与漕运有关的商业活动服务,成为北方地区食盐和粮食的集散地;而且繁荣的街面吸引了各地丰富多彩的商品经营活动。在宫南、宫北大街的延长线上,经北大关一直到西北角、估衣街一带,店铺林立,车水马龙,形成喧闹的商业街区。特别是春节期间,宫南、宫北大街的年市景象,反映了天津城市最辉煌时期的繁华。

---

① 尚洁:《三津福主:来自远方的林默娘》,载马文清主编《津卫妈祖》,文化艺术出版社,2021,第 11 页。

宫南、宫北大街于1986年在城市更新中改造为古文化街,北起通北路,南至水阁大街,西起东马路,东至张自忠路,两端有巨型仿古牌楼,总长580米,建筑面积20万平方米,是一处集民俗文化、旅游商贸、购物休闲、餐饮住宿等于一体的商业步行街。古文化街的津派文化景观可概括为"一、二、三、四、五",即一座天后宫;两条老街:宫南和宫北大街;三座大式牌楼:津门故里、沽上艺苑、北方玉石城;四条著名里巷:大狮子胡同、王十二胡同、萨宝石胡同、袜子胡同;五家津派文化博物馆:天津民俗馆、砖雕博物馆、联升斋刺绣博物馆、老美华鞋文化博物馆、泥人张美术馆。

(五)三条石街区:津派民族工业基石

第二次鸦片战争后,天津成为清政府"洋务运动"官办工业北方的中心地区。天津的工业发展自然离不开北洋机器局,但它属于军工生产,与老百姓的生活距离很远;而地处三岔河口的三条石地区产生的近代民族工业,却拉近了与老百姓的距离。三条石的地理位置得天独厚,据史料记载,早在清代中期以前,南北运河船只运载的铁器,一般都在这里卸货交易,推动了这个地区商业的繁华。

三条石地区的铸铁业兴起于19世纪末20世纪初。这里最早的一家铁匠铺,就是开设于1860年的秦记铁铺。这家简单的家庭手工业作坊,生产的是家用铁锅。1897年又建起天津第一家铸铁厂——全聚成。到1949年,此地已有近百家工厂和手工作坊,成为华北地区机器铸造工业兴起较早的地区之一。各家铁匠铺培养的徒工群体,成为三条石地区铸铁行业的骨干力量。三条石地区铸铁业兴起的另一个重要的因素是:1870 年前后,天津机器局裁员,一批技术工人来到三条石地区,推动了技术进步和工艺革新,产品质量和产量都有很大程度的提高。

天津开埠后,机器局从国外引进了多项近代工业技术,木模翻砂的铸铁工艺便是其中之一。原来这项工艺只有外国工匠掌握,后来中国工匠也学会了这门技术,并开始流传到三条石。技术和工艺的革新,不仅使产品质量有了很大的改善,而且产量也大幅度提高。由此可见,天津机器局对三条石铸造业的影响也不容忽视。三条石铸造、机器业的兴盛,起源于交通便利和人才汇聚,同时着眼于农业,并为轻工、纺织、印刷配套,因而迅速发展。三条石的工业生产还注重百姓的饮食。今天看来,轧面机、刨冰机结构简单,但在当时备受欢迎。天津的机器制造业还以人才流、物流,扩大效益和影响。从小到大,从由简单铸件到成套生产设备,铺就了津门民族工业基石并形成传统布局。①

(六)老城厢:盐商宅门雅文化

老城厢是天津旧城所在地,以鼓楼为中心,由东马路、西马路、南马路、北马路围合而成,占地 940000 平方米,约有居民 2 万户。卫城格局如传统中国县城,当中有沟通南北东西的十字街,向外延伸可通四乡大道,十字街交叉处建鼓楼。卫城初建,当局设管理漕粮、盐业和民刑机构的衙门、仓廒、文庙、武庙、卫学、集市等。清顺

① 张春生:《天津随谈》,百花文艺出版社,2023,第 25 页。

治九年(1652)年天津三卫合为一卫,雍正三年(1725)改卫制为州制,后升为直隶州,雍正九年(1731)设天津府。清代从顺治到嘉庆140多年,天津城重修12次。其中,雍正三年(1725)天津卫城落地重建。据记载,重修后的天津城,东西宽504丈、南北长324丈,成为现在东西南北四条马路的雏形。

文化是城市的灵魂,也是左右城市持续发展的决定性力量之一。长芦盐商在天津大量聚集,凭借自身雄厚的实力,在市政建设方面发挥了不可替代的作用。他们修筑城墙,铺路架桥,修建庙宇、园林,建设行宫、官署等,强化了城市形态。①天津盐商如清顺治时的张霖、康雍年间的查日乾、安岐等,大规模地起造园林,延揽名士,"引进文化",开一代文风。天津儒学始于明正统年间,在明清两代,不但有文学、武学,还有商学。商学的生员即来自商、灶(盐灶)两稽查,主要来自盐商,早期经费完全由盐商承担。盐商积极兴学,既因本身富于财力,又因盐商子弟可通过科场,步入仕途。设立于康熙五十八年(1719)的天津第一所学校——三取书院,早期经费全由长芦盐商支付;第二所学校——"问津书院",则由盐商查为义献产而设。乾隆举人杨一昆(无怪)在天津河东盐坨一带开设"起凤楼书社",使民风民情大为改观,而杨家也是盐商。天津民风民俗由尚武而转向崇文,盐商文化发挥了重要的促进作用。

天津从金元时期开始,凭借河海通津的地理方位,逐渐形成南北交融的文化品格。有清一代,南来北往的文人名士寓居天津园

---

① 陈克、岳宏、赵永强:《天津运河文化史》,天津教育出版社,2022,第176页。

林,吟诗绘画,使雅文化成为天津城市文化重要的组成部分。据天津史志记载,天津最早的诗社出现在清康熙前期。天津盐商"在各自的私家园林中聚集各地的文人雅客,大批江浙士子沿运河进出京城时,纷纷落脚津门,在这些园林中赋诗填词、著书立说,由此培养了天津的雅文化氛围,使天津这个卫所一跃成为人文荟萃的'小扬州'"①。长芦盐官为天津诗词书画的繁荣作出了贡献。盐商社会角色的转换,提高了天津地方文化的层次,加速了天津地方文化的发展,当年聚集天津的文化名人有一半以上来自外地,说明以盐商为代表的文化摄入,把传统时期的天津文化推向高峰。乾隆皇帝10次巡视天津,9次接见盐商,6次经天津巡游江南,4次驻跸水西庄。1771年,乾隆帝留住园内,适值紫芥花盛开,遂提笔赐名"芥园"。②

老城里古朴的街道,弯曲的胡同,参天的古树,齐整的四合院。清晨的喧闹,午后的宁静,黄昏的炊烟,孩子们的嬉笑,走街串巷小贩的吆喝声,邻里操着浓重乡音的寒暄……构成了一幅幅老城生活的温馨画面。它常常触动着我们内心深处那最柔软的地方——乡情。

(七)五大道街区:名人故居与小洋楼文化

五大道是19世纪末20世纪初形成的原英租界高级住宅区,是天津"小洋楼"最集中的区域,也是天津市保护范围最大、保存最完整的历史文化街区。本街区原为英租界居住区,最初居民以外国人

---

① 陈克、岳宏、赵永强:《天津运河文化史》,第181页。
② 毛国强主编:《名家纵谈传统文化》,第428页。

为主。后来,中国许多政客买办、达官显贵为躲避社会动荡,陆续到租界内购置房产,于是五大道逐渐成为近代名人集居之地。

　作为历史文化名街,五大道拥有二十世纪二三十年代建成的英、法、意、德、西班牙等国不同建筑风格的花园式房屋 2000 多所;其中风貌建筑和名人名居有 300 余处。中西合璧的五大道建筑,将历史价值、研究价值、欣赏价值、旅游价值集于一身。五大道地区的历史文化价值体现在:第一,姿态万千的西式建筑群体景观;第二,建筑的私密性构成深幽寂静的街区风格;第三,近代名人荟萃之地,蕴含许多珍贵的史实轶事。在地域狭小的五大道地区,有四个市级文物保护单位,即庆王府、林鸿赉旧宅、孙氏旧宅和顾维钧旧宅。五大道地区作为近现代天津历史的一个典型的体现,蕴藏着丰富的文化内涵。其浓厚的历史感是特有的,因为许多近现代名人都在五大道留下了足迹,几乎每幢建筑里都蕴含着故事,充分展现着近代中国百年变迁。

　天津的小洋楼,尤其是五大道的每一座小洋楼,都充满了故事。当年的名流富豪、达官显贵都选择在这里隐居避世,看重的便是这里的"清幽"。在这些形态各异的小楼里,曾上演着无数绚丽多彩的剧情。铁与血的豪情迸射,诗与梦的柔美纠结,化为诡秘的传说或清幽的故事,在小楼风雨中缠绕,在街谈巷议中流传。近现代史的雾风烟雨在这里浓缩成一个又一个关于天津的记忆。每当夜幕降临,漫步于五大道,那充满异国情调的幢幢别墅,在昏灯朗月的映照下,隐约闪现着岁月风霜和时代沧桑,引发游客的无穷遐想。①

(八)小白楼街区:欧韵商贸风情

小白楼,面积约13000平方米的弹丸之地,却是劝业场之外天津市区第二个商业中心区。百年来,它不断发展、繁荣,在保留历史印记的同时,也孕育了现代都市卓然不群的欧韵风情。

小白楼地区最早繁华的街道为海大道(今大沽路)朱家胡同一带。这里华人经营的小型店铺较多,其顾客几乎"华洋各半",经营者和雇员都会一些应用英语,所售商品和加工服务,也尽量适合西洋习惯和风味。当时,小白楼一带专售洋酒罐头、日用杂品的商店有裕恩永、样泰义、福兴太、大昌和等,其中的裕恩永,堪称当地华人商店之冠。该店经销进口货品,价格昂贵但适合洋人和高级华人的需要。小白楼一带叫卖行很多,当时的海大道东西两侧比比皆是。其中规模最大的是"魁昌"叫卖行,专门受理外国人离津返国时出售家具的拍卖业务。经营商品从各种型号的酒杯到三角钢琴,无所不有。叫卖要价虽高,但内行人不难买到便宜用品。

小白楼地区的电影院,最著名的是平安电影院(今音乐厅),始建于1909年,是在滨江道。1916年,平安电影院迁到国民饭店处,1919年因火灾停业,1922年在小营门重建平安影院。影院的经理是英籍印度人巴厘和英籍中国人卢根。光陆电影院(后北京影院)由白俄人库拉也夫经营,后中国人李秉元(美国环球影片公司驻津

---

① 谭汝为:《天津五大道与小洋楼文化》,《天津市社会主义学院学报》2014年第3期。

代表)加入。在电影院的前楼开设圣安娜舞厅,舞女多为白俄少女。大光明电影院,始由中国人韦耀卿建立,后卖给英籍印度人泰莱梯,抗战胜利后又转兑给劝业场主高渤海。这家影院规模宏大,门前常有两名印度兵把门。

小白楼地区的繁华,从一开始就带有欧化倾向,到 20 世纪 20 年代大批白俄在此聚居后,这里更充满了东欧色彩。小白楼一带的西餐厅,最著名的当属起士林。餐厅分为三层,底层是咖啡厅,从上午 10 点开门,人们蜂拥进入,晚到的就很难找到好位置了。[①]

(九)河北新区:北洋新政样板区

清光绪二十八年(1902),袁世凯接任李鸿章出任直隶总督兼北洋大臣,从八国联军的都统衙门手中接过天津的行政管理权。因旧直隶总督行署被都统衙门侵占并遭到严重破坏,袁世凯在来津前密令周馥把北运河边李鸿章建的"海防公所"改建为"直隶总督衙门",把直隶省会的衙署确定在今天津市的河北区。但省会庞大的行政机构在哪里发展呢?城厢地区已无隙地可供容身,而海河两岸早已被外国租界侵占,唯一可行的办法就是总督衙门以北广大荒芜地区进行规划和开发。

袁世凯早就从租界的开发过程里得到启发,要树立现代化城市的规划理念,应借鉴租界地区建设的经验,开辟一片新城区以推行"北洋新政"。因此,他提出"河北新区"的概念并以市场开发为手

---

① 谭汝为:《天津白俄社群概说》,《旧天津俄租界的故事》,天津市河东区政协编《河东文史资料》第 30 辑,2022,第 14-18 页。

段,开展新型的城市规划和建设。

河北新区的四至范围:东起金钟河,西至新开河,北起京奉铁路,南到北运河。为彻底摆脱租界对铁路车站的限制,在靠近新开河的地方新建一座火车站(即今天津北站),从火车站到总督衙门开出一条中心大道曰"大经路"(即今中山路),大经路南头到北运河边是断头路,要过河进城还要右拐河边到三马路走"窑洼浮桥",交通十分不便。于是袁世凯决定在大经路南端设计修建一座钢结构大桥,同时把上游的窑洼浮桥拆除。1903年10月9日,袁世凯出席金钢桥通车典礼,为金钢桥通车剪彩。袁世凯连发两道《开发河北新市场章程十三条》,向社会公开承诺开发河北新区的优惠条件和参加北洋新政开发项目的奖励条件。

为体现河北新区道路规划的文化含量,袁世凯主持制定了河北新区道路命名的方法,开创了天津地区统一规范系列命名之先河——以主干道路"大经路"为中心,向西开辟出与之平行的二至五经(马)路,后逐渐开辟至八经(马)路直至新开河边。向东以昆纬路为轴心,于两侧辟出东一经路至东八经路。沿大经路东西向道路,按《千字文》排序,选吉祥字形成"纬路"系列。河北新区的道路命名开创了新城区命名的新思路、新格局、新方法,序列命名体现赓续传统文化的思路,具有规范化、系统化的特点,因而深获各界赞誉。

以大经路为轴心的河北新区序列道路网和政府机构建起后,在大经路的北头开辟了"种植园"和水产学校,在其中段修建了大型游艺场所"劝业会场"。劝业会场主要分三块,进前门两侧是平房店铺,为商务区;过街钟楼后是山水喷泉,为公园游艺区;公园后侧建有考工厂、国货陈列所、教育品陈列所及提学司、图书馆、博物馆等工艺区。当年,孙中山、李大钊、周恩来等政界要人曾多次在河北新区劝业会场发表演说。日后,劝业会场为纪念孙中山先生,更名为中山公园,大经路后更名中山路。天津河北新区成为直隶省政治中心兼政治改革实验开发区。对天津城市规划和建设作出了巨大贡献,在全省和全国都发挥了典范作用。

(十) 劝业场街区:天津商业中心区

劝业场历史文化街区是原法租界商业区,十字相交的和平路和滨江道构成本主干路网,成为天津现代商业文化最重要的代表区域。天津商业中心南移分为三个阶段:第一阶段为北大关和天后宫商区,第二阶段为北马路(北海楼)和东马路(东安市场)商区,第三阶段为日租界芦庄子(老中原公司)和法租界梨栈(劝业场)商区。

黄牌与蓝牌电车经过的日租界旭街和法租界杜总领事路(今和平路)是天津人口流动最为频繁的城区。1928 年 1 月,中原公司(后为百货大楼)在旭街建成开业。是年 12 月,华北地区规模最大的综合性购物中心——劝业商场开业,昭示天津商业中心南移历史的终结,也标志着天津新商业格局的形成。天津中心商区以劝业场为中心,包括如今的和平路、滨江道、长春道、辽宁路、新华路、山东路等道路的一部分。各大商场和各色商店鳞次栉比,另外,影剧院、饭店、舞厅、浴池、理发店等近 60 家汇集于此。在滨江道与和平路交会的十字路口,分别矗立着津门商界四大建筑:浙江兴业银行

(1923年)、交通旅馆(1928年)、劝业商场(1928年)和惠中饭店(1930年)。在20个世纪30年代,这里便赢得"东方小巴黎"的美誉。天津和平路滨江道金街,是目前国内最长的商业步行街,也是全国十大著名商街之一。①

二、津派文化与城市景观

天津是驰名海内外的历史文化名城,它从千年之前一个名不见经传的渔村聚落,历经由"寨""镇""卫""州""市"的逐步升格,终于发展成为一千多万人口的大都市,这首先取决于得天独厚的地理位置——北枕燕山,东临渤海,北运河、子牙河、南运河等在三岔河口汇聚为海河,横贯市区东流注入渤海。河海相衔并毗邻北京的独特区位优势,使天津成为南北交通枢纽兼京畿门户。

天津是一座文化多元、特色鲜明的城市,津派文化在当代形成十大文化景观,体现在水路观光、故居寻踪、名街观览、渔阳山野、西青民俗、滨海风情等几方面。②

一是水路观光。天津地处九河下梢,各类河道纵横交错,为北方水都。海河是天津人的母亲河,也是天津的象征。海河穿城逶迤而过,注入渤海,形成独特的水路风光游览线。

二是故居寻踪。天津原九国租界,拥有上千座风格各异的洋

---

① 谭汝为:《和平路滨江道商街开街年代探考》,载谭汝为《天津话里话天津》,百花文艺出版社,2023,第275-281页。

② 谭汝为:《天津建制沿革与城市文化》,载谭汝为《京津冀地名史话》,燕山大学出版社,2024,第219-221页。

楼,大多是近代中国名人寓所,独特的异国风貌建筑、名人旧居和重大历史事件遗址,构成独特的近代历史文化旅游资源。例如末代皇帝溥仪居住的静园、孙中山居住的张园、冯国璋故居、吉鸿昌故居、广东会馆、义和团纪念馆、霍元甲纪念馆等,每一座名人故居都承载着一段历史。

三是名街观览。天津在历史上是一座繁华的工商业城市,各类商店鳞次栉比。主要有百年历史的商街——和平路金街、明清风情城鼓楼步行街、"津门故里"古文化街、荟萃各种风味于一城的食品街、以天津"华尔街"著称的解放北路金融街等。

四是渔阳山野。地居市区北部的蓟州山区是集名山、幽林、秀水、雄关、古刹于一地的京津"后花园"。拥有国家级风景名胜区盘山、国家级自然保护区八仙山、国家级森林公园九龙山、国家级地质公园中上元古界、世界文化遗产黄崖关古长城、全国重点文物保护单位千年古刹独乐寺等。

五是西青民俗。天津西青区拥有津门名宅石家大院、精武大侠霍元甲故居、药王孙思邈寻医的峰山药王庙、中国三大年画之一的杨柳青年画馆、华北地区最大的花卉集散地——曹庄花卉市场,以及水西公园瓷艺园等。

六为滨海风情。位于天津东部沿海的滨海新区,依托海洋、海港、海湾、炮台、渔人码头、海门古刹,拥有中国海洋博物馆、海河外滩公园、基辅号航母等独特的旅游资源。

七为多彩旅游。天津每年举办一系列大型旅游活动。这些活动有:春节期间的天津民俗旅游庙会,三月的运河桃花文化旅游节,五月的黄崖关长城国际马拉松旅游活动,六月的欧陆风情旅游节,七月的津沽旅游海会,九月的渔阳金秋旅游节,十月的鼓楼国际民俗风情旅游节等,吸引海内外游客光临观览。

八是民间工艺。"泥人张"彩塑以逼真夸张的造型、简洁鲜明的色彩、富于装饰趣味的艺术特色而闻名海内外;杨柳青年画以套版印刷、人工彩绘为特色,深受国际友人青睐。另外,魏记风筝、刻砖刘砖雕、天津剪纸等,都是近现代天津民间艺术的代表。

九为风味食品。天津传统风味食品多种多样。以狗不理包子、桂发祥麻花和耳朵眼炸糕组成"津门三绝",颇受中外宾客赞誉。另外,张记果仁、曹记驴肉、陆记烫面炸糕、白记水饺、芝兰斋糕干、大福来锅巴菜、石头门槛素包等,均驰名海内外。

十则是方言与相声。别具一格的天津方言,具有浓郁的地方特色,词汇丰富、生动形象、贴近生活、表现力强、简洁明快、诙谐幽默,是天津地域文化的重要载体,也是构筑津派文化不可或缺的要素。天津涌现出众多相声表演艺术家,如马三立、张寿臣、郭荣起、常宝霆、苏文茂、刘文亨、高英培、马志明、李伯祥、魏文亮、冯巩、郭德纲等,形成别具一格的"津味相声",海内驰名,影响深远,成为展示津派文化一张靓丽的名片。

三、津派文化的个性特征

多元的历史文化使天津城市建筑多姿多彩,既有本土的民居建筑和历史建筑,也有当年各国租界留下的不同风格的西洋建筑。五大道的小洋楼更是中西杂糅,可称得上争奇斗艳。天津又是一座开放包容的移民城市,在开埠之前码头和商街的人群是"五方杂处",开埠之后又是"华洋杂处"。多元并存、相济相生的城市个性,使天津的市井文化充溢着浓郁的烟火气,造就了天津人豁达幽默、厚道和谐的风土人情。

天津市民文化色彩浓郁,民俗风习厚重。另一方面又有文学、艺术、建筑等方面的雅文化精品与之雅俗共赏、并行不悖,彼此相安、互不相扰,形成津派文化一大特色——看京戏的与看电影的,听相声曲艺的与听交响乐的,各得其乐;饮茶的与喝咖啡的互不相扰;小洋楼和大杂院杂陈;大银行和官银号并立;寺庙和教堂相安;舞厅影院与平民游乐共存;西服革履和马褂旗袍同穿;南北大菜与西餐皆盛;传统节日和西方节日同在——华洋共处,南北融合,雅俗共存,土洋结合,已渗入天津人的日常生活。天津人在经济交往、文化交融、中西交流的社会环境中形成了独特的性格,产生了多元的民俗。天津在历史上形成了本土文化和外来文化两个迥不相同的城区,但因各租界分治,外来文化与本土生活各行其是,华洋两个城区互不相扰。但从整体上分析,本土文化仍是主角,地方特色尤为鲜明。

天津城市文化的多元,城市风貌的斑斓,形成风貌不同的社区文化板块,例如:三岔河口——城市发源地;古文化街——民俗文化聚集地;海河风景线——近代百年中西文明碰撞与融合历程的清晰展现;劝业场商区——近代中国北方的商贸中心;解放北路和解放南路——旧租界的金融、交通、邮政、商贸、政务集中于此,有原汁原味的西方的公共建筑;五大道地区——政要商贾各界名流的聚居地,历史内涵极其丰富,建筑风貌中西杂糅,显示天津开放包容的精神。

历史文化街区作为守候历史与记忆的入口,是城市底蕴和魅力的所在,是珍贵的不可再生资源,作为城市的一张文化名片,承担着观光、休闲、商务、居住的多重复合功能。天津的历史文化街区代表着天津的历史风貌与传统格局,承载着天津深厚的历史文化底蕴,是见证城市历史发展的"动态活历史",也是城市中最具有内涵的地区。

综上所述,三岔河口、侯家后、大直沽、东门外、三条石、老城里、五大道、小白楼、河北新区、劝业场等历史文化街区和水路观光、故居寻踪、名街观览、渔阳山野、西青民俗、滨海风情、多彩旅游、民间工艺、风味食品、方言与相声等市情领域,从多元角度和不同视域展现了天津城市文化在历史进程中,体现在商贸娱乐、运河漕运、妈祖俗信、工业起步、盐商文化、中外建筑、现代意识等领域的文化镜像,昭示天津城市文化的特点。尤其是近百年来,伴随着城市文化转型,逐渐形成独具特色的津派文化——将多元并蓄、包容共生、开放创新融为一体,商贸文化与河海文化兼容,本土文化与外来文化互鉴,传统文化与民俗文化相生,并呈现出津派城市风情和文化特质:一是多元包容、和谐共处的文化特征,二是遵礼崇仁、热心公益的社会风习;三是幽默乐观,擅长表达的市民性格。

作者:谭汝为,天津师范大学国际教育学院教授

从"近代百年看天津"考察"津派文化"的复杂性和丰富性

Study the Complexity and Richness of " Tianjin Culture " from " Modern Hundred Years of Tianjin"

罗文华

内容提要："近代百年看天津"，只是强调天津在近代百年的重要地位，而天津本身所具有的重要性，还应从古代天津的城市地位、近代化过程中的天津特性去认识，并以贯彻古今的视角和思路认识天津，由此揭示"津派文化"所具有的丰富内涵与多样性，从而可以让我们更加准确地把握"津派文化的"特征与实质。

关键词：天津　近代　津派文化　特征

近来天津社科界、文化界、传媒界开展的"津派文化"大讨论中，"近代百年看天津"再次成为热点话题，并得到广大市民和游客的认可与传播。本文试从"近代百年看天津"所呈现的问题，认为应重视古代天津的城市地位、在近代化的过程中认识天津，以及以贯通古今的视角和思路认识天津，借此提示大家对"津派文化"历史背景的复杂性亦即丰富性给予充分考量，进而更加准确地把握"津派文化"

的特征和实质。

一、"近代百年"看来路

"近代百年看天津",并不是一句招揽游客的广告,它是有着充足、合理的历史依据。"近代百年看天津"虽然强调的是近代天津在经济发展和城市建设等方面走在全国前列,但也不能因此忽视或低估古代天津的城市地位。

有学者认为,开埠前,天津不过是全国众多卫所和县城中的一个,只是一个普通的城市。其实并非如此,天津在元代漕运的开通,"作为元大都漕渠枢纽的直沽,亦从此走上了由农村向城市的繁荣之路"①。此后,随着漕运、海运的兴盛,天津更是成为一个南北货物的集散地,亦是沟通南北的货物中转站。尤其是明代随着大运河水路的畅通和漕运的兴盛,天津迅速发展,成为北方新兴的商业城市,"商贩云集,百货亦倍于往昔,粮艘商舶,鱼贯而进,殆无虚日。"②正是由于天津独特的城市地位和重要的商埠地位,外国人才会看中这里,在此进行大规模的通商并开辟租界,天津城市的近代化也随之加快了脚步。

封建时代后期的数百年,天津在全国始终保持着特殊的城市定位。从元代定都大都(今北京)开始,天津就被赋予重要的门户功能。清代康雍乾时期的一百多年,国家实力显著增长,天津的发展

---

① 韩嘉谷:《天津古史寻绎》,天津古籍出版社,2006,第 261 页。
② 罗澍伟主编:《近代天津城市史》,中国社会科学出版社,1993,第 59 页。

亦获得极大机遇,城市地位急速上升,不但置州进而升府,享有"十里鱼盐新泽国,二分烟月小扬州"之美誉,发展成为与当时的扬州等一线繁华城市齐名的北方大都会,而且"津沽文名,遂甲一郡",成为"文物声明之地",跻身于全国文化名城之列。

清代康熙年间,长芦巡盐御史衙门由北京迁至天津,长芦盐运使司衙门也由沧州移驻天津,从此天津成为盐商的大本营。盐商在经济地位提高后,十分注重提高文化品位,修筑园林,缔结诗社,大批江浙士子沿大运河出入京城时纷纷落脚津门,带来了"风雅相继"的江南格调,天津由此成为人文荟萃的"小扬州"。直到民国时期,刘云若写有一部家喻户晓的描摹天津风土人情的长篇小说,仍以《小扬州志》作为书名。

天津文史学者、民俗专家张仲先生在谈到盐商文化与天津民风时曾经分析指出,清代诗人张船山(问陶)称誉天津"十里鱼盐新泽国,二分烟月小扬州",前人多看重天津的水乡景色,即"新泽国"一点,把自然景观认为是得名"小扬州"的原因,其实只说对了一半,扬州有人文景观,即鱼(次要的)盐(主要的)之利带来的风月繁华,这一点,天津与扬州也很相似,行销淮盐的商人与行销芦盐的商人,所创造的文化氛围与意蕴,在当时是颇为接近的。[①] 张仲先生分析得很有道理,说明最晚到乾隆时期,在开埠数十年之前,天津不仅在城市景观上,而且在经济实力和文化意蕴上,都已相当可观。

天津历史学家罗澍伟也说:明代天津卫的军官是世袭的。他们

---

① 张仲:《盐商文化与天津民风》,《天津日报》1996年2月7日,第7版"满庭芳"。

的政治地位和生活来源都有政府的保障,于是这些人"既不读书,争相骄侈为高,日则事游猎,从歌舞,俱在绮襦纨绔之间……夜则游宴"。可以想见,这在当时一个不太大的城市中,是一种什么样的气派。清代继承了卫官奢靡生活的,便是那些新生的盐商。他们为皇帝造游艇,甚至有资格、有条件在自己的私邸中数次接待皇帝,豪华气派的程度也是我们今天难以想象的。① 根据罗澍伟所言史事,尤其是他所感叹的天津盐商豪华气派的程度,天津在开埠前绝非只是一座普通城市。

笔者曾在2007年出版过一本天津历史文化随笔集,书名叫《七十二沽花共水》。书中写到的与天津有关的历史人物,既有开埠前登场的石涛、金农、安岐、查为仁、厉鹗、张问陶等,也有天津开埠后显名的曾国藩、李鸿章、袁世凯、梁启超、李叔同、周叔弢等。"七十二沽花共水,一般风味小江南",是清代天津诗人华长卿对沽上景物的精彩描写。笔者在此书的前言中解析说:"'七十二沽花共水'的'共',是'秋水共长天一色'的'共'",这句诗是说"天津有花,有水,花多,水多,花衬着水,水映着花,一派富足、繁盛、浪漫、朝阳的景象"。

天津,本来就不是一个普通的城市。"天津"这个名字本身,就证明它是一个极不普通的城市。"近代百年看天津",这个提法很有道理,也很有重点,但大家同时也要深入了解"近代百年"的来路。

---

① 罗澍伟:《旧时的天津人》,《天津日报》1995年10月4日,第10版"跨世纪"。

二、近代化中看百年

"近代百年看天津",在近期开展的"津派文化"大讨论中再次成为舆论热点,确实是因为近代天津在经济发展和城市建设等方面走在全国前列,为世人所瞩目。

近代百年,天津作为晚清中央政府政治、军事、外交活动的前台,以及北洋政府政治、军事、外交活动的后台,作为洋务运动和北洋新政的中心城市,作为中国自主开放和被迫开放的重要前沿阵地和窗口,作为中国率先推行并且不断完善近代化的发达地区,其在中国的地位和作用空前重要,在中国和世界的知名度也得到空前提升。

因此,"近代百年看天津",当然首先要在近代化的过程中看天津。

例如邮政。邮政,是社会近代化的要素之一,它革命性地超越了古代长期只为皇家及官府服务的邮驿制度。而近代邮政在中国的起步,实际发轫于天津。1878 年 7 月 24 日,中国第一套邮票"大龙邮票"首发于天津,有学者便称这一年为"中国邮政元年"①。此后数十年间,"收发邮件及包裹数目,直隶邮界,常居各省前列"②。天津作为全国邮务管理中心和邮运组织中心,在中国邮政史上创造了众多"第一"。

---

① 吴裕成:《大龙邮票发行于何处》,《今晚报》2001 年 11 月 19 日,副刊。
② 谢彬:《中国邮电航空史》,中华书局,1928,第 61 页。

例如造币。中国近代经济主体复杂,货币发行情况也很复杂,不仅国家发行货币,各省市也多有自己发行的纸币。由于天津所具有的重要经济地位和金融地位,在天津地区发行的纸币往往在其他地区也颇受欢迎。清末民初,中国出现过三个重要的造币厂,即李鸿章创建的"宝津局"、袁世凯创建的"北洋银元局造币厂"及"天津造币总厂",全部创办于天津。而作为国家造币厂的天津造币总厂设计铸造的"袁大头"银圆,在中国近代币制改革中起到了举足轻重的作用。

例如金融。近代天津的英、法租界中街,也就是今天的解放北路,中外银行麇集,就像一条流淌着金子的马路,成为中国北方的金融中心,享有"东方华尔街"之盛名。1900 年以前,天津有银号、钱庄等 300 余家,到 1928 年,仍然有 258 家银钱号在进行繁忙的营业。[1] 而且,1927 年以前,总行和分行先后设在天津的现代银行,共有 34 家之多。[2] 到了 20 世纪 30 年代,"在津的外国银行由 19 世纪末的 8 家增至 17 家,资本总额 4.34 亿万元,占外国在华银行资本总额的 16%,仅次于上海居全国第二位,华商银行总行和分行共计 100 多家,占全国银行资本总额的 12.7%,居华北城市首位;银号数 200 家,居华北城市首位。"[3]这一切都充分说明天津乃是北方最大金融中心的地位。

---

① 罗澍伟主编:《近代天津城市史》,中国社会科学出版社,1993,第 406、409 页。
② 樊如森:《天津与北方经济现代化:1860—1937》,东方出版中心,2007,第 61 页。
③ 天津市档案馆编:《近代以来天津城市化进程实录》,天津人民出版社,2005,第 456 页。

例如建筑。"天津的洋楼,北京的四合院",这句话在中国流行了数十年,成为京、津两市在全国各大城市中所呈现的最显著的城市特征的表述。当天津在近代化的道路上快速前行的时候,特别是当天津拥有九国租界这样的"避风港"的时候,北京和各地的官僚、富商、买办、政客都聚集于此,投资经营、买地建房。天津因在近代建成了众多风格各异的小洋楼,而被誉为"万国建筑博览会"。

例如公交。1904 年,比商电车电灯公司在天津成立,开始投资建设经营有轨电车业务。中国的公共交通由此在天津诞生,因此1904 年也被公认为"中国公交元年"。1906 年,天津白牌有轨电车正式开通,成为中国大陆第一条公共交通线路。

例如教育。天津是较早推行新式教育的城市之一,北洋大学堂的创建,"为我国高等学校初创时期体系的建立,起到了重要的示范作用"[1]。严修、张伯苓创建的南开系列学校,则是中国近代民办教育的杰出代表。两所学校引进了先进的教育理念、科技知识和人文思想,反映了国人救国、兴国、强国的美好愿望,加速了中国近代化发展的进程,翻开了中国教育史新的一页。

例如餐饮。天津起士林西餐厅始建于 1901 年,由德国人阿尔伯特·起士林以自己的名字创办。在当时出现的起士林西餐厅,第一次将西方正宗的饮食文化带入天津,并且持续经营至今,堪称"中国西餐第一店"。

"近代百年看天津",除了明显的物质成就外,更要看到,以严

---

① 赵宝琪、张凤民主编:《天津教育史.上卷》,天津人民出版社,2002,第 128 页。

复、李叔同、梁启超为代表的先进的爱国知识分子号召向西方学习，革新教育学术，倡导科学文化，并且身体力行，为中国摆脱落后进而走向强盛作出了特殊贡献。

"近代百年看天津"，还要看到城市社会由古代向近代的演变，工业革命所带来的新技术特别是电力的广泛应用，起到了关键性作用。电灯、电报、电话、电梯、电车、电影院等一系列与电力相关的市政设施的完善，使天津城市化进程不断加快，市民日常生活随之发生极大变化。如果在发现众多天津"第一"之后，侧重挖掘和研究天津市民在近代化过程中丰富多彩的生活细节，那么对于中国近代化的研究同样具有非凡意义。

三、贯通古今看天津

"近代百年看天津"，除了要在近代化的过程中看天津，以及不能忽视或低估近代化之前天津的城市地位外，还需要以贯通古今的视角和思路看天津。

以独乐寺为例，如果没有近代的重要发现，就很难认识和欣赏到古代天津的辉煌。

天津蓟州独乐寺始建于唐代，重建于辽代，其观音阁和山门是中国早期木结构建筑，堪称中国古代建筑的代表作。独乐寺将建筑、泥塑、壁画三大艺术荟萃一堂，在中国建筑史、艺术史上占有重要地位。提到对独乐寺的保护和研究，离不开近现代著名古建专家梁思成。历经千年仍巍然矗立的独乐寺，让梁思成终生引以为傲。1932年4月，梁思成第一次远离大城市进行古建筑调查，而调查的第一座古建筑就是蓟县(今天津市蓟州区)的独乐寺。梁思成第一眼见到独乐寺就大为震惊。他说,是"第一次打开眼界"的独乐寺,让他找到了中国早期木结构建筑研究的钥匙。回到北平后,梁思成依据调查测绘的资料,在妻子林徽因的协助下,撰写了《蓟县独乐寺观音阁山门考》一文,发表在《中国营造学社汇刊》上。从此,独乐寺这个名字才为国内外建筑界、美术界所熟知。①

梁思成的学生罗哲文,秉承师学,对独乐寺的抗震性能研究和千年维修作出了特殊贡献。1976 年 7 月 28 日,唐山发生强烈地震,波及京津地区,独乐寺的安危受到国家文物主管部门和专家学者的高度重视。时在国家文物局工作的罗哲文和其他文物专家立即奔赴现场,勘察了独乐寺受损情况。地震中,独乐寺除部分外围墙倒塌、观音阁部分墙皮脱落外,结构完整,没有受到大的损失。罗哲文对独乐寺的抗震性能表示惊叹,撰写了题为《谈独乐寺观音阁建筑的抗震性能问题》的论文,为此后独乐寺的保护、维修发挥了很好的指导作用。

正是因为有了近现代的科学保护意识和艺术鉴赏理念,今天的人们才能欣赏到巍峨高耸的观音阁、面带微笑的观世音菩萨、历史文化信息丰富的壁画,以及重檐迭出、振翼欲飞的建筑组合,得到美的享受,产生无尽的遐想。一件珍宝、一个文明的奇迹,能从古代"穿越"到当代,往往是因其在近现代幸运地遇到了贵人,顺利地闯过了重重难关。

---

① 蔡习军、李鹏岳:《梁思成的独乐情缘》,《天津日报》2009 年 10 月 11 日,第 5 版"都市风情"。

如果说独乐寺是近现代文明以发现和保护的方式延续古代文明的典型,那么天津广东会馆就是近现代文明以复建的方式弘扬古代文明的代表。

天津广东会馆于1907年2月24日举行落成典礼,其时中国已经进入近代,西式建筑已广泛出现在天津各国租界。广东会馆所坐落的天津老城,四面城墙已被拆除,改建为马路,并且修建了近代化色彩鲜明的白牌有轨电车道。老城内外的西式建筑也不在少数。建造广东会馆的发起者和组织者中,有很多曾留学海外或从事洋务工作,根据他们的知识背景和生活理念,他们完全有理由将广东会馆设计为近代西式建筑。然而,他们却选择建造了一套中国传统建筑,尤其是其中的古典式戏楼。正是他们当年明智的决断,才让百余年后的世人有幸观赏到一处从建造技术、装饰水平、文化底蕴、艺术表现上皆堪称巅峰之作的中国古典剧场。

深受孙中山、邓颖超、梅兰芳、马连良、曹禺等历史名人重视和喜爱的广东会馆,如今作为天津戏剧博物馆常有好戏上演,形成了戏曲艺术在博物馆里动静结合的活态展示,打造了独具特色的演艺平台。粤声津韵,薰风南来,一个近代广东商旅在津聚力营造的古典戏剧舞台,其典雅仪态、绰约风姿,焕发出新的魅力,吸引着八方来客驻足惊叹,流连忘返。①

再如家喻户晓的供奉宋代林默娘娘的天津天后宫,建于元代,其主办的"皇会"活跃于清代和民国时期,现在则每年举办天津妈祖

---

① 罗丹:《从商旅聚力到文旅融合——天津广东会馆非凡的百年历程》,《今晚报》2024年3月29日,副刊。

文化旅游节,充分体现出天津民俗文化传统的一脉相承,亦成为需要"贯通古今看天津"最好的实例。

通过对"近代百年看天津"这一话题进行科学的、客观的、多层次、多侧面的分析,足以使我们认识到"津派文化"形成的历史背景所具有的复杂性亦即丰富性,有助于我们在充分重视这种复杂性和丰富性的基础上,更加准确地把握、清晰地认识"津派文化"的特征和实质。

作者:罗文华,天津海河传媒中心天津日报事业部高级编辑

深耕津派文化　赋能天津文旅
——基于历史、现实和未来的视角

Deepen the Culture of Tianjin Empower Tianjin´s Tourism and Culture Sector：From the Perspectives of History，Reality and the Future

阎金明

内容提要：作为历史文化名城的天津，底蕴深厚，独具特色，"城市性格"与京、沪等地的差异性非常明显。特别是近代一百多年来，栉风沐雨、跌宕起伏，南北沟通往来，内外激荡碰撞，造就了天津的老城、漕运、码头、移民、西洋等融合共生的区域文化，已然成为"津派文化"的重要组成部分。在各地都纷纷推出促进文旅业加快发展举措的今天，深入挖掘丰厚历史文化资源，助力天津文旅业发展，需要做出新的努力。

关键词：津派文化　异质性　城市特色　文旅资源　数字技术

公元2024年12月23日，是天津建城620周年纪念日。天津也是中国历史上唯一一个有确切成立时间的城市。与一些历史悠久的城市相比，天津的建城时间确实不算长，但这个时间是从设卫筑城开始，而此前早就有人类祖先在此活动、繁衍了。在漫长的历史

91

长河中,天津由一个零星散居的原始渔农之地演变成为中国近代工商业的发祥地之一,进而成为北方最大的工商业城市和港口城市,自有其内在和外在的原因。而在这个过程中形成独特的区域文化也是顺理成章之事。在"以文化人,以文惠民,以文润城,以文兴业"热潮的推动下,深入研究和探讨这一文化的成因、特质、作用以及在新时期的发展趋势,将有利于我们更加深入地了解、热爱这个城市,并形成推动天津文旅业发展的新动力。

一、天津城市产生的几大要素及对地域文化的影响

从城市职能的角度看,一个城市得以兴起乃至持续发展,不外乎两个方面的作用发挥得较好。一个是满足自身发展需要的各类产业较为完善,一个是对更加广阔的外部地区提供服务的职能得到充分体现。一般认为,城市的对外服务能力是城市发展的重要源泉,也被看作是城市的基本职能。[1] 历史上天津的形成、崛起和大发展,正是得益于对周边地区服务能力的快速形成和增强,并与周边地区的发展相互促进,相得益彰。

位于沃野千里的华北大平原,北依燕山,东临渤海,连通海洋与广阔内陆地区的天津,历史上原本是个寂寂无名之地,大小河流纵横,先民傍水而居,主要靠捕捞、煮盐、种植为生。只是后来在内河漕运的支持下才快速崛起,经历了从号称"小临清""赛淮安""小扬

---

① 姚为群:《全球城市的经济成因》,上海人民出版社,2003,第92—93页。

州"到天津卫的发展历程。这个发展特点明显有别于我国一些古都型城市,如北京、西安、开封、南京、洛阳、杭州,天津是属于后来居上、步入快速发展通道的城市,相似的如上海、重庆等。正如罗澍伟先生分析的那样,这类城市虽然起步较晚,数量也不多,但是城市成长的速度快、规模大,其地位迅速跃升。[①] 而在这个形成过程中,必然孕育、产生出具有自身特色的地域文化。

一般认为,推动天津走上快速发展之路的因素主要有如下几个方面。

第一,漕运加海运。作为中国历史文化名城的天津,距北京百余千米,距出海口60多千米,如果单从地理角度讲,说天津是内陆城市也不为过。因为曾有学者研究,认为英国伦敦距泰晤士河口50多千米,地理上应属内陆城市。但因受潮水涨落影响较大,特别是世界大航海开始之后,伦敦才发挥出极大的优势,走上大发展的道路,呈现出沿海大城市风貌。[②] 被人们称为"运河漂来的城市"的天津也是这样,依托河海两利的自然禀赋,走上了发展的快车道。据专家研究,《明太宗实录》卷三六记载:"设天津卫。上以直沽海运商舶往来之冲,宜设军卫,且海口田土膏腴,命调缘海诸卫军士屯守。"[③]至少从元代起,作为消费城市的中国都城,几乎所有的物资供应"无不仰给于江南",除南北运河外,还视需要组织海运,船只从

---

① 罗澍伟:《帆影钟声录:初集》,天津人民出版社,2023,第3页。

② 近藤和彦著:《英国史10讲》,何晓毅译,中国工人出版社,2021,第87页。

③ 吴裕成:《龙飞渡跸坊与城市得名——匾额文史之三十四》,《今晚报》2024年12月25日,第19版。

渤海进入海河,行至三岔河口,再经北运河运往大都。"直沽海运商舶往来之冲"说的正是天津在河海运输中的重要作用。

第二,屯兵与杂居。在天津城市发展史上,从明代开始直至近代的两次大规模驻军,对城市人口构成、风俗习惯、方言俚语等的影响甚大,最早出现的名称是"直沽寨"。1153年(金天德五年),金代迁都中都(今北京)。朝廷和军队所需粮饷,要从江南、山东、河北一带通过南运河到天津,再经过北运河运往中都。大约在1214年(金贞祐二年),在南运河、北运河和海河交汇的三岔河口一带,设立了"直沽寨",派出巡检,率兵戍守。1316年(元延祐三年),将"直沽寨"改为"海津镇"。因这些军事建制而有大量家属随同,他们也成为天津人口聚居的起源。"兵民杂居久,一半解吴歌",生活习惯、方言都交流融合。天津的河海交汇地形见图1。

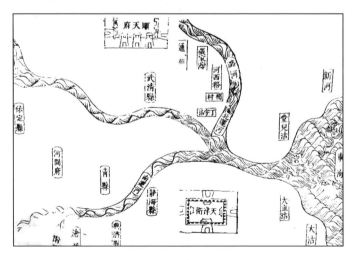

图1 天津河海交汇地形

资料来源:天津市规划和国土资源局:《天津城市历史地图集》,天津古籍出版社,2004,第40页。

　　第三,城市的"开放"发展。天津城市发展的历史,就是一部海纳百川、八方来客、华洋杂处、开放发展的历史。一方面,天津老城虽也筑有城墙,但居民生产生活及各类社会活动并不局限在城中,而是与城外浑然一体,有着千丝万缕的联系。天津城以鼓楼为中心,为一长方形城垣,东西长五百零四丈、南北长三百二十四丈,城周长九里十八步,恰似一个巨大的算盘(见图2)。除了每天的用水需从城外运进城内之外,大量的商业活动和餐饮娱乐活动都需在城外进行,特别是靠近南运河和海河三岔河口等处,可称商贾云集,特色商家鳞次栉比,"步行街"上人头攒动,十分鲜明地体现出天津"先市后城,市在城外"的沿革特征。罗澍伟先生将其概括为"筑有城垣的无城垣城市"。到了近代,天津更出现了向河北新区和租界地的城市延伸,五方移民、华洋杂处,形成了不受局限、兼收并蓄和

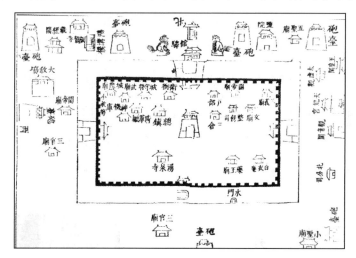

图2　天津"算盘城"

资料来源:天津市规划和国土资源局:《天津城市历史地图集》,

天津古籍出版社,2004,第39页。

谐共生的区域发展格局。这种城与市的发展关系,恰好也是对一些学者相关研究成果的一种验证①。

第四,近代工商业之翘楚。"百项中国第一"说的正是近代天津在大机器生产和商业方面的率先发展。拥有了当时已相当强大的生产能力,产生出大批驰名产品和商业老字号。②

第五,现代城市之先河。包括现代城市的规划管理(河北新区),以及现代意义上的文教卫生、警察消防、异国建筑、精米白面、电报电话、城市自来水等。

第六,城市得名。天津的城市名称,虽然早就众所周知,有着特定的、明确的地理含义,但对其来源却是各抒己见,众说纷纭,具体有如下几种说法。

天子渡津说。"天津"作为城市名称的出现,据说为朱棣所赐,并与"靖难之役"有密切关系。在天津旧城南门外出土的《重修三官庙碑记》记载:"成祖文皇帝入靖内难,圣驾由此济渡沧州,因赐名天津。"明朝李东阳所撰《创造天津卫城碑记》记载,"我朝太宗文皇兵下沧州","立为今名则象车驾所渡处也"。这时"天津"的含义,已为"天子的渡口"之意。同时开始筑城,四座城门分别为"镇东""定南""安西""拱北",天津作为完整意义上的城市由此产生。

诗词歌赋说。早在天津建城之前,"天津"二字就经常出现在典籍、文献和传说中了。"天津"这一美妙名称的出现,与人们熟知的屈原分不开。在其主要作品《离骚》中,就出现过"天津"二字:"朝

① 赵德馨:《中国历史上城与市的关系》,《新华文摘》2012 年第 6 期,第 57 页。
② 参见王述祖、航鹰编著:《近代中国看天津 百项中国第一》,天津人民出版社,2007。

发轫于天津兮,夕余至乎西极。"不过这时候的"天津",还仅指"天河的渡口"之意。其诗句所表达的大意:"清晨乘马车从天河的渡口出发,我在晚上到达西边的极远地方。"①此后的古代诗歌中,几乎每个朝代都有诗人将"天津"写入诗作。仅以唐代和宋代为例,李白、白居易、李商隐、孟郊、欧阳修、黄庭坚、陆游等大诗人的诗作,都出现过"天津"的名称,②足见天津二字之美妙和引人遐思。

古代建筑说。古城洛阳的洛河之上,历史上曾有一座赫赫有名的"天津桥"。该桥始建于隋代,是中国最早以铁链联结船只架设的浮桥。唐代改建为龟背形石头基座。唐代诗人经常流连于繁华的"天津桥"一带。可惜金代时毁于一场大火。2024 年 2 月召开的洛阳市第十六届人大二次会议《政府工作报告》中,明确提出在年内进行天津桥开工建设,即在宫城区和里坊区之间,新建一座横跨洛河的天津桥,突出唐风唐韵,成为彰显隋唐洛阳城风貌的特色文化符号。

宇宙星辰说。在我国古代天文学中,"天津"是所称的一个"星官"。作为"天河的渡口","天津"被称作一个"星官",此名则由此而来。

还有专家认为是"天津星对天津地,天津地设天津卫"或"天津星对天津地,天津地驻天津军,天津军改天津卫"。即因天津星分野

① 贾长华:《天津,多么美妙的名字》,《中老年时报》2024 年 4 月 13 日,第 1 版。

② 李白:"白玉谁家郎,回车渡天津。看花东陌上,惊动洛阳人。"白居易:"上阳宫里晓钟后,天津桥头残月前。空阔境疑非下界,飘飘身似在寥天。"孟郊:"天津桥下冰初结,洛阳陌上人行绝。榆柳萧疏楼阁闲,月明直见嵩山雪。"见贾长华:《天津,多么美妙的名字》,《中老年时报》2024 年 4 月 13 日,第 1 版。

在此,故此地原本即称为天津地区。《元史》载,元朝时此地河流即被命名为天津河,曾设天津巡河官,上有天津桥,周边有天津关等皆是佐证。天津地区的卫所设置,依据地点命名法,则是天津卫。[①]

2019 年 1 月 3 日,我国发射的嫦娥四号探测器,首次成功在月球背面登陆,开创人类探测月球的先河。嫦娥四号在月球背面的着陆点,被命名为"天河基地",同时又将周围呈三角形排列的三个小环形坑,分别命名为"织女""河鼓"和"天津"。

从以上简要归纳可以看出,天津地域文化的形成有多种因素,是很难用三言两语来加以概括的。而这也正是需要有志于"津派文化"研究的各路方家施展身手、深入研究的领域。在 2024 年 11 月天津社会科学院举办的"津派文化"学术研讨会上,天津师范大学谭汝为教授从天津方言文化角度,总结出天津城市文化的主要特质:一是遵礼崇仁、热心公益;二是多元包容、和谐共处;三是擅长表达、幽默乐观。[②] 这实际上也是对天津人性格的一种概括。

笔者在比较我国几大城市的不同特点,如北京大气、上海奢华、天津幽默、西安古朴、苏州精致、成都悠闲、重庆火爆、杭州柔美的基础上,初步将天津人、天津文化归纳为:热情豪放,不拘小节;古道热肠,行侠仗义;中西融合,南北交汇;语言生动,"见多识广"(历史上最早有了电力、电话、有轨电车、自来水等)。

---

① 元绍伟:《再议天津得名》,《今晚报》2024 年 5 月 14 日,第 13 版。

② 雷风雨:《本市努力打造特色鲜明津派文化品牌:凝聚各界智慧 探讨发展之路》,《今晚报》2024 年 11 月 4 日,第 3 版。

二、天津城市特色及"津派文化"发展现状

（一）城市特色及异质性

天津是国务院于20世纪80年代确定的历史文化名城,底蕴深厚,特色鲜明,是我国北方最早得风气之先、引领时代潮流的城市。文旅资源丰富,已形成"百年中国看天津"的城市品牌。天津的城市活力充沛,魅力十足,东西融合、雅俗共赏的文化氛围浓厚。近代以来诞生了《大公报》《益世报》等几十种报刊,新闻出版业比较发达。改革开放以来,天津成为我国首批沿海开放城市,先进制造研发基地、北方国际航运核心区、金融创新运营示范区,在北方乃至全国经济版图中占有重要地位。天津的教育资源丰富,天津大学（北洋大学）是我国第一所高等院校,全市现有普通高校56所,研究生培养机构24个。在校的本、专科大学生近60万人,在校研究生近10万人。

（二）近年来的积极探索

加快城市建设,提升城市形象,天津一直在努力。1989年春季,由《今晚报》发起,全市上下参与,评选出"津门十景":蓟北雄关（蓟州黄崖关长城）、海门古塞（大沽口炮台）、独乐晨光（蓟州独乐寺）、三盘暮雨（蓟州盘山）、沽水流霞（海河风景线）、龙潭浮翠（水上公园）、中环彩练（中环线）、故里寻踪（古文化街）、双城醉月（南市食品街、南市旅馆街）、天塔旋云（天津广播电视塔）。

(三)天津的城市发展主基调

进入新的世纪,天津把"大气洋气、清新亮丽、中西合璧、古今交融"作为城市发展的主基调。2019 年 4 月,以"新时代的中国:活力天津　走向世界"为主题的中国外交部天津全球推介活动在北京举办。"津门极望气蒙蒙,泛地浮天海势东",讲出了天津经天纬地、凭津向海的气势。该次活动将天津概括为:

——现代化国际港口之城。天津港是中国北方第一大港,世界等级最高的人工深水港。连接起全球 500 多个港口。天津国际邮轮母港是中国北方最大的邮轮母港,年接待邮轮 170 多艘次

——交通枢纽之城。铁路路网密度居中国首位。高速公路路网密度居中国第二位。现代化交通网络纵横交错、四通八达,是连接海内外、中国南北方、沟通东西部的重要枢纽。

——开放包容之城。国际友好城市遍布 49 个国家的 89 个城市或地区。是外商投资的重要聚集地和回报率最高的地区之一。是世界智能大会、中国国际矿业大会的永久举办地;夏季达沃斯论坛永久举办城市之一。

——高端产业集聚之城。作为中国近代工业重要发祥地,天津拥有完整的七大工业体系,包括航空航天、装备制造、石油化工、汽车制造、智能科技、生物医药、新能源和新材料。天津始终注重金融创新,不断增强服务实体经济发展的能力,融资租赁资产总量占全国的四分之一。

——科教资源雄厚之城。天津的基础教育始终走在全国前列。

是中国唯一的国家现代职业教育改革创新示范区,首创的"鲁班工坊"成为传播工匠精神、培育高技能人才、与世界各国分享优秀职业教育成果的重要载体。目前已在泰国、英国、印度、印尼、巴基斯坦、柬埔寨、葡萄牙、吉布提8个国家设立了"鲁班工坊"。

——历史文化名城。设卫筑城后,天津承担着拱卫京师的重任,中国近代历史上的许多重大事件,都与这座城市有关。拥有国家级非物质文化遗产33个。被誉为京剧大码头、北方曲艺之乡。老字号企业数量位居全国前列。

——生态宜居之城。城乡生态环境显著改善,城市吸引力明显增强。天津菜系正在弘扬之中,各类风味小吃琳琅满目,成为文旅发展"逛吃"的重要组成部分。

(四)泰达文化和新区精神

作为国家14个沿海经济技术开发区之一的天津开发区(泰达),仅靠3.4亿的低息贷款,以精卫填海的毅力,将一片盐碱荒滩变为现代化的新城区,各项指标连续多年位列前茅。发展过程中提出的一系列新的理念,成为后来全国各类开发区争相效仿的对象,如"投资者是帝王,项目是生命线";企业不找不管,企业找了快管;创造"仿真"的国际投资环境;服务也是生产力。天津开发区在外商投资企业党建方面提出"一点三为":"一点"就是始终把"提高经济效益,促进企业发展"作为外资企业党建和思想政治工作与经济工作的结合点;"三为"是党建工作必须为外资企业所需要,为员工所欢迎,为外商所理解。目前又提出为企业提供"全生命周期服务"的新理念。没要国家一分钱投资的滨海新区,也在发展中形成了独特的精神和区域亚文化。

(五)发展中面临的问题

一是文化产业规模与城市的经济体量不成比例,发展活力较弱,产值占比出现下降(图3)。2023 年天津市生产总值(GDP)总额 1.67 万亿元,全国城市排名第 11 位,第三产业占比为 62.7%。将 GDP 总量与天津接近的城市如南京、宁波和青岛放在一起进行比较,可以看出明显的差距。(见下表)

图3 天津文化产业增加值占 GDP 比重

资料来源:新元新文旅研究院。

GDP 总量相近城市比较

城市	2020 年		2021 年		2022 年	
	文化产业增加值（亿元）	占 GDP 总量比重	文化产业增加值（亿元）	占 GDP 总量比重	文化产业增加值（亿元）	占 GDP 总量比重
南京	930	6.28%	1063.99	6.50%	1119	6.62%
天津	377	2.69%	397	2.53%	–	–
宁波	987	7.83%	1252.6	8.52%	1515	9.65%

资料来源：新元新文旅研究院。

从表格中可以看出，无论是总量还是占比，天津文化产业距成为支柱产业的目标差距较大。

二是企业营收能力偏低，企业总体实力弱。2019 年至 2022 年，天津市规模以上文化企业营收连续三年放缓。从上市公司数量看，天津市仅有 5 家文化产业相关业务上市公司，而且其中还有 2 家的业务运营中心设在北京。

三是传统优势产业优势减弱，数字化等新技术运用不足。天津市曾拥有国家动漫产业综合示范园，有经过认定的动漫企业 13 家，但在目前各地文化产业数字化加速发展的格局中，优势不明显。

四是文化装备制造业和文化消费终端制造业发展不足，缺少全国性行业龙头企业。在音视频制播、音视频采集、音响设备产业集群发展上较为薄弱。

五是工业设计、创意设计发展水平较弱。天津在全国工业设计产业的优势不明显。（见图 4）。

从旅游业发展角度看，虽然天津的历史文化资源丰富，但也存在一些问题：引人入胜的故事与"没嘛可看"的游客体验，"到天津

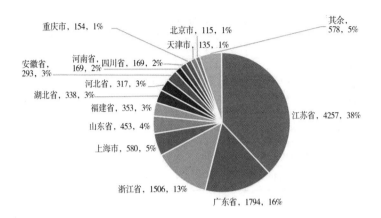

图4 全国工业设计企业数量分布

资料来源：新元新文旅研究院2024年4月23日发布。

看什么"的问题长时期未得到根本解决；山河湖海泉的丰富资源与"没嘛可玩儿"，不能满足沉浸式、体验型的游客需求，不少项目只能是走马观花。

三、发挥优势，发展"津派文旅"的几点思考

津派文化底蕴深厚，发展潜力巨大，而且各方面求发展的愿望比较强烈。特别是近年来还有一大批"新天津人"，对天津的历史文化有着浓厚的兴趣，有的已成为这方面的专家。本文仅从发展天津文旅的角度，提出几点思考和建议。

（一）充分挖掘自身优势和巨大潜力

从国家层面看，所提出的京津冀协同发展、"一带一路"倡议、国家文化公园建设、大运河保护利用等重大战略，都与天津有着密切的联系，是对天津发展的重大利好。限于篇幅，仅以国家文化公园

建设为例,在三大项目中,天津就拥有大运河、长城两大宝贵资源,十分难得。

城市历史文化积淀深厚。天津城市的沿革自有其独到之处,形成了明显不同于周边地区的鲜明特点。一座城市包含了漕运文化、商埠文化、移民文化、西洋文化、老城文化、市井文化、码头文化,华洋杂处,兼容并蓄,独具特色。无论是走马观花的休闲游,还是寻微探幽的深度游,都能让中外游客流连忘返,意犹未尽。

丰富的历史文化旅游资源。天津的历史文化旅游资源可按照不同划分方式,呈现多样化姿态。按类型划分:都市风光系列,古建文物系列,名人故居与民居系列,文博展馆系列,异国建筑系列,革命活动与红色旅游系列,商业老字号系列,民俗文化系列,学堂书院系列,宗教寺庙系列,工业旅游系列,山河湖海泉系列,漕运文化系列等。按历史形成的区块划分:大沽烟云,小站练兵,洋务溯源,莱茵小城,欧陆风韵,东方巴黎,金融名街,意奥风情,扶桑市井,老城津韵,津卫摇篮,杨柳古镇。按不同的文化表现形式划分:因漕运而北上的天津妈祖文化,以老城为根基的市井民俗文化,以儒学和近代启蒙教育为基础的传统文化,以佛、道、基督、伊斯兰教为主的宗教文化,以会馆为主要载体的商业文化等。

新的旅游资源的形成为天津旅游注入新的活力。近几年在提升改造静园、庆王府、意式风情区等历史遗存的同时,天津还开发建设了大量的新景点。此外,天津还完成民园体育场改造潮白新河景观休闲园、毛家峪篝火晚会娱乐中心、郭家沟特色村改造等特色旅游项目。全市还培育工业旅游示范点 20 多处,包括空客 A320 总装线、大推力运载火箭基地、一汽丰田汽车生产线、海鸥工业园等重大工业项目对游客开放。目前,天津已有天土力、王朝、海河乳业、天狮集团、天津港集团等国家级工业旅游示范点。

"天天乐道,津津有味"品牌深入人心。"百年中国看天津"是天津文化旅游的鲜明特色,平民化和幽默感是天津的城市性格,放松休闲开心是天津文化旅游业发展所要坚持的核心竞争力。另外,津派文化内容丰富,如文学、艺术、民俗、非遗、建筑、戏曲、曲艺、音乐、歌舞、文博、收藏,各自在全国相关领域都具有较强的影响力。"游海河古今美景,逛天津欧陆风情"已成为天津文旅的一大特色。

(二)让天津文旅业成为"津派文化" 重要名片的几点建议

1. 把握重大机遇

围绕京津冀协同发展等国家几大战略的实施,把协同发展机制扩展至京津冀、"一带一路"沿线、大运河沿线各省区的合作。着力突破现有行政区划对经济发展的制约,发挥天津滨海新区、港口及中心城区优势,积极与沿线各省市建立旅游联盟,实现产品互联、客源互送、政策互助、优势互补,形成利益共同体。广泛吸引市内外各类所有制企业到天津投资、经营文旅业。对一些需要巨资投入的大中型项目,应在全市"走出去"招商中将文旅项目更多地纳入其中,吸引客商投资。要实行政府投资与民间投资并举的方式,参与景点及外围环境等设施的建设。

2. 聚焦发展主题

围绕全市"三新"(科技创新、产业焕新、城市更新)和"三量"(盘活存量、做优增量、提升质量)发展主题,以天津世纪钟重新敲响为契机,形成"天津始'钟''响'你"文旅标识语,打造"上山下海、漫游津城,一核两翼、多点开花"的文旅新格局。举办"春风十里、天津等你"等系列特色文旅活动。大力推动与相关省市开展"欢乐过大年"、非遗联展、戏曲展演季、房车巡游等特色活动。重点突破,规划建设特色主题街区。着力挖掘魅力无穷、独具特色的地方历史人文内涵,满足游客对历史、民俗、文学、艺术等方面的不同需求。开发若干特色主题街区,包括若干小型时尚消费、商务餐饮等主题街区;规划建设"赛马主题"商务公园(Business Park),辅之以优雅开放的园林景观,来满足现代商务精英工作、生活、交际、娱乐等方面的需要;要鼓励特色酒吧、咖啡馆、茶馆、西式风味餐厅、小精品店的发展;要发展都市文化娱乐业、多媒体产业基地和国际交流、教育培训服务业;将小型博物馆与专题讲座相结合,形成聚集优势。

3. 推动机制创新

坚持主要由市场配置资源,理顺行业管理体制。要按照属地化管理的原则,明确市、区两级在发展旅游业方面的责权关系及景点的管理权限,调动景点所在区域及景点本身的积极性,实现从"看管好景点"到"经营好景点"的转变。坚持由市文化和旅游局整体统筹,旅游集团、北方演艺集团两个龙头企业主动承接、支撑引领,16个区错位发展、融合共赢,全市各有关部门和企业集团主动参与、有效协同。要协调旅游资源开发,避免一哄而上、重复建设和分散有限的财力。对适合发展现代服务业的资源进行总体梳理：一是梳理土地资源，看能为现代服务业发展"建"出多少载体。二是梳理住宅、办公用房、教卫文体等设施，看哪些可以进行置换或合作，为现代服务业"让"出空间。三是放宽政策，鼓励更多的非公有制经济成分进入文旅业，促进市场繁荣。四是借助智能化手段强化统筹协调，有效对接文旅资源供给与需求，加快智慧图书馆、博物馆、数字文化馆建设，完善云展览、云剧场、云直播等云场景。加速产业融合，强化"旅游+""+旅游"，突出润心惠民和以文塑旅、以旅彰文、深度融合。

4.更新发展理念

强化"维护文物建筑的最好办法是恰当地使用它们"的理念，处理好保护与开发的关系，形成刚性控制和柔性控制相结合的多层次保护体系，在重点保护外部空间和景观效果的同时进行内部功能再利用；着力摒弃"重旅游，轻内部功能再利用"的观念，深度开发文化旅游资源。按照天津城市历史文化特色及更多地发展适游期长、不受季节限制、以都市休闲为主项目的趋势，建议推进"一地'九国'，二日百年，三天'津味'，四时欢聚"天津旅游主题，即一日体验游、两日精选游、三日沉浸游、四日休闲游、五日深度游的专项旅游产品。围绕这一主题，制定具体措施和方案，力争在短期内见到成效。同时要确定区域旅游的主导产品，打出特色。从现有条件出发，天津旅游业的主导产品仍应是近代历史文化与现代工商、会展、都市休闲旅游。重点在于使现有特色更加突出，品牌形象更为鲜明。要筛选出具有较大潜力的项目，"集中力量办大事"，兴建或强化重点项目,如古文化街、食品街、鼓楼、五大道、意式风情区、滨海新区等区域,提升天津旅游感召力和吸引力,力争在短期内见到成效,解决"到天津看什么"的问题。同时还要发动全市上下,组织专家进行充分论证,提炼出特色更加鲜明的区域旅游"主题词"。

5. 推出特色线路

组织、策划、包装民国探秘、名人寻踪及相关活动,重点吸引高品质旅游团;开发民国名人故居游、中西文化特色游、商贸商务游、文化娱乐游;通过"海河邂逅泰晤士"等活动与国外特色街区结为"姊妹街区",实现本土与国际的对接与融合,提升天津在全国乃至国际上的知名度和美誉度。要把重点放在增加消费场所、消费项目和如何增加"客留量"上,而非片面强调每年增加多少客流量。这是因为,人流不等于资金流,只有增加深度体验场所和消费体验项目,才能改变游客走马观花、想花钱都找不到地方的现状。坚持"商业企业要高档,餐饮企业要特色,休闲娱乐要创新,商务办公要实力"方针,提升天津城市品位和档次。

6. 融入新的内涵

赋予历史风貌区以全新内涵。要由单点的中央商务区(CBD)模式向多极化、分散化发展,演变扩展成多中心中央商务区(MCBD)。要有针对性地引进现代高端服务业及其知名企业和新型业态,打造集历史风貌、休闲旅游、国际商务、时尚创意于一体的商务公园,以适应现代国际商务日益生态化、休闲化、人性化的要求。大力发展特色旅游纪念品并尽快形成产业。有调查显示,54%的游客认为旅游中的适当购物是一种快乐的经历。另一组数据显示,我国旅游购物收入占旅游收入的比重大约在20%,而世界旅游发达国家已占到40%至60%。要突出旅游特色纪念品的标志性、纪念性、工艺性、民俗性、实用性,兼具民间工艺与旅游创意的独特风格,如空客和小洋楼模型、立交桥与汽车模型的捆绑销售、城际高铁电动模型等。

总之,文旅业是津派文化的重要组成部分,代表着城市的总体形象。秉持"大旅游"理念,坚持"津派文化"特色,搞好天津文旅业,将是对"津派文化"的形成与发展的最大贡献。

作者:阎金明,天津市文史研究馆原副馆长、民建中央委员、研究员

近代天津的都市精英与城市文化

The Elites and Urban Culture in Modern Tianjin

田　涛

内容提要:随着近代天津城市社会结构的变动,分布在工商实业、报刊以及自由职业领域的都市专业精英兴起,成为城市文化的重要塑造力量。以职业领域、俱乐会社、同学会组织以及同乡关系等为纽带,天津都市精英建立了新的社会文化网络,在构建日常生活方式、参与城市精神塑造、引领消费文化、扶助文化事业等方面,带动了城市文化的变革。在都市精英的影响下,近代天津城市文化体现出国际化、现代性以及时尚化等特征。

关键词:精英　社会网络　城市文化　近代天津

区别与传统的乡土文化,城市文化的兴起是近代中国社会文化演变中最引人注目的现象。天津作为近代北方最具影响力的口岸城市,其城市文化的变迁很早就成为学界研究的课题。从总结文化表征出发,不少学者对近代天津文化的面貌及特征进行了概括,分析了其土洋杂糅、中西兼具的文化风格。相对而言,从社会阶层或群体角度出发对近代天津文化的考察则尚欠充分。城市文化是城市空间中不同阶层与群体共同参与创造的社会文化景观,是其物质和精神生活交织而成的文化模式。本文的目的,是以近代天津都市精英尤其是专业精英群体为对象,通过对其文化生活样貌的考察,探讨近代天津城市文化的一个特定面相。

一、近代天津的都市精英

在中国传统的科举制度下,部分成员通过对知识、功名的占有得以进入士人阶层,进而成为一般意义上的社会精英。大致而言,传统社会精英主要分布在政治和学术领域,前者作为政治精英,是社会的管理者,后者则是掌握学术与文化解释权的知识精英,成为社会精神生活的指导者。在近代中国新旧交替的变革进程中,精英阶层的构成发生了显著变动。20世纪初年科举制废除后,士农工商四民社会趋于解体,意味着精英阶层重构的开始。与旧式知识人多依附于政治为出路不同,现代知识人有了多样化的职业选择,除了以往的军政领域外,他们也投身于大学、报刊、工商实业以及律师、医师等自由职业领域,并凭借其在这些领域的影响力,跻身于社会精英之列。从根本上来说,近代社会分工的精细化和复杂化,使社会生产和生活越来越依赖于专门化知识的指导,从而导致这些不同领域精英的出现,使近代中国的精英阶层呈现出不同的面貌。

近代快速兴起的城市是各类新事业的聚集地,也是新式精英荟萃之区。19世纪下半期洋务事业在天津兴起后,天津成为北方地区资本、权力和信息的汇集之所。具有新知识的官员及其幕僚、了解西洋制造的技术专才以及其他洋务专家,成为天津新的精英人群。王守恂称,"直隶总督既移节津上,百城冠盖,四至趋风"①。20世纪初年新政时期,在天津军事、行政、卫生、教育、实业等领域,也出现了一批拥有声望的专才。伍连德称:"在天津,总督袁世凯得到以唐绍仪为首的一群受过西方教育富有经验的留美归国学子的热心协助,在军事、教育、实业等改革上取得了出色的成果"。② 他们开始替代传统士绅在天津社会的角色,成为近代天津都市精英的雏形。

无论是传统社会还是近代社会,知识资本都是跻身精英阶层最重要的依据。以道德知识为主要内容的传统教育倾向于通识人才的养成,而以科学知识为主的新式教育则主要培养专业化人才。从洋务时期开始起步的天津新式教育,为当地新精英群体的形成和发展提供了支持。1897年2月初,在天津创办基督教青年会的来会理(D. Willard Lyon)在写给北美协会的信中称:"天津是在中国政府领导之下的进步的西洋教育之中心","天津商界中有许多能说英语的青年"。在他看来,天津在中国新教育界居于领袖地位,"中国此后新文化的领袖,多半要从北洋大学出身"。③ 及至20世纪二三十年代,天津已经成为北方现代教育的重镇,北洋大学、南开大学等为天

---

① 王守恂:《天津政俗沿革记》,天津市地方志编修委员会编著《天津通志·旧志点校卷.下册》,南开大学出版社,2001,第21页。

② 伍连德:《鼠疫斗士:伍连德自述(下)》,程光胜、马学博译,湖南教育出版社,2012,第565页。

③ 来会理:《中国青年会早期史实之回忆》(1935年),赵晓阳整理《中国基督教青年会初期史料选》,中国社会科学院近代史所近代史资料编辑部编《近代史资料》总109号,中国社会科学出版社,2004,第124-125页。

津持续输送了具有现代知识的专业人才。同时,随着城市经济与社会的发展,不少归国留学生、国内大学毕业生也汇集于天津,他们分布于工商实业、大学、报刊以及各种自由职业领域,依靠其专门知识和技能,在各自的领域担当重要的角色,形成了以专业精英为代表的天津都市新精英人群。

天津是北方现代工商经济中心,以机器生产为特征的现代工业,需要专业知识与人才的支持。20世纪二三十年代,具有现代教育背景的专业人才在天津的实业领域已占有相当比例,改变了传统工商经营阶层的构成样貌。如在范旭东创办的永利制碱公司,除了范旭东本人外,陈调甫、侯德榜、孙学悟、李烛尘、阎幼甫、傅冰芝等人也都是化学技术专家。在纺织行业,宋棐卿创办的东亚毛纺厂吸纳了不少归国留学生,仁立毛纺厂的创办者和支持者则以留美学生为主。金融业是专业人士最为集中的一个领域。在军阀官僚投资的带动下,天津成为北方金融中心,聚集了数十家银行或分行。这些银行的总经理、协理、经理、襄理以及各部门负责人等,大多是接受过现代教育的金融专家。如中国银行天津分行经理卞白眉、盐业银行总经理吴鼎昌、金城银行总经理周作民、创办大陆银行的谈丹崖、20世纪30年代担任上海商业储蓄银行天津分行经理的资耀华等,都是具有专业知识的归国留学生。他们不仅是工商经济领域的专家,也由此获得社会声望,成为都市精英的重要成员。

以工商业发展为基础,文化消费在天津的兴起,成为都市文化精英的活动地带。传统社会的文化精英很难以文化艺术产品的生产作为谋生手段和职业,但近代都市空前的商业化发展,使文化产品越来越具有商品的属性,文化消费品的生产与再生产成为一项专门的社会生产活动,以文为业、提供文化商品的职业报人和文人因此出现。以《大公报》《益世报》《庸报》《商报》等为代表,近代天津商业报刊兴盛一时,记者、编辑、撰稿人以及其他以报刊为依托的都市文人通过商业化写作,在为报纸招揽读者的同时,也获得名声与影响力,他们也可以被看作新的都市精英。

在自由职业领域,具有社会知名度的医师、律师、会计师等都属于都市精英的范畴。他们凭借专业知识和技能,获得可观的经济收入,也拥有较高的社会地位。近代天津是西方医学在中国传播的重要源头,也是西医人群最活跃的地区之一。1930 年出版的《天津志略》列有西医 115 人,除外籍医师外,中国籍西医在百人以上。① 他们接受了现代医学训练,不少人还有留学背景,如阎世华为"法国医学博士、法学硕士",孙玉滨(即孙璧如,也作璧儒)为"法国波都大医学博士、北洋海军医学校教授",黄实存为日本大阪医科大学毕业,梁宝鉴为"英国医学博士",锺素媛女士为"美国医科大学毕业",潘其塝为日本冈山医科大学毕业,翁文澜为"法国医学硕士",俞保康毕业于日本爱知医科专门学校,黎宗尧为"美国眼科专门医科博士",等。② 声望较高的医生,被视为当然的社会名流。近代天津也出现了规模较大的律师群体。1927 年有报道称,"天津为北洋

---

① 《天津志略》,天津市地方志编修委员会编著《天津通志·旧志点校卷.下册》,第 193–195 页。

② 参见《天津中国西医一览表》,《中国工商月报》第 20 期,1926 年 8 月。

第一商埠,讼牍极繁,律师亦因之有增无已,统计不下二百员之谱。"①1936 年天津资深律师张务滋称天津执业律师在五百人以上。最早的执业律师中,吴大业、钱俊、张务滋均为 1911 年北洋大学法科毕业生。② 建筑师和会计师也属于此类。1920 年,毕业于美国麻省理工学院的关颂声在天津法租界创办的基泰工程司,是近代著名的建设设计事务所。此后,毕业于宾夕法尼亚大学的朱彬、杨廷宝先后加入基泰,还包括关颂声之弟、毕业于美国西储大学的关颂坚等。会计师在天津也开始出现。"津埠为通商口岸,货物出入,经济往来,所有洋行暨各大商店,多聘会计师监督指导,以清手续",著名者如谢霖甫、阎维庆等。③ 谢霖甫被誉为"中国会计学之父",天津虽然不是他的主要活动地,但也在天津设有正则会计师事务所。

中国传统的知识生产围绕政治而进行,对政治的依附使知识缺乏独立价值,知识生产没有成为专门的职业领域。但到近代社会,以专业化知识为基础的现代工商业兴起,凸显了知识在政治之外的价值,知识生产由此成为独立的专门领域,不仅为知识人提供了新的职业机遇,也成为他们晋身精英阶层的途径。这些不同领域的专业精英,具有较高的经济地位和社会声望,取代了传统的士绅阶层,成为近代都市精英的主要成分。都市新精英人群的形成,映射出近代天津社会结构的变动,不仅改变了传统城市人群的构成样貌,也

---

① 《天津十六年度律师生涯状况》,《法律评论》(北京)第 245 期,1928 年。
② 张务滋:《中国四十年来律师之业务》,《北洋理工季刊》1936 年第 2 期。
③ 《天津志略》,天津市地方志编修委员会编著《天津通志·旧志点校卷.下册》,第397 页。

成为近代天津城市文化的重要塑造力量。

二、都市精英的社会文化网络

在某种意义上,城市是一种新的社会组织形态。与传统精英相比,近代都市精英的不同,不仅在于其以城市为活动空间,更在于其组织形态的变化。近代天津都市精英的发展,伴随着都市社会网络的转型,即由传统的以血缘、地缘为纽带的乡村社会交往方式转变为都市空间中的交往方式。在传统社会,血缘、地缘以及师承、志趣等,是精英人士交往关系的构成要素,而近代都市空间中精英的社会网络则发生了变化,尽管血缘、地缘等因素仍然发挥作用,但学会、社团、学堂、报馆、现代政府部门、企业以及其他城市公共空间,则成为联结新式精英的主要纽带,由此而形成了都市精英的社会文化网络。

近代天津都市精英的社会文化网络大致包括四类。第一类是基于职业、专业领域而建立的联系。一方面,都市精英大多分布于各类新型政治、经济、文化机构,如银行、公司、政府部门、学校、报刊等。这些机构既是他们的职业活动空间,也是他们的社会交往空间。他们通过这些机构以及私人来往,在其职业领域内建立起相互之间的联系。另一方面,都市精英也组织了各种职业社团。天津报界人士 1906 年即组织过报馆俱乐部,20 世纪 20 年代出现过报界公会、新闻研究会、天津新闻界联合会等,20 世纪 30 年代又成立了记者公会。律师界 1913 年成立了天津律师公会,1920 年各地律师公会代表还在天津成立了中华民国律师协会。[①] 在工程界,1917 年中国工程学会成立后即在天津设有支部。[②] 1919 年中国矿学会在北洋大学成立。同一年,留美出身的水利专家杨豹灵等在天津发起组织了中美工程师协会,1920 年周年大会时,报名与会者五十余人,"颇极一时之盛"。[③] 由詹天佑发起的中华工程师学会 1923 年 10 月也在天津举行过年会。会计师在 1926 年成立了天津会计师协会。天津医学界先后出现过医药公会、医学研究社等团体,1936 年 10 月正式成立了天津市医师公会。在金融领域也有银行公会、同人俱乐部之类的组织,等等。

第二类是新式俱乐会社。自晚清开始,来华外国侨民在开埠城市成立了各种俱乐部,联络乡谊、休闲娱乐。民国时期,来华外人俱乐部引起了中国社会的模仿,俱乐会社成为都市一种流行的社会文化现象。作为北方最大的通商口岸,天津是国内俱乐部比较活跃的城市,既有国际性的俱乐社团,也有中国人自建的会社组织,前者比较著名的是扶轮社、联青社,后者则有群一社、益友社等。

扶轮社(Rotary Club)是起源于美国的国际性社团,天津扶轮社是上海之后国内第二个扶轮社组织,成立于 1922 年 10 月。社员以在津外侨为主,也有少量中国人加入,如关颂声、梁如浩、卞白眉、董显光、丁文江、张谦、胡光麃等。除关颂声为建筑师外,梁如浩为留美幼童出身,民国初年一度任外交总长。卞白眉长期主持中国银行

---

① 《律师公会文件之汇志》,《益世报》(天津)1920 年 11 月 28 日,第 10 版。
② 《中国工程学会开会记》,《益世报》(天津)1925 年 3 月 12 日,第 10 版。
③ 《中美协会会议灌溉》,《益世报》(天津)1920 年 10 月 8 日,第 10 版。

天津分行,为金融界著名人物。董显光是天津《庸报》创办人。丁文江为北票煤矿总经理。张谦即张公撝,时任香港东方商业银行天津分行经理。胡光麃为中国无线电业公司总经理。诸人中除丁文江外,均系留美出身。联青社也起源于美国,1923年成为国际性的组织——国际联青社(The International Association of Y′s Men′s Clubs)。天津联青社成立于1927年,社员大多是天津基督教青年会骨干,如金峻轩为花旗银行买办,杨锦魁为保华公司经理,杨固之为金城银行副理,阮渭泾为大来洋行华经理,章以吴为美国大通银行天津分行华经理,王鹏云在开滦煤矿局任职,张兰格为通成公司经理,杜用文为东方铁厂华经理,陈鸣一为新华信托储蓄银行天津分行副理,鲁文辉为柯达公司经理,刘树埔在中英贸易公司任职,马家驯则是一家英商布业公司天津分公司经理,胡哲甫曾任华安保险公司经理,关颂声与其弟关颂坚以及朱彬、杨宽麟均为基泰工程司建筑师,梁宝平、蒋育英、黎宗尧、云子玉等是西医师,陶祖椿、韩文荫曾任职政府部门,丁佶是南开大学经济学教授,董守义、陶少甫、周启圭是体育名人,陈锡三则是天津青年会总干事,等等。

中国人组织的精英俱乐部则有群一社、益友社等。群一社成立于1928年,名称取英文"all is one",亦即和衷共济之意,成员中"法学家有朱渠清,艺术家有王冠甫,教育学家有黎绍芬、曹宝和,运动家有陈靖宇,市政学家有沈矩如,工程学家有邝兆祈、李新惠,商学家有杨仲绰、李瑞圭、张明予,史学家有顾如,社会学家有杨蕴端,电学家有朱丹父,银行学家有赵幼臣,图书馆学家有陆华深,交际家有查守愚,名记者有丁继昶,济济人才,洋洋大观"。① 益友社主要人物为孙子文、卞俶成、娄鲁青等,为"津中文学,慈善,教育,实业,宗教,艺术,法律,政治各大家之所萃也"。② 此外,20 世纪 30 年代设于马场道的甲戌社也被看作是天津的一处"高等交际社会俱乐部",主要是开滦、启新等公司和各银行酬酢之所,有乒乓球室、台球室、书报室、小型酒排间等,"津市高等交际社会,常借用其地,举行宴会"。③

第三类是同学会性质的联谊组织。由留美回国人员组成的仁社就是其一。仁社 1919 年在美国纽约成立,后在上海设立总社,并在国内各大城市设有支社。曾任天津仁社社长的资耀华说,天津留美回国的仁社社员,"有不少是大公司的领导,如当时的东亚公司、外汇经纪人、电信局、商品检验局及大学教授等"。④ 根据《天津支社同仁录》,1934 年该社十九名成员中,包括余簪传(啸秋)、章以吴、丁佶、陈礼(问聃)、黄作霖(即黄佐临)、魏元光(明初)等。从其住址看,至少有 8 人在北洋工学院、南开大学等校任职,其余还有在银行及公司等机构者。⑤ 美国大学俱乐部成立于 1910 年,成员以中外美国大学毕业生为主,在天津也十分活跃。1927 年末在法租界裕

---

① 陆善忱:《专门人才》,载《群一社同乐大会特刊》,《北洋画报》第 633 期,1931 年 6 月 4 日。
② 《天津志略》,天津市地方志编修委员会编著《天津通志·旧志点校卷.下册》,第 384、401 页。
③ 《甲戌社》,《大公报》(天津)1935 年 8 月 24 日,第 15 版。
④ 资耀华:《凡人小事八十年》,中国金融出版社,1992,第 114 页。
⑤ 《天津支社同仁录》,《仁社通讯录》1934 年 1、2 月,第 29-30 页。

中饭店的一次聚会中,参加者三百多人,包括当时的南开校长张伯苓、直隶交涉员薛学海,瑞典火柴公司经理许建屏,以及颜惠庆等。[①] 1929 年 6 月在英租界规矩堂的宴会则有七十余人参加,时任主席为水利专家杨豹灵[②]。国内各大学毕业生在天津也组织了同学会,如 1928 年初成立的天津清华同学会和复旦大学旅津同学会,另外还有燕京大学校友会,岭南大学同学会,等等。

第四类是同乡联谊组织。近代天津都市精英的社会交往中,同乡关系仍然是重要的纽带。卞白眉祖籍江苏仪征,从其日记中可见,他是二三十年代江苏在津同乡活动的重要参与者。如 1924 年 3 月 30 日,卞白梅参加了江苏会馆团拜,"有主张组织俱乐部者,余认捐二百元"。[③] 其时旅居天津的江苏人士中,名声显赫的颜惠庆(骏人)有很大的号召力。1930 年 1 月 23 日卞记云:"颜骏人约晚饭,成立同乡聚餐会"。[④] 参加这一聚餐会的有杨味云、言仲远、陆孟孚、严孟繁、曹润田、庄乐峰、张服五、任振采、许汉卿、雍剑秋、孙子涵等,都属于各界名流。各人轮流做东,召集同乡聚餐以联络乡谊。

这些社团有的由同一领域或行业内精英组织,有的则由跨领域的精英组织。其活动具有私密性,但也有公共性的一面,成为都市精英一定范围内的联系平台。其功能在于联络友谊,休闲娱乐,交

---

① 《天津筹设中之美国大学俱乐部》,《新闻报》1927 年 12 月 26 日,第 3 版。

② 《昨夜美国大学俱乐部欢迎会》,《大公报》(天津)1929 年 6 月 26 日,第 4 版。

③ 中国人民政治协商会议天津市委员会文史资料委员会等编:《卞白眉日记》(第一卷),天津古籍出版社,2008,第 287 页。

④ 中国人民政治协商会议天津市委员会文史资料委员会等编:《卞白眉日记》(第二卷),第 93 页。

换信息,构建人际关系。通过这些社团和活动,都市精英建立了职业身份和社会身份的认同,也拓展了其社会活动的空间,提升了社会名望。

都市精英的社会网络,是都市文化活动的重要场域。这些专业性或跨领域的组织和活动构成了文化创造和传播的平台。它们为都市精英提供了知识和信息交流渠道,成为其思想、情感互动的空间,并在这一过程中形塑了精英的理念与价值观,甚至规范了对其行为方式。与传统社会精英的诗酒之会相比,新的社会文化网络给参与者带来的是迥然不同的体验,重新定义了精英的社交方式,也重构了他们的日常生活场景,使他们借此形成了新的文化习性、生活情趣与行为模式,从而成为城市文化的重要景观。

三、都市精英对天津城市文化的影响

新式精英在近代天津的出现,是城市社会结构变迁的表现。在近代中国经济、政治、文化由传统到现代的演进过程中,工商领袖、技术专家、教育界名流,以及医师、律师、工程师、会计师等专业精英,替代了传统士绅的名流角色,成为新的社会权威。作为上层社会人群,他们需要通过创建新的生活与行为方式来标示自身的身份,彰显其角色和地位,由此也对城市文化产生了影响。大体而言,近代天津都市精英对城市文化的影响体现在以下四个方面。

其一,都市精英带动了近代天津城市生活方式的变迁。所谓城市文化,在某种意义上就是城市生活方式。近代天津都市精英的生活方式,是他们与其他社会人群的重要身份区别,也对城市社会具有示范意义。从家庭背景来看,近代天津都市精英中不少人的出身都非同一般,其父辈很早就接触了外部世界与西方文化,引导他们从小就接受了西式语言和知识教育,有机会体验欧美的生活方式。以天津著名买办梁炎卿的子女为例,其日常衣食起居一律欧化,都讲得一口极流利的英语,生活习性和交接礼仪仿照英国绅士的做派,娱乐也是西洋式的,网球、骑马都是他们的喜好。[①] 民国时期天津都市精英中不少人有留学经历,其中又以留美归国者最为活跃。他们在日常生活中追求时尚,行为举止透着西式风格。在《北洋画报》等报刊上可见的扶轮社、联青社成员的照片中,这些新式精英都摒弃了传统文人的长袍马褂,而以西装革履的形象示人。其夫人、女儿经常被报刊誉为名媛,最常见的也是欧化的装束,如西式长裙。在日常饮食中,都市精英普遍接受了西式餐饮,他们以西式茶点招待客人,选择西式饭店和西菜馆举办私人宴饮。天津扶轮社、联青社、群一社等精英社团,各大学同学会等,也多以利顺德、国民、大华、西湖这样的西式饭店作为聚餐会地点。就居住条件而言,上层精英大多择租界地区的新式别墅洋房和里弄住宅,这些住宅中拥有自来水、电力照明等现代设施,周边交通便利、环境幽雅。他们除了参观租界外人的各种节日庆典,也会在家中庆祝圣诞节、新年这样的新式节日,欣赏西式戏剧、音乐表演,闲暇时到公园散步,探访城市公共和私人园林,在北戴河、北京西山等地进行暑期旅行和休闲。

---

① 梁佩瑜:《天津怡和洋行及其买办梁炎卿》,载中国人民政治协商会议天津市委员会文史资料研究委员会编《天津文史资料选辑》第九辑,天津人民出版社,1980,第 92-93 页。

近代天津都市精英的日常生活样式，既是这一人群的身份标识，也是城市文化的一个特定侧面。

其二，都市精英参与了近代天津城市精神的塑造。得益于国内新式教育以及海外留学经历，都市精英普遍具备现代价值观念和知识结构，对中西新旧都表现出开放的文化心态。一方面，他们乐于接受外部世界的多元信息，与一般城市人群相比，具有更为开阔的社会文化视野。都市精英组织或参与的俱乐部活动中，知识交流和分享是一项主要的内容。天津扶轮社每周的例餐会，惯例都邀请各界人士发表演讲，多为中外名流，如胡适、赛珍珠、司徒雷登、伍海德等，讲演主题涉及人文、政治、经济、工程、科技等各领域，或为时事或为科学前沿，智识性较高，极大地开阔了社内成员的视野和思维。[1] 联青社和群一社的活动方式与扶轮社相似，讲演内容也十分丰富。报纸上称联青社为"一般智识阶级所组织，平日常邀专家于聚餐席间讲演，故该会会员得益匪浅"。[2] 另一方面，这种开放的文化心态也表现为对传统文化的容纳。在近代天津的都市精英中，不少人有很好的旧学修养，爱好诗词书画、收藏鉴赏，保留了对传统文化的尊重。总体上看，他们的文化立场较为持中而不偏激，在接纳新知的同时，也不偏废旧学，属于游走于传统与现代之间的社会人群。从这种立场出发，天津的都市精英没有明显介入近代中国的新

---

① 参见江沛、耿科研：《民国时期天津租界外侨精英社团——扶轮社述论》，《历史教学》2013年第12期。

② 《联青社十五日五周纪念，下午举行茶舞会》，《大公报》（天津）1932年10月14日，第15版。

旧文化冲突,而是表现出较为明显的实践精神。特别是工商实业领域等领域的专业精英,他们将解决中国问题的希望寄托于实践,以专业知识建设社会,是其共同的意愿。1922 年 9 月 5 日晚,卞白眉在从北京回天津的火车上碰到范旭东,其日记中记云:"与畅谈世事日非,前途黑暗,我辈仍当努力,就分内事勉为其难,力争上游,庶几为社会造一分好因,留一分元气,将来社会总有食福之一日,不必求报于及身也。狂妄颓废之习,宜力除之"。[①] 他们对民国现实政治普遍感到不满,但在关注政治的同时又表现出与政治相对疏离的态度,主张脚踏实地改造社会,如张伯苓所谓,"先办实业,后谈政治"[②],是这些都市精英普遍的取向。20 世纪二三十年代,与上海、北平相比,天津经常被批评为文化上的"沉寂"之地,或者即与天津精英的这种文化立场与政治态度有关。

其三,都市精英引领了天津的休闲消费文化风尚。与乡土文化不同,商业化和消费性是近代城市文化的重要发展方向。随着新式机器生产和工作制度的引进,近代城市形成了新的社会运行节奏。工作之外的业余时间,成为城市人群的休闲时段,从而催生了休闲消费文化。在近代天津城市消费文化的兴起和发展过程中,都市精英是引领风气的人群。就精神文化消费而言,一方面,都市精英是各种文化产品的生产者,其中尤以报人等文化精英为代表。报刊作

---

① 中国人民政治协商会议天津市委员会文史资料委员会等编:《卞白眉日记》(第一卷),天津古籍出版社,2008,第 213 页。

② 张伯苓:《熏陶人格是根本》,载《张伯苓全集》第一卷,南开大学出版社,2015,第 240 页。

为近代新兴的文化平台,是文化商品的生产者和传播者,通过这一平台,报人以及从事书画、小说等文艺创作活动的文化精英,为城市社会提供不同类型的文化和艺术商品,并将其观念、趣味与情感渗入城市社会。另一方面,他们又是文化产品的重要消费人群。他们订阅报刊书籍,获取新的知识和信息;欣赏电影及戏剧演出,陶冶自身;参加各种游艺与游园活动,在跳舞场消磨时光;也经常会参观在永安饭店、大华饭店以及美术馆、学校等处举办的各种书画艺术展览,购买其喜好的作品。这些活动既是都市精英常见的休闲方式,也是其文化娱乐与消费的内容。在物质消费领域,如前所述,都市精英的日常生活中就包括了各种消费活动,其衣食住行都体现出西化的风格。他们流连于西式饭店等都市现代消费场所,接触不同的新器物和新技术,也尝试各种感官享受。基于其优越的经济条件,都市精英营造了自己的现代物质生活。尽管其消费观念、消费行为并非其他社会人群所能模仿,但他们也因此成为都市消费文化开风气的人群。

其四,都市精英是城市文化事业重要的扶持力量。他们广泛参与了近代天津城市文化事业的发展进程,在诸多领域发挥了支持作用。在教育方面,为学校提供捐助、担任私立学校董事,是他们介入教育事业的常见方式。如卞白眉就曾是南开大学、新学书院、中西女学、汇文中学等校的董事或董事长。都市精英也参与设立平民学校、补习学校,为天津社会教育提供助力。在学术领域,民国时期南开大学、北洋大学、工商大学及一批中等学校、专门学校的留学归国教员,诸如何廉、方显廷、姜立夫、饶毓泰、蒋廷黻、吴大猷、茅以升、李书田、华南圭、魏元光、顾德铭等，形成了天津的现代学术社群，他们的学术成就，是天津乃至中国现代学术发展的重要象征。在报刊传媒领域，以《大公报》《益世报》为代表的天津报纸，之所以在国内形成广泛的影响，也得益于英敛之、胡政之、张季鸾、王芸生等一批报界精英的活动。在现代医学领域，天津最早兴办了西医教育事业，培养、聚集了颇具规模的新式医学人才，成为天津现代医疗卫生事业的推动者。在工业技术领域，民国时期天津化学、毛纺等现代工业的兴起，也与这些领域的专业精英密不可分。仅以化学工业而论，以范旭东、侯德榜、孙学悟等为代表，天津在这一领域集中了国内最优秀的人才，成为天津化学工业的中坚。这些分布在不同部门和领域的精英，同样是近代天津社会文化变革的推动力量。他们组织、参与各种学会与社团，支持文化机构和设施的建立，从事新知识新观念的传播，提倡城市公益事业，推动社会习俗改良，等等，都为城市文化的发展起了积极的作用。

近代天津城市文化的演变包含多层次的内容和方向。在城市这一新型的社会空间中，不同阶层和人群通过展示其生活面貌、行为方式、精神状态及观念世界，形塑了天津的城市文化。他们的日常生活样态，观念、情感与价值取向，以及生活情趣与喜好，都在近代天津文化中留下特定的印记。对都市精英而言，其行为模式、价值追求、审美情趣体现出更明显的现代性指向，对城市文化演变往往具有引领性和象征性意义。从这个角度上看，在近代天津城市文化中，都市精英无论是在物质层面还是在精神层面，都留下了重要标记。他们不仅影响了天津文化的显性表征，也深度参与了城市精神的塑造,成为近代天津城市文化变革的重要推动力量。

四、精英影响下的都市文化特征

近代天津都市精英拥有普通社会成员难以企及的经济地位,也占有更为充足的社会资本和文化资本。作为社会名流,都市精英的日常生活方式、价值观念以及行为模式,不仅影响了天津城市文化演变的进程,也赋予后者以显明的特征。

第一,都市精英影响下的近代天津城市文化,呈现出国际化的色彩。20世纪二三十年代的天津,在时人眼中是一个"渐渐欧化了"的城市,"与代表国粹的北平,绝然不同"[1]。这不仅因为多国租界和侨民的存在,也在于欧美文化对天津城市生活的渗透。都市精英是西方文化在天津的主要响应人群,英语的使用就是一个例子。天津的都市精英中,不少成员谙熟英语,他们阅读《京津泰晤士报》等英文报刊,也参与各国外交官、商人的社交活动。在扶轮社、联青社这样的国际精英俱乐部,他们使用英文绰号,听英文讲演,唱英文歌曲。讲英语不仅表明了这一群体的文化背景与知识水准,也代表其背后的社会关系,是其社会身份的依据。这种特定的语言现象是近代天津国际化的一个象征。天津都市精英特别是留学出身的精英与外部世界有稳定的信息交流渠道。卞白眉就是一个例子。卞白眉在天津期间,与母校布朗大学长期联系,参加校友聚会,接待来华的美国校友和教师,其三弟卞喜孙、长子卞彭年、次子卞柏年、三

---

[1]　资迟:《天后宫》,《大公报》(天津)1933年1月16日,第9版。

子卞松年及女儿卞菊年后来都留学该校。卞白眉还是美国政治与社会学会等社团的成员,其日记中有多次缴纳会费的记录。除了通过天津的外人书店或直接从英、美邮购专业书籍和小说外,他也与美国学者有过书信来往。卞白眉与外部世界的这些联系,折射出天津城市的国际化特征。

近代天津城市的国际化带有明显的半殖民地化色彩,但国际化并不等同于半殖民地化,它包含了近代天津向西方学习、追寻中国现代化的自觉努力。在一定意义上,国际化强调与世界的共通性,是对地方性、地域化的超越。在传统乡土社会,精英与身处其中的地方社会形成了紧密联系,其社会网络及其政治、文化等实践活动,往往立足于地方社会。但在天津这样开放口岸,都市精英不再是一个地方性人群,他们与外部世界的联系和沟通,使其生活空间获得了前所未有的扩展,也使近代天津城市文化与国际文化网络相关联,具有了国际化色彩。

第二,在都市精英影响下,近代天津城市文化体现出现代性特征。接受西方知识熏陶的都市精英,普遍表现出对现代价值理念的认同,他们具有文明意识、信仰科学、具有人文关怀和社会关怀情结。这些精神品质对天津城市社会氛围产生了持续影响,促成了城市文化现代性的成长。天津都市精英具有明显的公共意识和社会服务意识,他们关注和思考社会议题,提倡并参与社会服务与公益事业。仅以律师和医师为例。普及法律知识是天津律师界一项重要的社会服务工作,著名律师朱道孔、李洪岳等都曾担任过《益世报》法律栏目的顾问,解答读者提出的法律问题,朱道孔解答五百多

次,李洪岳也有三十多次。为了向平民"灌输法律常识",1934 年 1
月律师公会开始举办法令讲演,每周六、周日晚七时到九时在河北
黄纬路该会内举行,"无论男女均可随便入听"。① 1935 年律师公会
还组织了贫民法律扶助会,提供无偿法律服务。医师也是天津公益
事业的重要参与者。《益世报》曾报道一名为王瑞五的西医,称其为
"本埠著名西医,素日热心公益,服务社会,已经多年","颇为各界
所感激"②。1927 年,一些加入联青社的医师设立崇仁诊疗所,为贫
苦劳工免费施诊,每年医治病人八九千人甚至万人。③ 此外,联青
社、益友社这样的精英社团,也都把社会服务作为其重要活动。这
些公益服务活动,都表现出都市精英的社会关怀理念,为近代天津
城市增添了一抹温情。

都市精英的现代观念,也体现在家庭生活中。20 世纪二三十年
代天津的社交女性主要就来自精英家庭。1929 年 1 月 17 日在利顺
德饭店举办的天津扶轮社慈善夜,进行了一次颇为轰动的中国历代
女装展演,参加表演的名媛大多数即来自扶轮社社员及其他精英家
庭。当年 10 月在国民饭店举办的一次天津小姐选举中,张公撮的
次女张美如当选"天津小姐"头衔。1934 年五六月间,天津爱美戏
剧学社的英语剧《西施》演出中,剧中角色由天津"知名仕女担任扮
演"。登台者除了联青社的杜用文、马家驯、王鹏云、章以吴等人,还

---

① 《律师公会举行法令讲演》,《大公报》(天津)1934 年 1 月 5 日,第 10 版。
② 《王医士热心公益》,《益世报》(天津)1925 年 11 月 19 日,第 10 版。
③ 黎宗尧:《崇仁诊疗所近况》,《大公报》(天津)1935 年 10 月 7 日,第 16 版。

包括一些都市精英家庭的女士,扮演西施的就是张美如。① 这些女性率先走进社会、进行自我展示,可见精英家庭内部的开明和平等。此外,都市精英普遍表现对科学知识的崇尚,对法律秩序的认同,以及对文明、卫生、时尚等现代价值的接受,这些都渗透、影响天津城市文化,成为天津城市文化的现代性表征。

第三,都市精英影响下的天津城市文化,体现出时尚化的风格。都市精英是城市新风气的重要倡导者,带动了都市时尚文化的兴起,尤其是在娱乐休闲、现代体育文化等领域。都市精英引领了近代天津的娱乐风气。他们举办的各种活动中,经常有电影、音乐、幻灯之类表演助兴。一些人士对戏剧表演颇为喜好,他们推崇梅兰芳等人的京剧艺术,甚至和梅兰芳保持了良好的私人关系。一些戏剧爱好者还组织剧社,编写剧本,甚至登台表演。这种热情与天津的戏曲传统有关,但也是其自我娱乐、丰富生活的一种方式,透露出都市精英的审美情趣。都市精英举办的游艺活动,往往引起报刊和社会的关注。1926 年前后,天津扶轮社开始举办每年一度的慈善游艺夜,1929 年正式称为慈善夜,包括各种游艺与表演,以收取入场券等方式筹集慈善款项。这一活动在社会上引起轰动,报刊上往往冠以"艳装大会""时装表演大会""游艺大会""艺术大会""歌舞大会"之名。联青社随即仿效,从 1930 年开始举办名为"一夜乐"的夜间游艺会,后改称"联青夜",也包括万国时装表演、电影、各种化妆歌舞、游艺、短剧等内容。在西湖饭店举办的"联青夜"活动,参与者众

---

① 参见《本市旧剧》,《大公报》(天津)1934 年 5 月 4 日,第 13 版。

多,饭店门前车水马龙,盛极一时①。精英的这些游艺活动成为天津的都市时尚,"联青夜在天津是常听见的,在北平可不多见"。② 在新式体育的引进和传播方面,近代天津领先于国内其他城市,都市精英是主要的倡导人群。他们组织各种运动会和篮球、排球等球类比赛,也培养了城市体育精神。不少都市精英有自己的体育喜好,联青社成员如阮渭泾、秦振鹏、陶祖椿、杨锦魁、陶少甫等都善于网球,天津基督教青年会每年夏季要在英租界球场租一块地皮,修建几个网球场,为会员们打网球使用,在这里打球的成员多系联青社社员。③ 在天津联青社与华北其他城市如北平、青岛联青社的联谊活动中,网球比赛也是一项内容。其他如台球、高尔夫球、保龄球等新式运动项目,在都市精英中都有喜好者。类似于这样的活动,体现了都市精英的生活情趣和精神品味,也成为天津都市文化的新风尚。

结　语

在近代天津社会变革背景下兴起的都市新式精英,通过构建自身的社会文化网络和日常生活方式,在确立并彰显其社会身份的同时,也深度参与了天津城市文化的塑造和演变。都市精英支持了近

---

① 杨肖彭:《回忆天津的联青社》,载中国人民政治协商会议天津市委员会文史资料研究委员会编《天津文史资料选辑》第 50 辑,天津人民出版社,1990,第 165 页。

② 老缺:《记北平的联青夜》,《北洋画报》第 1058 期,1934 年 3 月 6 日。

③ 杨肖彭:《我对天津联青社的片断回忆》,载中国人民政治协商会议全国文史资料委员会编《文史资料存稿选编》第 25 辑,中国文史出版社,2002,第 930 页。

代天津城市文化事业的变革,在物质和精神层面影响了天津城市文化的样貌,为其赋予了国际化、现代性、时尚化的色彩。都市精英的存在方式及其活动,为近代天津城市文化的演变留下了特定的印记。

作者:田涛,天津师范大学历史文化学院教授、博士生导师

城市文化的召唤与津派特色非遗的出场[*]

The Call of Urben Culture and the Appearance of Jinpai´s Characterstic Intangible Culural Heritage

马知遥

内容提要:津派非遗作为津派民俗文化中的重要的组成部分,理应成为关注的焦点。长期以来天津城市文化,尤其是民俗文化给人的刻板印象就是泥人张、杨柳青年画、狗不理包子等充满市民气和民间色彩的非遗,忽略或者遮蔽了其他具有生命活力、极强审美和市场号召力的非遗,而那些恰恰可以成为天津文化中靓丽的资源。重新发现和认识他们,重新对他们进行有意识的包装和宣传,有利于丰富现有天津民俗,同时唤起更多精彩的非遗成为天津文化的特色,为天津城市的发展助力。

关键词:津派文化　特色非遗　城市新名片

一个城市的文化决定了一个城市的性格,也影响着一个城市的

---

[*] 该文为天津市哲社科学规划"揭榜挂帅"项目"天津市标志性非遗强化策略与津派文化品牌构建研究"阶段性成果、教育部重点基地重大项目"京津冀协同发展与非遗区域保护研究"阶段性成果。

走向和未来命运。具有历史底蕴而又能焕发现代生机的城市,具有独特文化的城市,必然充满发展的动力。作为一个有六百余年历史的城市,天津不算古老也不算年轻。她临近大海又有大河贯通的特色,让她具有了河海文化的双重性格,文化也就不拘一格。

一、城市文化的重要价值

"城市的发展不仅是一个长期的物质环境的建设过程,同时也是一个长期的文化积淀过程。它既是人们文化创造活动的产物,又是一种城市文化产生与发展的过程。在城市的不断演进与更替过程中,各种有形的物质形态载体(如城市格局、建筑物、街道、广场、雕塑等)和无形的意识形态载体(如城市精神、制度、风俗等)共同形成了被称为'城市灵魂'的城市文化。同时,城市文化也是推动城市发展的主要推动力之一。"①从天津的民俗文化入手,我们能够看到极具特色的非遗在这座城市潜滋暗长、充满生机的一面。从特色非遗的角度来考察城市文化对一个城市的影响、考察特色非遗保护和发展的意义,对我们更好地理解一个城市的文化内涵,认识到城市文化的丰富多彩的面向,以及如何更好利用和发展特色非遗,为城市发展助力尤为重要。"随着生产力的不断提高,城市从工业中心、生产中心正逐渐转变为文化中心和消费中心。以大众文化为主导的城市文化形态,也日益与消费文化整合在了一起。从沙朗·佐

---

① 季松、段进:《空间的消费:消费文化视野下城市发展新图景》,东南大学出版社,2012,第55页。

京的《城市文化》一书中,我们可以看出烙印上消费文化痕迹的城市文化越来越显著地作用于城市空间和居民的城市生活,并成为城市的经济基础和组织空间的重要手段。由于城市文化对整个城市的空间、社会、经济等方面都有着越来越明显的影响作用,因此已成为城市文化重要组成部分的消费文化应该并且已经成为城市研究中的重要领域。"①当我们认识到城市文化和消费文化紧密相关时,我们就能认识到城市文化对推动城市经济发展的重要性。因为城市文化可以成为注意力,也可以成为消费的对象,当独特的文化成为消费者关注的对象后,其文化附加值就得到呈现,也会成为拉动城市消费和经济发展的元素,使其在日益激烈的市场竞争中获得更多的支持。

在当代中国,一个城市文化的独特性和历史厚度,常常成为城市的注意力经济,对城市的整体发展有推动作用。城市要发展,城市文化消费能力的高低影响着其未来走向。而文化消费能力往往取决于城市文化的自身魅力和优秀的资源。没有丰富文化资源的城市,没有吸引消费者关注的文化事项,很难促进城市的全面发展。

城市文化是城市持续发展的动力之一。在城市中的人们满足了基本生活需要之后,城市的精神生活就显得越来越重要。历史文化的发展和延续,是当今许多城市发展过程中往往忽视的一个问题。随着我国城市建设的高速发展,许多有价值的历史、文化、古迹在城市建设的大浪潮中被破坏;但是过了若干年后,人们才意识到,

---

① 季松、段进:《空间的消费:消费文化视野下城市发展新图景》,东南大学出版社,2012,第55页。

我们不但丢掉了历史文化遗产,更丢掉了城市可持续发展的动力。特别是在具有历史文化价值的古城,城市的历史文化更是该城市的宝贵财富。① 由此,我们必须意识到,文化从广义上讲是指人类所创造的物质文明与精神文明的总和。城市的大文化包括四个层次:最高层次为文化心理层面,次之为文化艺术层面,再次为制度管理层面,最后为物质器物层面。作为一个由内向外的文化价值系统,城市文化很大程度上体现着不同风格气质的生活方式与习俗。城市文化作为城市主导的生活意识形态,是与城市居民同生共亡、共同进退的。通过城市文化聚集的人口即是该文化的认同者和承担者,这些人口的聚集和长期共同生活,成为城市形成和发展的最基本的景观。②由人组成的社会、由人承载的民俗文化、由人传承的非遗,成为城市文化不可或缺的部分。研究特色非遗,探析其背后的文化内涵,成为讲好城市故事,传播城市文化的关键。酒香还怕巷子深。特色非遗没有持久的宣传介入,没有强大的传播力,"养在深闺无人识",是城市文化建设的失败,对城市的可持续性发展不利,更是对非遗的发展也不利。

"一座城市可以没有历史,但不能没有文化。城市文化是城市的独特资源,这种资源经过开发会对城市现代化产生巨大的推动。城市文化的成熟发展,可以为城市创造品牌效应。在'经营城市'成为中国各级政府目标的今天,城市文化就是城市的名片,城市的商标。近年,'经营城市'的理念越来越得到各地方政府的认同。一个

---

① 韩伟强:《城市环境设计》,东南大学出版社,2003,第114页。
② 张耀波主编:《曲靖城镇化发展研究》,云南大学出版社,2009,第191页。

城市的文化品牌,对市民素质的提高,对经济、社会的发展,对城市建设都有着积极的意义。城市文化为城市发展创造了品牌效应,而城市发展又反过来为城市文化提供物质基础。"①天津的城市文化需要大力弘扬和传播,其中特色的非遗理应成为天津文化宣传的新名片。

二、河流和海洋对天津城市文化的滋养

天津城市文化的养成,尤其是民俗文化的养成,与天津的河海并存的城市特色分不开。大运河和海河从这里穿行而过:大运河作为漕运的重要通道,沟通南北,让天津成为南北贸易和漕运的水陆码头;孕育了天津城的海河,静静地灌溉和哺育这方土地,也使得生活在这片肥沃土地上的人们衣食无忧、自给自足,有一种天然的优越感。另外,海河入海形成的天然港口,让天津相比于其他沿海城市具有自身的独特优势,渔业和盐业资源相当发达。围绕港口和码头自然形成了天津特有的漕运和码头文化。这些文化的基本特质就是平民性。所以,天津城市的民俗文化平民化、接地气,有很强的亲和力。比如,围绕天后宫而形成的妈祖文化,围绕妈祖崇拜形成的天津皇会,以及藏于民间的各类花会组织;由于靠近北京,受北京宫廷文化影响而形成的各种传统技艺类非遗,比如宫廷花丝镶嵌技艺、景泰蓝制作技艺、内画制作技艺,还有为当地大众喜爱的充满吉祥寓意的绒花制作技艺、葫芦雕刻、绘画、烙画、范制葫芦技艺、面塑

---

① 张耀波主编:《曲靖城镇化发展研究》,第192页。

技艺、木雕技艺、风筝制作技艺等等。"在具有悠久历史的跨河城市中,河流是古代城市生成和发展的动因,因而河流周围常常是历史文化积淀最为丰富的场所。如南京最深入人心、广为人知的'十里秦淮'文化意象,就是以秦淮河为核心,由两岸历史人文景观为主体构成的。同样的,在法国巴黎,以塞纳河为骨架的开放空间序列与两岸历史文化景观也共同构筑了城市的文化氛围,体现了巴黎作为文化大都会的无穷魅力。这两个城市的文化形象都是因河流而具有的独一无二的特质,是其他许多城市不具模仿的识别特征。"①那么天津有没有独一无二的辨识度呢?

我们可以进行如下分析:从 1404 年天津建卫开始,到 1860 年签订不平等条约而开埠,在这段时间内,天津城市文化是在较稳定的文化生态环境影响下逐步形成的,并与环境紧密的结合,形成了类似于生态学概念中的"顶级群落"的稳定的城市空间与文化结构。经过历史的风雨,不同区域文化的交汇赋予天津"五方杂处"的码头文化特征。天津城垣选址于三岔河口西南方。天津城市从形成初期的总布局,卫城就是作为城市的一部分与城垣外东北部(原海津镇)共同建设发展,成为一个有机整体的城市。② 天津作为一座典型的开埠城市,其独特的"津派"文化很具代表性。对比京津沪这三个城市的特点,称京派文化带有"官的帮助",海派文化带有"商的帮助",津派文化带有"民的帮助"。这种"民的帮助",滋养了一片

---

① 杨春侠:《城市跨河形态与设计》,东南大学出版社,2014,第 56 页。

② 侯鑫:《基于文化生态学的城市空间理论——以天津、青岛、大连研究为例》,东南大学出版社,2006,第 140 页。

片很容易铺排开的土壤。旧时天津卫的衣着风格既不具北京的宅门官气、没有旗人的贵族气息，也没有江南的娇媚轻盈，与西晋（山西）东鲁（山东）的朴实味道也不搭界，它就是天津本乡本土的风度。[①] 这些表述都似乎集中到了一个方向，津派文化接地气、有平民性。具体到天津城市的性格，无疑可以看到乐天向上、知足常乐、守望相助、急公好义的品质；因为在皇城根下水路码头，见多识广，心胸开阔，有开放包容的情怀，所以天津人不排外、不崇拜明星，有着独立自为的精神；在这样一种文化生态下，天津滋生出的民俗文化就显出了津味。

津派文化中成熟的一批文化，这些文化基本上已经成为天津城的文化符号，成为众人耳熟能详的标志文化。比如杨柳青年画，这看上去扎根土地的春节符号，在过去历史中，是代表北方的年画生产中心。杨柳青镇几乎村村都经营年画，年画成为农民创收的重要来源。但就是农民的绘画作品，天津的年画也表现出和中国其他年画产地很大的不同之处，那就是精美。这主要在于天津和北京为邻，受到宫廷画师的影响，年画印绘结合、加入工笔的勾描，使得杨柳青年画粗中有细、眉眼精致，超过一般年画的艺术价值。同样有名的还有泥人张彩塑艺术，尽管是平民艺术家对当地世俗生活的塑造，反映普通人的日常，但人物造型和特点都已经显示出精英艺术的特色，这也与泥人张彩塑不断追求精益求精的精神相关。如同泥人张传人对自己作品的评价，泥人张彩塑不是民间艺人创作，更多

---

① 章用秀：《天津老俗话》，天津人民出版社，2011，第 162 页。

的是有追求的艺术家的创作。如果说从以上两种民间美术类非遗中,我们看到的民间艺术和精英艺术的主动融合,那么在饮食类非遗中,比如狗不理包子、耳朵眼炸糕、十八街麻花那里,我们看到天津人对食物的追求,他们不仅仅只是要求吃饱,更多的还要求吃出品位、吃出花样。所以,在饮食类非遗那里还包含着丰富的技艺。最能代表天津人乐天向上、急公好义精神的莫过于天津的曲艺类非遗。比如相声,从百姓生活中来,图大家一乐,从相声大师马三立、侯宝林到现在活跃在相声舞台上的郭德纲和他的德云社,相声作为民俗文化的一种,作为非遗保护的对象,已经靠着自我造血,富有活力地生存下来。河海相依的地理位置,以及独特的人文环境,使天津人发展了自己的文化,也造就了地方性特色。而这些都该成为城市发展的资源。

"对于城市文化与形态的研究,必须树立科学的'文化生态伦理观念',即客观、平等地对待聚居演进过程中的各种文化模式(包括抽象的观念、具象的形态等)。在漫长的历史时期中,'当代'只是一个相对短暂的'瞬间'。因此,当代城市文化研究与空间形态建设的重要原则应是'传承中的创造',即在可持续发展前提下的当代城市空间形态与文化的创造性规划与维育,一方面要求要尊重、保护、继承、发扬传统文化,另一方面还要着眼于为未来城市文化与形态的持续发展留有余地和空间。"①没有传统文化的继承发展,无法表达城市的文化的历史和厚度;没有对现代化生活需求的适应,也没

---

① 王纪武:《人居环境地域文化论:以重庆、武汉、南京地区为例》,东南大学出版社,2008,第238页。

有城市的未来。所以,天津的津派文化必须相应守正创新,必须在中国式现代化的发展中,通过文化的继承和发展,以及不断地创新,形成稳定的人文环境、美好的心灵世界、民众整体的幸福感、人与自然和谐共生的现代化。而河海文化的相互辉映,以及在此环境下滋养的文化,必然要求生活其间的人和城市进一步和谐,而特色非遗将起到润城和化人的目的。

三、津派文化的品牌效应需要建设

天津城市文化已经形成自己的特色,但目前还需要强化对过去老品牌的宣传,深挖更多地方品牌,形成津派文化的资源库和标志性的文化,共同构成津派文化的品牌效应。杨柳青年画、泥人张、狗不理包子等,已经成为天津名片。几十年过去,遗憾的是这些老名片没有更新,已有形成审美疲劳的风险。天津文化的形象似乎已经形成某种刻板印象,一说起天津,大家马上想到的就是这些"陈旧"的印象。难道天津没有其他可以值得在全国人民面前自豪的文化了吗?有!从非遗视角看,天津有太多精美绝伦的非遗令人叹为观止。只是宣传的力度不大,它们一直处于被遮蔽状态,是时候让他们"闪亮登场"了。

笔者将在下文对在大量的田野调查中发现的那些天津的绝技类的非遗予以阐释。

王树元凭借津派木雕技艺可以冠为天津木雕第一人。在他那里,你能看到南北方木雕技艺的集大成之作,既有北方木雕的粗犷大气,又有南方木雕的精耕细作,巧夺天工。尤其是他集圆雕、透雕、镂刻等多种技艺于一体的代表作品《紫气东来》《福禄满堂》,更凸显了他高超的技艺。目前,他的二十多个徒弟遍布全国各地。他虽已年迈,但仍旧有着强烈的艺术追求,希望能创作出传世之作。他的作品应作为天津传统技艺类的非遗强化宣传,让更多人了解和加入传承队伍中。从他的作品,我们能看到天津艺人们博采众家、追求完美的品质,其中高雅的气质扑面而来。

同样类似风格的是津派面塑技艺,代表性传承人是王玓。王玓经过多方拜师学艺,加上自己的勤学苦思,创造出了精美细致的面塑形象。她的面塑以人物为主,特点是裙裳飘飘、人物栩栩如生。很难相信用面这种原料能捏制出如此精细的形象。和其他地方的面塑相比,她的面塑精美脱俗、人物充满仙气,实为面塑中的上品,国内面塑作品难超其右。

葫芦制作艺术的代表性传承人是赵伟先生,他在天津有多处葫芦制作工作室,徒子徒孙已经名满四方。赵伟精于葫芦制作的各种手艺,包括烙画、彩绘、雕刻,最擅长的是范制葫芦。经过复杂的葫芦栽培,让葫芦长成他设计的模样。所以笔者称他的作品为"长出来的非遗"。而放眼全国,能把葫芦艺术发展为产业,并获得世界声誉的,赵伟算是代表性人物。他不仅有自己的众多代表性作品,还建成了世界葫芦博物馆,开发生产了葫芦系列养生产品,葫芦种植园区,带动周围群众致富。

能够作为津派非遗代表性人物的还要提到王新年和他的内画制作技艺。内画鼻烟却是中国独有的一项技艺,起源于清朝,至今已有二百多年历史。其工艺是把画笔伸入瓶口内,在透明的内壁上画出山水、花鸟、人物、走兽等,是高难度的绝活。十二三岁时,王新年老师开始在瓶中作画,由于鼻烟壶成本较高,他一般使用香水瓶代替进行练习。王新年老师十六七岁时带着自己的第一件作品前往北京,这件内画鼻烟壶作品被一位琉璃厂老板购入,卖出了一百多元。在内画创作上,他一干就是一辈子,全家人都靠他的内画创作维生。王新年凭借祖传的技艺让家人过上了富足的生活,同时也让天津这块土地保留下这道鬼斧神工的技艺。鼻烟壶本来是过去宫廷和富裕人家把玩的物件,在当代仍旧有着强劲活力。固定的消费群体仍对这种物件充满了热爱。也许是做工太过精妙,创作难度过于罕见,传习人少,更让这门艺术显示出珍贵的一面。

武清的何爱莲老师和她的景泰蓝工艺让天津津派非遗增添了贵气。景泰蓝艺术正名"铜胎掐丝珐琅",集历史、文化、艺术于一身,其制作工艺融汇了中国的传统绘画、吉祥装饰、金属雕錾、宝石镶嵌以及冶金锻造、玻璃熔炼等技术,堪称中国传统工艺美术集大成者。元朝末年,珐琅工艺自阿拉伯国家传入中国,很快便进驻"宫廷",深受皇帝的钟爱。明景泰年间(1450—1456),这一工艺更加成熟,加之当时的制品底色多为宝石蓝或孔雀蓝,故后人称之为"景泰蓝"。武清景泰蓝制作技艺可上溯到清末,已有一百多年的历史,是由当时皇宫里流传到民间的艺术。何爱莲跟随家族传承,完全掌握了手艺,和丈夫开办的工厂也几经波折,仍旧坚守着对这份手艺的执着。

武清还有一个宫廷花丝镶嵌技艺。据了解,1970年,这门技艺的第三代传承人马玉元看到宫廷花丝镶嵌所用的金银铜比较昂贵,老百姓买不起。经过不断探索,他们在传统宫廷花丝镶嵌技艺的基础上最终摸索形成了铁编制作工艺。由于铁编工艺制作出的产品在精美程度上可与花丝镶嵌制品相媲美,价格却便宜很多,所以很快打开了国外市场,生产规模越来越大,形成了以大良镇北小营村为中心辐射周围多个乡镇的外贸产业。

宫廷花丝镶嵌技艺的第四代传承人马国庆与何爱莲于1993年成立天津市武清区华昌工艺品厂。他们研究市场、推陈出新,把景泰蓝和宫廷花丝镶嵌相结合,设计出既有文化底蕴又符合现代审美需求的产品,因为工艺精湛,成为国内外中高端消费群体馈赠和收藏的艺术品。

以上列举出的目前可能还不被大众认识到的绝技类非遗,他们的特点都是技艺难度大、传承人技艺精湛,可谓天津非遗的"独门绝技",现场观瞧,更让人叹为观止。这些非遗理应让更多的民众了解,传播成为一个重要的环节。在大力传播的基础上,天津市政府应该对这些技艺加强支持力度,尽可能改善传承环境,让精美绝伦的技艺和参观体验的环境结合,打造可以令市民和外地游客体验和驻足的旅游资源,让更多世界各地的慕名者感受到这些绝技的过人之处,能产生消费和收藏的欲望,促进这些非遗成为天津标志性非遗,赢得更大的声誉。

四、强化天津皇会和霍元甲武术等 非遗号召力

除上述措施外,天津还应强化本土具有强烈标识的文化资源,

比如联合国教科文组织列入人类非物质文化遗产代表作名录的妈祖信俗，天津皇会就是其中重要的内容。所谓天津皇会，就是围绕着妈祖信俗而举行的各种民间庆祝和娱乐活动。从农历三月二十二到二十三，围绕妈祖诞辰的一系列民间花会表演盛大出场，这样的民俗活动基本上是现代城市少见的狂欢活动。围绕着天后宫，花会数目之多、参与市民之众，共同构成了一个城市难得的壮观场面。从文化深层认识，这是北方女神崇拜的活化石，是百姓对一方民间信俗的坚守。靠海吃海，妈祖从南方传到北方，也成为北方的海神和保护神，进入天津就成为天津人心目中的全能神。她的神格功能得到强化和扩大，已经不简单只是护佑海上的渔船，上升为天津城的保护者。每年妈祖诞辰，看到来自四面八方的信众齐聚天后宫，一起动手制作饺子，民众舍饺子、舍面为妈祖庆祝诞辰时，你会为民众对传统信仰的坚持和对幸福美好生活的无限向往而感动。她们相信有妈祖的保佑，生命和生活就得到了保障。朴素的民间信仰能缓解民众内心的焦虑和精神压力，在日常的祷告声中，完成精神世界的抚慰。

组成天津皇会的除了妈祖信俗和围绕妈祖祭奠而形成的各种花会表演之外，还有每年一些重要的节日，民间自发形成的各种花会表演。其中比较有名的四道国家级非遗：刘园祥音法鼓会、杨家庄永音法鼓会、挂甲寺庆音法鼓会和西码头百忍京秧歌高跷会。这四道老会，都有二百年以上历史，传习到现在实属不易。三道法鼓、一道高跷，是天津市皇会活动中最具代表性的部分。经过多年的传承和发展，四道老会都得到了政府的有力支持，逐渐焕发出生机。

但也都面临着共同的问题,传习场所局限,在城市平时的训练容易扰民;年轻人加入的不多,很多人因为个人发展,会到外地去,作为集体项目的老会的传承必然受到影响。显然,单靠政府拨款不是长久之计,要想获得关注和商演需要打响品牌,并且让老会成员能够有获得感,这些都需要从传承机制和保护策略上深入研究。

笔者了解到,杨家庄永音法鼓在未来发展中提出了一些超前的认识。年轻的传承人吴晓聪认为,永音法鼓演奏是庄严的,被誉为中式交响乐,既然西方乐器可以在剧院听到,那中式交响乐为什么不可以。杨家庄永音法鼓有悠久的历史和良好的传承现状,法鼓老会成员年龄范围小至十岁少年,大到八旬老人,包含老中青各个年龄层次。吴晓聪老师希望可以经过编排,在保持传统的同时进行创新变化,让杨家庄永音法鼓作为音乐属性为主、舞蹈属性为辅的传统表演艺术形式获得更大的传承。随着城镇化进程的加速发展,昔日作为太子出行和皇会一部分的永音法鼓,逐步丧失了其本身具有的庄严的文化属性。传习基地也建立不久,没有营业收入,大家凭着一腔热血对学员进行培训和传播法鼓文化。如何在时代的发展中,积极引导传统法鼓进行适应性调整,建立自我"造血"功能,已经成为传承人们自觉认识到的一个问题。

霍元甲这个名字早就享誉海内外,其武术报国的理想仍旧有鼓舞人心的力量。由他开创的精武门也早就遍及世界各地,对宣扬中国武术和传统优秀文化有极大贡献。这样一个金字招牌目前还没有被打响。尽管天津精武小镇建立了霍元甲纪念馆,附近也有霍元甲武术学校,但霍元甲来自天津这样的文化品牌效应并没有形成,而受过去的影视剧影响,人们更多地认为霍元甲来自上海或者香港。我们需要充分发掘霍元甲的武术精神,把霍家迷踪武艺发扬光大,真正用好这块响亮的招牌,为非遗的进一步发展和津派文化的传扬助力。

说起天津的金字招牌,还有骆玉笙的京韵大鼓。作为国家级项目,京韵大鼓理应得到更大的传扬和发展。当我们听到《重整河山待后生》这样旧瓶装新酒、守正创新的作品时,不得不佩服传统文化之美,同时也感佩艺术家在传统曲调中加入崭新内容激发国民斗志的创新精神。这首被广大网民称为"第二国歌"的大鼓节目,真的已经历时间的考验,成为经典,成为天津人的骄傲,为广大国人接受。

五、津派特色非遗对非遗保护和传承的启示

津派特色非遗应有天津城市文化的气质,这种气质早已经成为天津对外的名片。现在的任务是让这样的气质吸引人,创造出更大的城市影响力。

"文化气质应视为城市软环境的重要组成部分。气质是性格心理学的概念,指的是人的人格或个性特征,是人的行为的外显特征,人性格的倾向性。气质概念转借到文化社会学上,即为文化气质,表征一种文化精神特质的倾向性,又称为文化风格或文化格调。地域文化或城市文化气质是由地域的地理环境、生产方式、人口、民族传统决定的,也与该地域、该城市居民有意识地培育有关。文化气质作为文化的外显的倾向性,往往投射在物质环境上,也表现为精神取向、人格理想、生活方式、性格特征、审美趣味、语言格调,等等。

文化气质可以被人们感受到,并对人起到潜移默化的作用。"①从未来发展的宏观视角出发,天津打响津派文化,尤其要凸显天津本土的气质。这种气质不能是落后的、失去时尚感的气质,一定是在传统基础上,摒弃过时的不符合时代精神的文化,并在时代的发展中积极探索和创新。所以天津津派文化的内容应该有所变化,可以适时进行革新,获得更多年轻市民的青睐;那些被遮蔽的绝技也应该通过今天发达的传媒获得更大的知名度,有更多的机会向公众亮相,而不是供小众欣赏和把玩的私藏。津派特色非遗尤其应该突破过去陈旧的不适合时代发展的规矩,大胆变革,传承发展适合时代需求的精神产品,为非遗的可持续发展助力。

文化的气质应具有地方的特色,天津城市文化过去是不输于海派文化的,具有时尚感、创新感,而且紧贴百姓生活;既有时髦感又有市民感,既有历史感又有新鲜感。天津的非遗在津派文化中具有举足轻重的作用,它是鲜活的,是具有传承活力的,同时又是在传统中富有文化韵味的,它带给外界的印象应该是多元的、向上的、具有津派气质的。在大力发展和建设现代化城市的今天,不忘总结挖掘城市文化,讲好城市文化故事,利用好津派特色非遗资源,为城市的物质文明和精神文明的双丰收贡献力量,应成为当务之急。

此外,我们应加强非遗的企业化保护,非遗的帮扶制度,通过多方力量,促进非遗的良性发展,尤其是特色非遗,让他们在非遗保护的今天获得更多的支持,为津派非遗添砖加瓦。

作者:马知遥,天津大学国际教育学院教授、博士生导师

---

① 董鸿扬主编,王爱丽、刘景仁副主编:《黑土魂与现代城市人:地域文化建设与提高城市居民文明素质研究》,西苑出版社,2000,第272页。

"天津人"市民性格的历史思考

Historical Reflections on the Character of Tianjin´s Citizens

刘海岩

内容提要："天津人"市民性格的形成,与天津城市移民的多化元密切相关,并在城市发展过程中融合多种文化所逐渐形成的。它具有传统与时髦的双重性格,并在不同群体之间呈现差异化,既为人热心、守望相助,又存在重义轻利的倾向,而这正是天津人市民性格的特征。

关键词:天津人 市民性格 移民 多元化

"城市人"是文化性征突出、鲜明的人群。在同一个区域内,不同村庄的"乡下人"几乎看不出什么差别,而城市人则不然。当我们谈到某个城市时,往往会首先想到那个城市市民的形象,所以人们总是说"北京人""上海人"或"天津人"如何。表现这种城市人形象的正是"市民性格",它是"城市人"素质的外在体现。尤其是大都市的市民,其"市民性格"都十分鲜明,从而使得城市表现出不同的特征和色彩。所谓"城市个性",首先并不是从城市建筑而是从"市民性格"体现出来的。

在中国北方的大城市中,北京和天津市民的性格尤为典型,人们向来就有"京油子,卫嘴子"的评价。独具特色的"天津话",更使天津人形象突出。对于天津人,人们的评论往往褒贬不一、截然不同。我们从旧志书对天津风土人情的评价中可见一斑。如正面评价有:天津人为人豪爽,"气节相高,无论贫富,见义必为,饶有古遗风"①;"天性多厚"乐于助人,"皆好善乐施";"风俗开通,人知尚义"②等。但对天津人贬抑的评价也不少,如:"五方杂处,逐末者多","习尚奢靡","好讲虚文","民气强悍,好勇斗狠"等。这些评价中不无志书作者以封建士大夫的眼光对近代市民的鄙视,同时也道出了天津市民的特征:多为外来移民,以经商者为多;风尚已不再是崇尚节俭朴素,而是追求时髦、享乐;再有就是天津人以好殴斗而闻名。《天津租界史(插图本)》中也谈到19世纪在天津的一位西方记者论及天津人时颇有微词。他认为天津人的"蛮横"闻名全国,以至当时附近省城的客栈常常拒绝接待天津人。③

当然,这些评论都是一家之言,但是从中我们也可以看到在近代文人的笔下,天津人是什么样的形象。形象是市民性格和素质的外在表现,也是历史的创造物。今天,我们要将天津建设成为一个"国际大都市",而一个国际都市的一个重要标准就是人口的构成和素质。因此探讨"天津人"市民性格形成的历史,会有助于我们认识

---

① 天津市地方志编修委员会编著:《天津通志·旧志点校卷》(中),南开大学出版社,1999,第316页。

② 《直隶风土调查录》,商务印书馆,1916,第109页。

③ 雷穆森著:《天津租界史(插图本)》,许逸凡、赵地译,天津人民出版社,2009,第34-35页。

自己和探讨如何提高天津市民的素质。

一、多源移民与文化的多元

城市市民大都是由移民组成的。尤其是像天津这样近代成长起来的通商口岸城市,市民的绝大多数是移民,而且来源更广泛,文化构成更复杂。市民性格是来自四面八方的移民性格在新的城市空间里的重构,所以探讨市民性格的形成,必须首先弄清城市人口构成的历史。

在历史上,天津城市人口的形成主要分明清、清末民初、20 世纪三四十年代三个时期。

明清时期,这是天津城市的形成期,城市人口增长加快,市民阶层出现并逐渐成为城市社会的主体。

这一时期天津城市人口的主要来源,并非附近地区,而是来自江南的大量政治性移民。尤其来自安徽和江苏的移民,在早期天津城市人口的构成中,不仅数量多,而且也是城市社会上层人口的主要来源,对当时天津城市文化构成的影响尤其大。按照明制,天津三卫驻有官兵将近 1.7 万人,70%屯种,30%守城。他们不仅可以携带家眷,职务可以世袭,如员额缺乏还可以从原籍补充。这可以让我们推论,起码是在明代天津建卫后的 200 多年间,来自各省的军籍人口,尤其是来自安徽、江苏两省的军人及其家属,构成了天津城市人口的主要部分。对同时期天津官籍人口籍贯的统计也表明,有

46.8%的人来自安徽和江苏,尤其是安徽,占了 28.5%。① 这一时期的移民对天津城市文化的影响如此之大,以至"母方言"主要来自"以宿州为中心的广大江淮平原"②的天津话至今仍然是天津市民日常的方言,致使天津成为与四周地区方言风格截然不同的"方言岛"。

如果说,明代的天津还是一个军事卫城的话,那么清代中期以后的天津则已经发展成为商业性城市,人口构成的一个显著变化就是经济性移民的大量增加。尤其是,天津作为以漕运为主的水陆交通枢纽,流动人口大量出现,常年生活在运河上的漕运水手和来北方经商的商人更是津城的常客。至于他们的数量和有多少人在天津定居,还无法作出统计,但是,他们的文化性征却存留在市民性格之中。从天津人的豪爽、义气的性格中可以看到漕运水手的影子,至今尚存的以妈祖为崇拜对象的天后宫则体现了常年在海上南来北往的江南商人、水手们的文化影响。对方志中所录清初迁徙来津人口的统计表明,迁徙地约包括 10 个省区,其中尤以来自江南者为多,占半数以上。③ 清代迁津,后来成为天津"八大家"的盐商李家和华家,原籍就均为江苏。

清末民初时期,主要是指从 19 世纪 60 年代到 20 世纪 20 年代。这是天津发展的转折期,城市由封闭转向被迫开放,由传统漕运枢纽城市演变为近代商埠,人口也从 19 世纪 90 年代的 58 万余增长

---

① 罗澍伟主编:《近代天津城市史》,中国社会科学出版社,1993,第 69 页。
② 韩根东主编:《天津方言》,北京燕山出版社,1993,第 15 页。
③ 罗澍伟主编:《近代天津城市史》,第 96 页。

到 20 世纪 20 年代末的 112 万以上。

随着租界的出现,天津城区迅速扩大,边缘区发展很快。与传统时期相比,这一时期城市人口结构的变化不仅表现在数量增长迅速、移民来源更广泛,而且更表现在人口构成的复杂化,已远非传统时期可比。首先,买办的出现及其社会地位的上升,使粤、浙两籍移民的实力在城市中不断加强。由于广东、江浙地区"通商最早,得洋气在先",①这些地区的移民对天津社会风气的开化产生了不小的影响。其次,"寓公"阶层的出现并构成租界华人社会的上层,使天津染上了浓厚的"消费型"城市的色彩。再者,城市中产阶层在这一时期逐步发展成为社会的主体。这一阶层主要是指职员、店员、教员以及医生、律师,等等。随着城市经济、商业、教育的发展,中产阶层的数量也不断增长,对社会的影响愈来愈大。

20 世纪三四十年代,这是天津由和平转入战争的时期。20 世纪 30 年代中期日本侵华战争的爆发使天津陷入战争的旋涡。然而,由于华北成为战场和天津的特殊地位,城市再次成为战争难民的"避难所"。

这一时期天津城市人口结构的变化只要有三。一是增长迅速,从战争前夕的 108 万增长到 1945 年的 172 万,8 年间增长了 59%,使城市人口首次超过了北京。② 二是此时期流入天津的移民主要来自华北地区,尤其是河北、山东两省,从而使战后天津城市人口构成发生了较大的变化。据 1947 年的统计,天津城市人口籍贯的构成,

---

① 张焘:《津门杂记》卷下,光绪十年刻本。

② 罗澍伟主编:《近代天津城市史》,第 678—680 页。

来自河北、山东的移民人口已达到城市总人口的 55% 以上。[①] 三是由于新移民大量聚居城市边缘区，使这些地区发展很快。实力较强的新移民群甚至"侵入"老城区，如以三条石为中心的河北大街一带实际上是在本时期发展成为河北省移民的聚居区，人称"小冀州"。华北移民聚居区的发展，使华北的乡土文化更多地渗入城市社会。在河北大街一带，"来来往往的人多操冀州一带的口音，犹如本乡本土一样"。[②] 来自华北乡村的新移民也更容易接受传统的老城区文化，所以他们与老城区社会很容易融合在一起，而与租界社会格格不入。

由上述可知，现代的"天津人"是由多种来源的移民构成的。其形成的时期自 15 世纪建城始，直至近代。史书历来有天津人"五方杂处"的评价，来自中国东部各省广大地区的移民使各地的文化汇入天津，形成了多源文化的交汇和"和平共处"。一方面天津是受南方文化影响最大的北方城市，另一方面天津又因地处近畿而深受京城文化的熏陶，因此南北文化的交汇在天津表现得尤为突出。

二、两个城区与市民双重性格

早在开埠时就划分的租界使天津出现了两个城区：华界与租界。到 20 世纪初，随着成倍扩大的各国租界向老城区的靠近以及城墙的拆除和电车的出现，华界与租界的联系愈加紧密，人们的交

---

① 李竞能主编：《中国人口（天津分册）》，中国财政经济出版社，1987，第 58 页。

② 王槐荫、刘续亨：《天津工商业中的冀州帮》，《天津文史资料选辑》第三十二辑，天津人民出版社，1985，第 133 页。

往日益频繁。但是,由于租界"国中之国"的状况,使两界社会的相互隔离始终无法根本改变,华界市民去租界常说是去"外国地"或是去"下边"(因为租界地区地势低)。在文化上,尽管两界市民日常来往非常频繁,但分野却一直很清楚,人们常称之为租界文化和华界文化。

租界文化的特征首先就在于它是西方文化传入天津乃至北方地区的"码头"和"窗口"。另外,由于南方移民大多聚居租界,南来文化也往往是先传入租界。与此同时,随着华人大量聚居租界,传统文化也被"带入"租界,使租界呈现多种文化的交汇。而传统文化更多留存于老城区社会之中。于是,在文化形态上,租界与华界的差别十分明显。

(一)时髦与传统

在北方,天津是最早对外开放的城市。举凡近代西方文明的传入,诸如先进的技术、时髦的商品、近代的学校以及报纸、电报、电话,再到西方的生活方式、价值观念等,无不首先通过租界传入天津,对城市社会产生着潜移默化的影响。

生活在租界中的各国侨民,将各自民族的文化带到天津。然而,租界中的华洋居民虽然同居一区,在文化和观念上却始终有较大距离。各国侨民都有自己的生活和社交方式。他们进剧场听交响乐、看美国电影,到运动场打网球或郊外骑马,到俱乐部跳舞、娱乐,坐在起士林酒吧里喝酒聊天。他们也有各自的社会组织和团体,除了少数久居租界的"天津通"之外,在生活或社交中,一般侨民与华人的交往似乎并不密切。

19 世纪,在租界定居的华人以南方人为主。老城区的华人每天有大量的人到租界做工,而华人上层包括京城里的王爷、贵族以及从天津过往的官员、举子等,大都到租界中去见识"西洋景"。到了20 世纪,尤其是民国以后,愈来愈多的华人成为租界的居民。他们当中,有不少人过着西方化的生活,但更多的人却是住在洋楼里,过着传统式的生活。他们呼婢使妾,唱堂会,打麻将。如庆亲王住着豪华式的洋楼,里面的摆设却完全是按京城王府的模样。太监小德张的别墅住宅中,甚至还有许多小太监供其驱使。

八国租界的存在并没有使天津社会西化的程度很深。按当时人的评论:"洋化亦不如上海"。① 相反,天津市民的传统意识一直很浓厚。天津人往往以地处天子脚下为荣、以京城里的东西为美,表现出对京城文化的依附心理。流传至今的天津特色小吃、菜品大都声称是由"宫里"传出。虽然西餐早就传入天津,但时至今日,市民光顾西餐馆的远不如上海、哈尔滨那么普遍,保存至今的也只有一家"起士林西餐馆"。早在 19 世纪中叶,天津开埠后不久,由于广东移民的影响,天津市民的传统服饰开始发生变化。但是,直至 20世纪 20 年代后期,天津仍有不少男性市民顽固地留着象征大清王朝的辫子。20 世纪 30 年代,时髦服装如西服、新式旗袍、裙装等已经是租界男女市民时兴的穿着,还经常举行服装表演,华人社会上层女士是积极的倡导者。但是在华界,服饰时髦者仍会遭到路人的

---

① 沈亦云:《天津三年》,《天津文史资料选辑》第四十一辑,天津人民出版社,1987,第185 页。

围观和非议,甚至警察也会出面干预。至今,不少外地人都发现天津人的服饰穿着比上海、北京等城市总是落后一个阶段,其中不无市民传统意识过重的原因。

天津曾经创办了近代中国最具影响的进步报纸——《大公报》。20世纪30年代租界的电影院每天上映着最流行的美国电影,西文报纸报道世界最新的消息。一些巡回世界演出的世界著名音乐家、艺术家在平安影剧院上演他们的节目。赛马、回力球都曾是热门一时的社会活动。与此同时,在租界"寓公"的家中,人们热衷于从北京请名角唱堂会。华界市民普遍喜爱的社会活动则是皇会、庙会。人们谈论着京剧、大鼓以及高跷所表现的那些传统故事和人物。租界流行的交际舞,也曾在华人知识界中引起了一场激烈的论争。创办南开学校的严修一度参与争论,反对跳舞。

早在20世纪20年代,天津的青年人中就开始流行新式婚礼,先是出现在租界,后流行到华界。有的在报纸刊登结婚启事和照片,有的到教堂或饭店履行简单的婚礼仪式,在饭店宴请亲朋。新人服装改西式,送亲坐彩车奏西乐。这种方式既省时又节俭,很受开明市民的欢迎。与此同时,传统旧式婚俗却向另一个极端发展——挥霍、奢侈、守旧。尤其是富有的"寓公"们借娶媳嫁女之机摆阔讲排场,更使大操大办的旧式婚俗流行于一时。津城丧礼的守旧更甚于婚礼。虽然早在20世纪20年代就有人倡行简单的西式丧仪,但旧式丧仪大办之风由于"寓公"们的大肆铺张而达到登峰造极的程度。据说当时天津专门从事红白事行业者不下一二十万人,出一次大殡动辄耗费几十万元①,奢侈浪费的程度实为全国之冠。丧仪中多混杂所谓"清仪",表现出市民守旧的心态。当时,即使租界当局制定的市政法规,也不得不向这些陋习让步。② 到了 20 世纪三四十年代,丧仪简化、使用简单灵车才逐渐成为流行趋势,20 世纪 50 年代则开始倡行火化。对照近年来重又出现的婚丧大办的不良风气,尤其是丧事大办,封建陋习重现,这类难以禁止的社会现象,难道不应当从历史的演变中寻找其文化根源和变革的方法吗?

(二)习俗与素质

在城市里,市民生活方式、社会习俗的演变与居民的构成及其文化素质有着某种必然的联系。在近代天津,随着租界地区的繁荣和日益成为城市中心,社会财富流向租界地区,华人社会上层、中产阶级、知识阶层等,成为租界人口的主体。与此同时,华界尤其是城市边缘地区却日益贫困和落后,并成为社会下层的聚居区。这必然导致市民素质的差距愈来愈大。

就居民结构而言,老城区的居民多数为世代久居的老户,人口流动缓慢。他们大都世代为邻,四合院、三合院和"桶子院"的居住格局更促进了邻里关系的密切。在这种社会关系、社会交往长期稳定的状况下,传统的生活方式、风俗习惯以及价值观念最容易沿袭

---

① 杨绍周:《解放前天津吃红白饭的》,《天津文史资料选辑》第四十六辑,天津人民出版社,1989,第 234 页。

② 意租界最初规定居民死亡要在 24 小时内向巡捕报告并不得在住宅内停放尸体,经过几次修订后,改为尸体最长可停放 7 日,只是要缴纳罚金。

而难以变更。新的、外来的思想观念、习俗等也难于传入,更不易为老居民所接受。在边缘区,尽管大多为新移民,但因为他们多来自附近的农村地区,而且多为同籍人聚居,所以也最容易将原居住地的文化引入城市,他们也最容易接受城市中老居民传统的文化和观念。租界地区则不然。地处城市中心的租界区不仅是社会中上层和比较开化的南方移民的聚居区,而且人口流动大。所以,该地区的市民也最容易接受新的事物。不仅西方文明首先传入租界,各种南来文化也往往首先传入这一地区,进而为整个城市社会所接受。如番茄、卷心菜从 20 世纪二三十年代传入天津后,首先被住在租界的外侨和南方移民所食用,到 20 世纪四五十年代老城区才有出售。① 时至今日,和平区一带的市民依然是最容易接受新事物、新观念,生活方式上也最领先潮流。

市民受教育的程度,不同城区间的差异也很大。天津人向来重商心理浓厚。在 20 世纪 20 年代以前,天津的老市民,尤其是中层以下人家,对后代的教育(主要指男孩)大都以长大"学买卖"为最高目标。子弟无论读书识字还是学数学珠算,都是为从商做准备。所以,家长很少主张后代受更高的教育,女孩子更难有受教育的机会。和上海等南方城市不同,天津的女子连进工厂做工的都很少,进学校读书的更是为数寥寥。居住在租界地区的华人居民,由于多是中层以上人家,不论行为方式还是思想观念都更开明而少守旧,加之教育的发展也比老城区快,所以居民受教育的机会多。据 1947

① 顾道馨:《天津民俗概说》,《绿波集:顾道馨著述选粹》,天津古籍出版社,2013,第 24 页。

年对曾经是英租界,当时是第十区的居民所做的调查,年龄 6 岁以上的居民中,受过高等教育的占 4.5%,受过中等教育的占 22.55%,识字人数达 71.37%。[1] 而据 1946 年对天津全市的调查,市民识字人数只占总人口的 45.7%,即多半的居民为文盲。受过高等教育的仅占 0.4%,受过中等教育的占 5% 左右。[2] 由此可见,中心区市民受教育的程度大大超过了全市平均水平,边缘区的居民受教育水平之低则可想而知了。这种不平衡的状况,必然对市民素质产生很大影响。

城区之间的差异还表现为居民贫富构成的悬殊。民初以还,随着富人的聚居租界,大量财富也随之流向租界地区,与此同时老城区和边缘地区却愈来愈贫困。贫富不均是决定人口素质的重要因素。然而,富人聚居租界尤其是民国年间大批“寓公”寓居租界,也给城市带来了许多负效应。“寓公”多是下台、失势的军阀、官僚、贵族以及来自各地形形色色的有钱人。他们携资财来到大城市并非为了投资赚钱谋求发展,而是到租界这个“安全区”隐居、享乐、颐养天年。“寓公”及其后代依仗聚敛的钱财肆意消费、享乐,奢华无度,助长了城市社会的奢侈风气和惰性。天津至今仍存在的著名饭店,许多都是民初到 20 世纪 20 年代发展起来的。“南市”的兴盛也是在此时期。天津大办喜丧事的风气,不论规模还是奢侈程度,在这一时期都达到了空前绝后的水平。随着 20 世纪 20 年代后期首都的南迁,“寓公”阶层逐步走向没落,随之而来的就是大饭店的萧条

---

① 参见《天津市第十区自治工作状况》,1948。
② 李竞能主编:《天津人口史》,南开大学出版社,1990,第 227-228 页。

和南市的败落。"寓公"对城市社会的影响是显而易见的。他们对教育的投入极为有限,对娱乐文化却很感兴趣。所谓"消闲文化"在天津的兴盛,与"寓公"阶层的喜好有很大关系。例如,京剧在天津的走红,实际上在很大程度上得益于"寓公"家中大量的"堂会"演出。天津对京剧艺术发展的影响不在于有多少京剧艺人从天津出道,而在于天津有大量即有钱又有闲暇欣赏京剧的观众和许多纯粹为了娱乐和爱好(不是为了谋生)而从师学艺的"票友"。总之,"寓公"对城市的影响在于,它使天津在成为北方最大商埠的同时,也成为最大的消费型城市。

三、天津市民性格特征

天津城市人口构成的复杂性,城市文化的多源性,决定了市民性格的独特性。就市民文化性征而言,"天津人"不同于以北方移民为主的城市,表现出许多鲜明的特征。

在行为方式上,"天津人"最突出的性格是为人热心、守望相助。天津人处事的热心,一是表现在浓厚的邻里意识上。在旧天津,主要是华界,市民居住多以"胡同""大院"(指下层居住的大杂院,而非大户聚族而居的大院)为单位。"胡同""大院"居民之间表现出非常亲近的关系。一家有事,众多邻里相帮,其热心程度是今天都市里的人们所难以想象的。二是市民特有的"守望相助"意识。如遇红白事专门有人奔忙,如有纠纷专门有人"了事",如发生冲突往往会有人出来"拔闯"。"混混儿"中人常有应邀代人"过堂"、受刑之事,并非为钱财,而是图个"义气"和"面子"。"脚行"中人如抽到

"死签",则要在同业殴斗中故意挺身受戮,以为同伙争得利益。然而,天津市民的"热心"一方面显示出乐于助人的市民意识,同时也有"好(hào)事"之意。"爱起哄""好惹惹",是天津人的一大特征。街上围观看热闹的人们,"能迅速形成一种不知从何而来的一致性"。①

纵观天津的商业史就会发现,著名的商人、买办很少有世代久居天津的土著人,而多为南方的移民或其后代。究其原因,除了南方开通商风气之先,商业关系多来自南方等外,天津人缺乏南方商人所具有的精明当是其中之一。至今,天津人仍然喜欢不大计较利益得失的形象,厌恶善于算计、利益分明的人。在市场上,挑剔的买主招嫌,买东西不讲价,不动手挑选是人们喜欢的交易方式。应当说,这种市民性格是发展市场经济的反作用力。再有就是重义轻利的市民意识也是建立近代商业制度的反作用力。20世纪30年代,当租界中的银行已经普遍采行货物抵押贷款时,华界的斗店却仍在流行以人格信誉、朋友熟人为信物的传统借贷或货款支付方式。

以上对天津市民性格特征的评论,只是几个例证,也是笔者的浅见,远非对天津市民性格的全面评价。作为近代迅速成长起来的商业城市,天津市民多彩的性格特征也绝非一两篇文章所能讲清楚的。

作者:刘海岩,天津社会科学院历史研究所研究员

---

① 刘泽华主编:《天津文化概况》,天津社会科学院出版社,1990,第448页。

民俗视角下的河海天津历史景观
——以明清海神小圣平浪侯崇拜为例

The Folk Custom Perspective of Hehai Tianjin Historical Landscape：Ming and Qing Sea God Small Saint Pinglang Hou Worship as an Example

吴裕成

内容提要：河海通津区位优势决定了明清时期对天津城市的塑造。在这塑造过程中产生并流传的小圣平浪侯信仰，可以作为考察津派文化的民俗学视角。河海之神小圣崇拜习俗是古代天津的地方造神，经由朝廷敕封，后流传于较大地域的仅见事例。其缘起于大运河，经河海运输、渔业、盐业的传播，被京津冀鲁一些地方的民间信仰习俗所吸纳，构成民俗的和超出民俗的一段社会生活的侧影。

关键词：运河　航海　盐业　民俗信仰　海神小圣

将津派文化社会景观概括为河海津韵，其实也是在定义并阐释区位优势对城市的塑造——京畿门户、河海通津，当这些环境地理要素与历史上国家需求的驱动相交织，就形成了天津城市萌生和成

165

长的推动力,从而演绎出独具特色的发展历程。选择明清时期小圣平浪侯信仰研究,作为考察津派文化的民俗学视角,则因为河海之神小圣崇拜习俗是古代天津的地方造神,经由朝廷敕封,后流传于较大地域的仅见事例。其反映信仰习俗与城市发展的互动,正可作为一个独特的切入点,探讨关于明清社会与城市的历史叙事。

一、天津运河与小圣平浪侯

小圣平浪侯信仰习俗始自明代,缘于对古代溺水成神模式的复制。海神妈祖,起于福建莆田湄洲岛渔家女林默海上救难,溺水而飞升的传说;河神金龙四大王,源自元兵入临安,谢绪"义不臣虏,赴江死"的传说。小圣平浪侯本是河北清河县秀才,姓滕名经,在天津运河溺水,被民间传为水神,既司河流行船安全,又保海上航行平安。

时代变迁,在天津及其他一些地方,小圣平浪侯崇拜习俗已沉淀于方志典籍里。在北京,通州区永顺镇运河畔小圣庙遗址考古,发掘清理出山门、前殿、后殿建筑基址及三处院墙基址①,于2024年完成遗址保护和展示工程。在河北清河县,小圣平浪侯滕经故里——油坊镇滕蒿林村,元侯祠及其庙会,还有列入市县两级非遗名录的滕小圣传说②,传承着一项文化遗产。

清河县现存明清志书多部,记载滕小圣传说较晚,清同治县志

---

① 刘乃涛、张中华、刘凤亮,等:《大运河北京段考古调查与发掘简报》,《运河学研究.第9辑》,社会科学文献出版社,2022,第128页。
② 刘顺超编著:《邢台非遗文化》,河北人民出版社,2018,第300页。

载："滕经,滕蒿林人,性极聪敏,双手写字,目观八行。嘉靖十二年,经年十二岁,补弟子员,当时号为神童。嘉靖二十三年,乡试不第,归至天津,跌河落水,年二十三而终。数月,附马显圣,嘉靖敕封'北河平浪小圣'。国朝,康熙敕封'护国镇海显佑济运平浪元侯灵应尊神',至今沿河多有庙宇,香火不绝。其妻王氏,守清节,无疾寿终。"①这则小传附"滕经碑赞",照录康熙朝大学士陈廷敬《天津河东盐坨平浪元侯庙碑记》："缅维海门,禹迹不磨。易名津门,厥功孔多。通利届远,惟神是呵。如或见之,朱冠峨峨。出之坎窞,与以平沱。更其大者,海不扬波。邦家之利,莫重于艖。天子旌功,击鼓鸣鼍。爵曰平浪,玉册金科。永清以晏,终平且和。"②碑赞由天津称海门、津门写起,赞颂平浪侯神功,并说旌功锡爵是列入祭典的。

民国《清河县志》记,元侯祠 1923 年"新修祠三间,大门一座,扁题'元侯祠',系清翰林院庶吉士王殿甲题","东楹前有碑,系清副贡王彤甲撰文并书丹"。③ 王彤甲撰写《元侯龙神祠碑记》,增记"归至天津,坠河死,尸浮面如生"及化为龙神的情节。2015 年元侯祠重修,祠内壁画包括"归至天津,坠河身亡,五龙托入龙宫"的画面。

据清河县地方志所载,号称神童的县学秀才滕经顺天乡试落第,"归至天津,跌河落水"。由白河(又称潞河,今称北运河)乘船南归,所记"至天津",应是已驶过白河与卫河(今称南运河)会流的

---

① 清代《清河县志》卷十四《人物·仙释》,同治刻本。

② 陈廷敬:《海门盐坨平浪元侯庙碑记》,《新修长芦盐法志》卷十五,雍正刻本;又载乾隆《天津县志》卷二十一,乾隆四年刻本。

③ 民国《清河县志》卷二《舆地》,清河县志书局排印本,1934,第 44 页。

三岔河口。其时天津为三卫之城,不像州县那样有辖域,津城城址属静海县境,三岔河口以北为武清县。三岔河口以下,河流归海,虽尚无"海河"之名,但海之河是人们对这百余里河道的普遍认知。以清代县志载明人诗为例,邱浚"潞河澄澈卫河浑,二水交流下海门",瞿佑"潮水四时来海上",徐中行"城楼面面海云开"①,河道潮汐涨落,与海共脉搏。这为溺水成神的传说,接续河神兼做海神民间信俗,提供了环境常识的依据。

清河县志记,"嘉靖敕封'北河平浪小圣'"。未见其原始出处,但"北河"确为以天津为分段节点的、明代乃至清初大运河的分段名称。

京杭大运河沟通南北,《明史·河渠志》又称"漕河",由北而南各段,依次为白漕、卫漕、闸漕、河漕、湖漕、江漕、浙漕。其中,白漕即"自通州而南至直沽,会卫河入海者,白河也",是为后来的北运河;卫漕即"自临清而北至直沽,会白河入海者,卫河也",是为后来的南运河。清河县是运河县分,地处临清以北,县境油坊镇运河码头,现为全国重点文物保护单位。

明代大运河的分段,又讲南北中三大段,以黄河为中段,即由瓜洲、真仪"达淮安者,又谓之南河,由黄河达丰、沛曰中河,由山东达天津曰北河"②。依照如此划分,明代北河由山东鱼台至天津,是闸漕、卫漕的合称,设有北河管理机构。万历年间,谢肇淛以工部都水司郎中督理北河,曾著《北河纪》。

---

① 乾隆《天津县志》卷二十二《艺文》,乾隆四年刻本。
② 张廷玉等:《明史》卷八十五《河渠三》,中华书局,1974,第2078页。

天津既是卫漕的北端、也是北河的北端,因为三岔河口为大运河的重要节点,北来的运河与南来的运河在这里相会,东流入海;而北来的船、南来的船,若要继续漕河航行,在此要进入另一名称的河道,还要应对顺流、逆水之转变。运河枢纽,河海通津,区位优势的不断凸显,使这里逐渐成为首都的外港。这样的区位担当,成就了天津城市。

天津城市出现之前,金朝设直沽寨,与迁都燕京,运粮河改道经过三岔河口相关。元朝置海津镇,缘于以燕京为大都,"百司庶府之繁,卫士编民之众,无不仰给于江南",一靠海运加河运,一靠陆车河船的转输,二者都经由直沽三岔河口。明初仍行海运,永乐帝朱棣筹谋迁都北京,设置天津三卫,在三岔河口旁修筑天津城,给出的理由是"直沽海运商舶往来之冲,宜设军卫"。明朝重河漕。重新修通大运河之后,迁都北京,京杭大运河成为王朝生存的经济命脉。均以燕京为都城,不同于金朝尚是北方政权,元、明两代四海一统,政治中心设在北地,经济重心处于东南,形成版图格局。

迁都仅两年,运河沿岸城市"四方百货倍于往时"的商业利好,引得明廷增税额,由南至北,"商贩往来之所聚",点了淮安、济宁、东昌、临清、德州、直沽六地。① 洪熙元年(1425)"官军运粮船内许附载物货"②。成化元年(1465)"准各运军置有土产松杉板木蒿竹等

---

① 万新平、于铁丘主编:《明实录天津史料汇编》(上卷),天津人民出版社,2012,第28页。

② 谢纯:《漕运通志》卷八《漕例略》,嘉靖七年刻本。

物沿途易换银布"①。漕河运粮的同时带活了物产交流。

处在南北通衢水道枢纽的天津,服务于漕运、受惠于运河,城市地位得以提升。弘治三年(1490),以"水路咽喉,所系甚重",设天津道。继宣德年间在津设户部分司收粮监仓之后,这是官阶更高的衙署;并且,结束了三卫同驻一城,互不统属的局面,有助于城事治理。首任副使刘福用砖包砌城墙、兴学校、修庙宇,为城市建设做了基本事务。近年始被引用的材料,记其"通商贾",整顿市场秩序,将城厢五处市集增为十处,"各立小坊为标","自是,商贾辐辏,几如淮安"②。大学士李东阳等文学家应邀为津城写记赋诗,评品八景,城市文化软实力的积攒揭开新的一页。

其后,正德年间翰林院国史编修伦以训记天津,"北迩京师,南扼千万里之通津,而东为溟海捍蔽"③;"自北都定鼎以来,俨然为甸服之南门",并说"地雄而任专",设在这里的天津道"非他藩臬分道者可比"。④

其时的城厢庙宇,开启清代津门观寺庵庙的繁盛景观,也反映出这一时期城市的精神文化生活。永乐年,城西北隅城隍庙、南门里关帝庙与筑城同期兴建,东门内文昌庙、北门外西北隅药王庙、西门外西北隅永明寺也都建于永乐年间。宣德年,三岔河口重修玉皇阁,东门瓮城建马神庙。正统年,建观音寺。成化年,建太虚观于卫

---

① 张学颜:《万历会计录》卷三十五《漕运》,明刻本。
② 张桢叔:《嘉议大夫贵州提刑按察使司按察使刘公墓志铭》,中国文物研究所、重庆市博物馆编《新中国出土墓志·重庆》,文物出版社,2012,第59页。
③ 伦以训:《天津三卫志序》,《天津卫志》卷首,康熙十七年刻本。
④ 伦以训:《天津道题名记》,《河间府志》卷九,万历刻本。

河白河交会处。弘治年,扩建南门内涌泉寺,兴建南门外三官庙。

天津既是河海通津、舟至船往之地,必有崇信司水护航神灵的民俗流传。津地祀海神妈祖早于建城,始自元代海运。两座敕建天妃庙,一在河东大直沽,一在河西岸三岔河口迤南小直沽。永乐初建卫城的同时,重修天妃庙。明代时,丁字沽沿河有庙祀萧公、晏公①,是为明初敕封的江海水神②。与丁字沽这座庙宇一样,河北晏公庙也未见始建年代,天津地方志只是记载万历年间设了晏公庙官渡。诸多航运之神,尤以海神妈祖对津派文化影响广泛。

在这样的民间俗信境况中,河海之神滕小圣传说的产生与传播,不仅体现天津文化的活力,也反映了河海通津区位优势赋予城市的岁月景观和历史作为。航运枢纽、水路舟船带动天津城市的成长,是为河海之神小圣平浪侯传说产生的背景;河海行船的风险、趋利避害的心理需求,是为神灵传说萌发的土壤;通达四方的河流,提供了民间信俗传播开来的渠道;海口海岸,使河神小圣成为海神小圣。

二、明代天津巡抚奏请敕封海神小圣

重河漕、罢海运的朱明王朝,至末期为局势所迫,不得不倾力经营海路运兵运饷运军械。经过这样的历史时期,天津遂成渤海重镇。

---

① 同治《续天津县志》卷四,同治九年刻本。
② 佚名:《三教源流搜神大全》,中华书局,2019,第 303、305 页。

万历二十年(1592),日本侵朝,妄图假道朝鲜进攻中国。应朝鲜的请求,明朝出兵。援朝抗倭,军队调动,饷械输运,大都由大沽口出海,天津做了援朝抗倭转运中心。万历二十五年(1597),朝鲜再次求援,明朝派兵四万余人。九月,任命万世德为天津海防巡抚,"专管海务,以图战守"①。这是天津设巡抚之始。转年六月,"诏更万世德经略朝鲜,汪应蛟巡抚天津"②。汪巡抚据河海间奔波所见,提出在葛沽一带穿渠垦田种水稻,恢复屯田。

明末防辽战争,以天津为基地。万历四十六年(1618),东北建州努尔哈赤以"七大恨"告天誓师,起兵反明。转年,明朝"特设户部侍郎一人兼右金都御史,出督辽饷,驻天津"。首任天津督饷大臣李长庚,奏行造淮船、通津路、酌海道、设按臣、严海防等九事③。李长庚"议开北道",海路由天津至山海关北芝麻湾(今辽宁绥中县东戴河止锚湾),于是陆运"改海运,俱抵大凌河三岔河交卸,而津运亦通矣"④。

天启元年(1621)三月,明朝丢失沈阳、辽阳及其他大片地区,遭遇大挫。四月,复设天津巡抚。巡抚毕自严"兼理粮饷以督海

---

① 万新平、于铁丘主编:《明实录天津史料汇编》(下卷),天津人民出版社,2012,第501页。

② 万新平、于铁丘主编:《明实录天津史料汇编》(下卷),天津人民出版社,2012,第508页。

③ 张廷玉等:《明史》卷二五六《李长庚传》,中华书局,1974,第6612页。

④ 毕自严:《饷抚疏草》卷二《海运将官患病酌议选补疏》,天启刻本。

运"①。翌年七月,又派李邦华来任巡抚②。同年深秋,"奉明旨,肇开鲜运,接济毛帅"③。毛文龙先以奇兵突袭方式,收复镇江(今丹东),后驻镇鸭绿江口东海岸的朝鲜皮岛,在沿海岛屿招收逃亡汉人,不时袭扰后金的后方,形成牵制。④ 毛文龙催粮饷,天津海运增运量。天启三年(1623)闰十月,升李邦华为兵部右侍郎,"天津二抚归并为一",毕自严为督饷部院兼天津巡抚⑤。转年二月,"冰澌将泮,春运伊迩"之际,毕自严奏《催请海神封号疏》,请求敕封平浪侯小圣。

这并非临时起意。李长庚曾于天启二年(1622)四月上奏,"北海新开,神功宜报,议请封典,以重运务",提议"将天津俗称平浪侯小圣及龙王之神,比照漕河海运事例,即于原盖庙宇特加封号,岁时致祭,以彰朝廷崇祀盛典"。熹宗朱由校下旨"礼部知道"⑥。天启三年(1623)二月,赞理辽饷郭梦詹以"春运在迩,封典未行,耆民等联名,呈恳再三",移咨礼部催问封号之事。两月过后,又有负责向朝鲜运粮的王文宪等官员催请加赐封号。同年十二月,陈汝明、毛凤翱等官员再言请封海神。

---

① 万新平、于铁丘主编:《明实录天津史料汇编》(下卷),天津人民出版社,2012,第596页。

② 万新平、于铁丘主编:《明实录天津史料汇编》(下卷),天津人民出版社,2012,第596、614页。

③ 毕自严:《饷抚疏草》卷二《海运将官患病酌议选补疏》,天启刻本。

④ 南炳文、汤纲:《明史》,上海人民出版社,2003,第1015页。

⑤ 万新平、于铁丘主编:《明实录天津史料汇编》(下卷),天津人民出版社,2012,第629页。

⑥ 毕自严:《饷抚疏草》卷一《催请海神封号疏》,天启刻本。

"聚十万之师于渝关而总借津门粮糗,运百万之粮于津门而实借海道以转输。"航海多险,水兵船夫相传,祈求"海神小圣平浪侯福佑,每遇海洋危急之际,率能转祸为福"。顺应这样的航海习俗,毕自严再请敕封神号。

毕自严《催请海神封号疏》保留了有关小圣的传说,并转述时人一些说法,以证敕封之必要。

其一,"海运难停,风波难犯,其间往来转输,全赖神灵庇护。每遇凛凛呼吸之际,惶惶危迫之时,舟师一喊而小圣神灵显赫,才俄顷间风即平浪即恬,飘然长进,官耆水手人等无不称其灵异。"

其二,"跨海转糈,鳌背飞帆,飘然艘入濛汜,惟睹黄云白浪,海吼潮吟,渺苍波而无极,非神术以难济。开运有年,全赖海神小圣平浪侯。庙祀大沽,显灵屡耀。顷岁,鲜运自刘公岛开洋,陡遭恶飓,五昼夜汹涌颠危,船粮人命在于呼吸。忽见芦席交椅安顿小圣神位,从西泛东,浪头显现,径扑运舟。当有随运把总程大器与同运官任国辅,破浪捞椅在船,叩恳。霎时浪息风微,直抵鲜境。"言及由刘公岛泛海的经历,情节描述可谓神乎其神。

其三,"天津俗称平浪侯小圣","立庙于大沽海口,一时舟子长年争相顶礼虔事,或乞灵,签筊以卜吉凶,或设醮斋坛以祈福佑",描绘出民间崇信之盛。

其四,因海运,已为龙王加封号,"法得并举,小圣之呵护屡有明征",也应加封号、致祭祀。

其五,"运官王文宪等已蒙题升职级,而小圣独未褒崇。窃思神人共道,阴阳一理,阳官受陟,阴神宜封"。

督运官员再三请求"速加封号",一是"以慰群情",二是官员们自己也崇信小圣平浪侯。言辞之迫切,反映古人面对航海风险,寻求精神支撑的心理。

毕自严的《催请海神封号疏》,得旨"礼部知道"。礼部有了回覆,所谓海运粮饷,"屡值惊湍怒涛之时,忽有波恬浪静之功,匪借神庥,曷克有济"。因此,"朝廷之崇神祀,乃所以答神庥也,此非淫祀可比,而所宜早加封号者也。伏祈钦定封号庙额"。过了礼部的关口,最终朱由校"圣旨是准封显佑海神,庙额与做灵应"①。庙额"灵应",正与光绪《天津府志》"初名灵应宫"的记载相吻合。

李邦华任天津巡抚时曾亲勘海道,奏疏记大沽口"运艘由此出,鹾艘由此入,杂以渔舟,兼之商贩"②,形制不同、军民各业的海船,活动于这片河海衔接的水域。放洋入港拜海神,大沽小圣庙的香火应是旺盛。举天启年间运兵船的例子,以"何日祭海,何日开行,速速具报"督催,结果"十三祭海,十八启行,二十即开洋"③。此为敕封神号前;其后粮饷船的例子,"四月初二日离津,初五日臣亲至大沽口祀海,初七日遇顺风开洋"。④

明末,海河枢纽天津,成为举国瞩目的军事转输基地。抗倭援朝,天津始设巡抚。防辽战争,天津设督饷部院,复派巡抚。舟河船海,调动军队、转运粮饷军械,大量人力物力财力汇集而来,城市功

① 毕自严:《饷抚疏草》卷一《催请海神封号疏》,天启刻本。

② 万新平、于铁丘主编:《明实录天津史料汇编》(下卷),天津人民出版社,2012,第619页。

③ 李邦华:《抚津疏草》卷一《题报各兵出海疏》,天启刻本。

④ 毕自严:《饷抚疏草》卷二《恭报发过鲜运实数及开洋日期疏》,天启刻本。

能因军事需求而增加,被推着朝前走。巡抚毕自严《饷抚疏草》:"津门南北咽喉,水路要冲,濒临沧海,密迩神京,固俨然畿东一重镇也。①"成为海疆重镇,历史翻开这一页的同时,记下被海运涂以重彩的民俗文化事项——明朝廷认可小圣平浪侯"绾运艘之命脉",封神号、题庙额,"以慰群情"。

三、天津盐业与小圣平浪侯信俗

地方志记载小圣庙,以天津为早。康熙年间所修《天津卫志》,是天津现存最早的志书,记载两座小圣庙。"一在城外东南隅,明崇祯五年敕建",卫城图标出;"一在河东盐坨,有石牌坊"②,庙貌也可观。

雍正刻本《新修长芦盐法志》记:"小圣,海神也。相传姓滕讳经,本一文士。年二十三落河成神,故称为小圣。旧有庙在天津河西。其神甚灵,始封平浪侯,继封护国济运显应平浪元侯。顺治六年,津人复建祠于河东盐坨。庙宇宏敞,庀材鸠工皆取给于商,以商舶往来屡荷显应也,康熙三十三年甲戌重修。又,阜财、丰财二场俱有小圣庙。"③这条材料信息颇丰,历来为修志者重视,乾隆《天津县志》《天津府志》《宁河县志》,嘉庆《长芦盐法志》《畿辅安澜志》等志书,或移录,或摘引。

同治《天津续县志》载,"恬佑祠,在闸口迤南海河岸,明建,旧

---

① 毕自严:《饷抚疏草》卷二《津兵征调已多营制已定疏》,天启刻本。

② 康熙《天津卫志》卷四,康熙十七年刻本。

③ 《新修长芦盐法志》卷十二,雍正刻本。

为平浪侯庙,乾隆五十三年奉旨敕建,改今名……河东盐坨一祠,初名灵应宫,明崇正(祯)三年因开运河敕建,庙前石坊额云'海宴锡麻',明路(潞)王题。"①不仅涉及乾隆帝重修、拈香小圣庙的史实,还记下潞王那块题匾。

三部志书所记,大体可归纳为:城外东南隅海河西岸小圣庙似应年代在先;东岸盐坨小圣庙的始建,或在明末——卫志载"有石牌坊",续县志载坊额是明代潞王所书。

明代潞王就藩之地在河南卫辉,恰好是卫河(其临清至天津段称南运河)的南端。千里之外的潞王,与天津之所以有重要联系,乃是因为盐。藩王食盐,即在专卖制度保护下经营盐业获利,是明朝惯例。潞王朱翊镠万历十七年(1589)就藩,前一年奏讨"庄田、房课、盐店盐税",包括卫辉的义和盐店。对于那朱姓哥俩的互动,《明史》的概述是,"翊镠居藩,多请赡田、食盐,无不应者"②。盐的来源,"先支两淮,后改长芦,固以道路远近不同"③。"王府食盐,各就所封行盐之地,潞王所封在长芦行盐之地"④。朱翊镠卒于万历四十二年(1614),四年后其子朱常淓袭封。朱常淓工书画,曾辑先贤言论成册,作《述古书法纂序》。为天津小圣庙题匾,是二代潞王朱常淓。

---

① 同治《续天津县志》卷四,同治九年刻本。
② 张廷玉等:《明史》卷一百二十《诸王五》,中华书局,1974,第3648页。
③ 万新平、于铁丘主编:《明实录天津史料汇编》(下卷),天津人民出版社,2012,第565页。
④ 苏德荣编:《潞王资料汇编》,河南省新乡市博物馆潞王墓文物管理所,1984,第123页。

天津地区产盐,有着可溯汉唐的悠久历史。五代时,后唐同光年间(923—926),"因芦台卤地置盐场",又"开渠运漕盐货贸于瀛、莫间"①。设场须就卤地,盐要有河渠。盐业既为税源,一是产,一是销。长途运销,船路便利与否,历来是影响区域盐业的关键。河海通津的天津,自有地理优势。金末甲午年(1234),三叉沽创立盐场,"河路通便,商贩往来",盐税年收入"比之他场几倍之"。忽必烈中统至元间产量提高,"盐如山积"②。明永乐十八年,设小直沽批验盐引所③,隆庆年间"天津小直沽批验所商人就地堆盐,各为盐坨"④。万历二十九年(1601),"天津海口,私盐出没之所,宜修复浮桥以缉私贩"⑤。三十九年(1611),移青州分司至天津。官署碑记写道,长芦运使司的分司有二,分别掌管北场、南场各十个盐场,"青州辖场十,与沧州分司等,而输赋三倍之"。原因之一,即是北场"天津以舟楫之便,商人乐于行官盐"⑥。运河行漕而成为国家运道。崇祯三年(1630)曾出现盐给米让路,"致盐法壅滞,误国病商"的情况,为此提出"盐、漕二事两利而并存"⑦,反映了运河对于行盐的重

---

① 刘晞颜:《新仓镇改宝坻县记》,《新修长芦盐法志》卷十四,雍正刻本。

② 王鹗:《三叉沽创立盐场碑记》,《天津卫志》卷四。

③ 万新平、于铁丘主编:《明实录天津史料汇编》(上卷),天津人民出版社,2012,第27页。

④ 万新平、于铁丘主编:《明实录天津史料汇编》(下卷),天津人民出版社,2012,第407页。

⑤ 万新平、于铁丘主编:《明实录天津史料汇编》(下卷),天津人民出版社,2012,第518页。

⑥ 鲁史:《青州分司署碑记》,《新修长芦盐法志》卷十四,雍正刻本。

⑦ 万新平、于铁丘主编:《明实录天津史料汇编》(下卷),天津人民出版社,2012,第725页。

要性。清雍正元年(1723),巡盐御史莽鹄立题奏,"长芦产盐之处,有南北两场之分,天津北场滩盐,运由水路,船行便易;沧州南场之盐,运由陆路,未免脚价稍重,是以众商不运南盐,俱来北场告运。"①河运是天津盐业的地利。因此地利,明万历时长芦盐运的青州分司迁至天津;清康熙时长芦巡盐御史署从北京移来,长芦盐运使司由沧州移来,天津成为长芦盐业的产销中心。

长芦销盐引地,明代为北直隶顺天、永平、保定、河间、真定、顺德、广平、大名八府,延庆、保安二州,及河南彰德、卫辉二府,乃至开封府一些州县。至清代,行销区域有所扩大。②

盐商长途运销,难免风险,崇奉小圣平浪侯以为精神慰藉,成为信仰习俗。康熙年间,巡盐御史余泰来撰《天津河东盐坨平浪元侯庙碑记》记载:"介在盐坨,以灵佑榷醝,为诸商崇报尸祝故也"③。稍早,大学士陈廷敬所撰碑记,"盐行任重途远,非巨舰弗胜,非神力弗达,苟有慢心,竟日不能移咫尺;一念虔,百余里可俄顷至。故纲人每致敬而有德于神,尤甚于仕宦商旅也。"④盐官莅任,例拜小圣庙。巡盐御史余泰来自道:"奉天子命巡视长芦醝政,驻节天津。至则循例禋祀海神平浪元侯。"敬神也为护坨,所谓"存贮盐坨,屡蒙神庥"⑤。盐坨临河,卸船入坨、出坨装船都方便,但最怕洪汛漫岸,指望护坨堤的同时,祈望海神平浪侯佑平安。

① 嘉庆《长芦盐法志》卷十五《奏疏》,嘉庆刻本。
② 张毅:《明清天津盐业研究:1368~1840》,天津古籍出版社,2012,第131页。
③ 《新修长芦盐法志》卷十四,雍正刻本。
④ 陈廷敬:《天津河东盐坨平浪元侯庙碑记》,《新修长芦盐法志》卷十五,雍正刻本。
⑤ 《长芦盐法志》卷十九《营造》,嘉庆刻本。

四、海口神：大沽海神庙与海河恬佑祠

乾隆初期的《天津县志》记坛庙、大沽口海神庙之后，随即记述海河东岸西岸两座小圣庙，颇显内在联系——这是三座供奉海神的庙宇。

其时，盐商崇奉带来的香火庙会效应，河东盐坨小圣庙的知名度高出海河西岸小圣庙，形诸县志文字："小圣庙，在河东盐坨。《长芦盐法志》云：'小圣，海神也。'旧有庙在河西，始封'平浪侯'，继封'护国济运显应平浪侯'。"先说河东盐坨庙，以"旧有庙在河西"转言另一座，同时表达西庙比东庙年代早的主张。坐落西岸给人以邻近城垣之感，即康熙卫志所谓"在城外东南隅"。

海河西岸这座明代小圣庙，乾隆三十五年（1770）巡视天津时曾谕旨重修："御舟所经，见相近大闸口地方，有海神庙一座，墙宇甚觉残旧。著传谕李质颖查明应修理之处，即于关税盈余项下动用修葺，以复旧观。"①李质颖时任巡盐御史。乾隆为山门题额"敕赐恬佑祠"，为大殿书额"翕流顺轨"，书联"汇派协灵长功宣左府，归墟资广利福佑东溟"②。由此，这座小圣庙又名恬佑祠。乾隆帝仍以海神庙称之。光绪《大清会典事例》也称以海神庙，如所载乾隆三十六年（1771）巡视山东回程至津，"海河关闸口海神庙，遣官读文致祭"。其后，乾隆帝于乾隆三十八年（1773）、四十一年（1776）、五十

---

① 万新平、于铁丘主编：《清实录天津史料汇编》（一），天津人民出版社，2012，第370页。
② 《长芦盐法志》卷三《天章》，嘉庆刻本。

五年(1790)来津,均曾遣官致祭海神庙。①

乾隆帝于乾隆四十一年(1776),来津巡视,安排了由府城骑马至海神庙。御制诗:"长街小雨惜乎弱,灵庙甘膏吁以亲。入夏恒风渴已亟,代天敷泽望犹谆。密云愿即沛嘉澍,虔叩惟抒一念真。"②四月天旱,拜海神求雨。14年后,乾隆再拜小圣庙,又逢四月,久旱祈雨,诗有句"致请殷希神佑谆"③。清朝官员小圣庙祈雨,雍正年间已有记载。

东岸盐坨小圣庙为盐商盐官所崇祀。西岸的小圣恬佑祠也不寂寞,海船河艘、仕宦商旅带来香火,敕建官祭,皇帝写的匾联诗碑,吸引香客和游人。

海河西岸小圣庙,道光《津门保甲图说》中标注的位置,城壕引水闸口以下,沿河依次是海关、渡口、税局、恬佑祠、风神庙。这样一些建筑的组合,似能读出内容来,那就是海神与海。

明代天启年间,毕自严等请封海神小圣,天津城隅海河岸、海口大沽都有小圣庙,当时的奏疏文件,既言及"于河东原盖庙宇特加封号,岁时致祭",也存明文"开运有年,全赖海神小圣平浪侯,庙祀大沽,显灵屡耀"。北塘的小圣庙存在至晚近,相关民俗活动颇多。明代建于大沽的小圣庙,又历经了怎样的变迁呢?

在海河入海的大沽,有座与若干重大历史事件相关联的海神

① 《钦定大清会典事例》卷四百四十一《中祀·岳镇海渎》,光绪刻本。
② 爱新觉罗·弘历:《策马由天津府城至海神庙拈香用近作过府城韵》,《御制诗四集》卷三十七,清代刻本。
③ 爱新觉罗·弘历:《策马由天津府城至海神庙拈香用丙申诗韵》,《御制诗五集》卷五十六,清代刻本。

庙,其前身或是海神小圣平浪侯庙。

康熙三十三年(1694)八月,山东巡抚疏言,"登州等处米请从天津运至盛京三岔口。"康熙采纳,天津"现存米五万石从天津海口"启运。康熙三十四年(1695)五月,康熙巡视津地运道,舟泊大沽。"阅视海口,命于其处立海神庙"①。两年后的碑记说:"天津东旧有海神庙,今特命工庀材,重加营建,朱甍碧瓦,规制崇宏。"②新科进士姜宸英曾参与草拟这篇碑记,其稿"旧有海神庙,朕巡历至止,特命鸠工重葺"③。定稿抑或初稿,"旧有"是此碑记一个信息点。这"旧有",与明代天启朝大臣奏疏"庙祀大沽"那座海神小圣平浪侯庙有关联吗?雍正四年(1726)的《御制海神庙碑文》,以"天津直沽口海神夙著灵应"开篇,并记"崇封号以答神休",言及加封神号。

雍正《大清会典》载:"大沽海口神。康熙三十五年,发赈盛京,创开海运,海神效灵,往来迅驶。特发帑金于大沽海口建庙,敕封为大沽海口之神。祭文、庙名、匾额、碑文由翰林院撰拟,香帛由太常寺备办,遣礼部司官前往致祭。雍正二年,敕封广惠大沽海口之神,立庙天津卫,遣官赍送香帛、祭文,交该地方官致祭。"④依此,康熙朝给予的封号为"大沽海口之神",雍正初加封二字,为"广惠大沽海口之神"。

---

① 万新平、于铁丘主编:《清实录天津史料汇编》(一),天津人民出版社,2014,第36页。
② 乾隆《天津县志》卷一,乾隆四年刻本。
③ 姜宸英:《姜先生全集》卷十五,清刻本。
④ 《大清会典》卷九十五,雍正十年刻本。

关于"海口之神",乾隆三十二年(1767)"率皇祖旧章,巡幸天津,莅而谒礼",所作《重修天津海神庙碑记》,"神故不列海渎秩次。康熙间,盛京有泛舟之役,祛波飙帆,厥事迅蒇,我皇祖嘉神之功,饬庙荐馨,祀在彝典"。① 首句讲大沽海口神与祭典所列传统的岳镇海渎不同,不在那个系列。乾隆四十三年(1778)"建北海神庙于山海关"②,反映了清朝对海神谱系的设想。至于"康熙间"云云,重修海神庙缘于大沽至辽沈的海道运粮,康、雍碑记都曾陈述,而"嘉神之功,饬庙荐馨,祀在彝典",如此表述清朝为敬大沽海神所做之事,也就使得明朝对海神小圣的敕封被进一步淡化——不言前朝,回避传承,这不令人费解:毕竟天启年为了海运而封神,而海运则是防辽战争的一部分。

大沽海神庙之"旧有",留下推溯的线索;"海口之神"的神格定位,海口即河与海的衔接处,可与小圣平浪侯的河海之神传说相呼应;称海神,又"不列海渎秩次",溺水成神,有着由人而神的传说;20世纪80年代记录口述材料,讲大沽"有座海神庙,当地人又叫小神庙"③。连缀"碎片",可助关于明末大沽海神庙传续的思考。

滕小圣祠庙的名称,仅就津地来说,有海神、小圣、小神、平浪侯、恬佑等多种。

① 同治《续天津县志》卷首,同治九年刻本。
② 《钦定大清会典事例》卷四百四十一《中祀·岳镇海渎》,光绪刻本。
③ 张东甲:《海神赶潮》,中国民间文艺研究会天津分会筹备组编:《天津民风》第1辑,1981,第75页。

五、海神小圣平浪侯崇拜为津沽民俗
　写下一页

　　清顺治年间,河臣阎廷谟《北河续纪》所载运河图,是一幅表现三岔河口河汇流、入大海的画作,画了天津卫城及北门外杨青驿、画了三岔口地标建筑望海寺。作者在三岔河口下游西岸画出两座庙宇,一为娘娘宫即天妃宫,一为小圣庙。

　　康熙年间,河道总督张鹏翮《治河全书》中的天津河流图,呈现出四面城垣、南北运河汇合流向大海,水畔庙宇三座,也绘出望海寺、娘娘庙和小圣庙。城厢本多庙宇,如此删繁就简,一是治河之书,神庙的选择重"水",二是可见当年海神小圣庙为津门重要庙宇。

　　小圣平浪侯崇拜习俗在清代盛极一时,与富商的崇信有关。天津地当海门要冲,"通舟楫之利,聚天下之粟,致天下之货,以利京师";盐业发达,"煮海榷鹾,凡北地盐政统赖兹土"。构成津沽富商阶层的,有从事海上运粮的养船大户,也有盐商。行盐与贩粮,本非隔行如隔山,何况还有鹾艘,况且长芦是向大海要盐——于是,保佑行船的小圣,同时又被尊为护佑盐业的神灵。

　　这样的信众群体延展,其标志性事件便是海河两岸都建有小圣庙。河西的神庙,"威灵赫奕","凡南北仕宦商旅之往过兹途者靡不祭,祭必虔"。河东盐坨建庙,"众商因由海河载运,存贮盐坨,屡蒙神庥"。众商指盐商。盐坨临河、围堤防水,为着储盐的安全,水路漫漫,要将盐运往引地,这些都祈望小圣平浪侯保佑。建庙"庀材鸠工,皆取给于商",盐商们筹措了"专祀"款项。庙建得"明宫宏敞,斋庐洁清,前华表而后寝居",庙前立石牌坊。"灵佑榷蹉,为诸商崇报尸祝","每致敬而有德于神,尤甚于仕宦商旅"①,盐商更怀一份虔诚。乾隆《天津县境图》标有小圣庙,道光《津门保甲图说》中,河东盐坨有文殊庙、小圣庙、火神庙依次排开。

与盐坨奉祀小圣庙的情况相类,两个盐场"阜财、丰财二场俱有庙"。丰财场在津南葛沽镇,阜财场在河北盐山高家湾镇。②

雍正年间,与天津有着密切交集的水利营田官员陈仪《平浪元侯庙》诗:"已从物外得奇游,又向人间结蜃楼。想为年华称小圣,自缘功德号元侯。灵旗掣电乖龙起,羽扇回风怒浪收。真与书生争气分,猗陶桑孔尽低头。"③乖龙起、怒浪收,写平浪;诗末赞颂秀才成神的小圣真为书生争气,使得那些富商大贾俯首膜拜。其中提到的猗顿、陶朱公范蠡、桑弘羊、孔仅,前两个是战国富商,后两位是汉代著名理财家。

小圣平浪侯还被奉为司旱涝、镇水患的神灵。陈仪《小圣庙祈雨文》称:"俗称小圣,爵者元侯","仰祈慈鉴施膏泽"。④ 祈雨拜小圣,乾隆帝的天津诗云:"密云愿即沛嘉澍",该诗被镌刻碑石立在河西岸小圣庙。水大成灾,排涝礼拜小圣。"嘉庆六年,天津患水,祷于神",并因此"奉旨颁发藏香祀谢,众商重新殿宇"⑤。

津门风俗,曾以五月五日为海神小圣神诞,五月初旬有庙会。

① 陈廷敬:《海门盐坨平浪元侯庙碑记》,《新修长芦盐法志》卷十五,雍正刻本。
② 《新修长芦盐法志》卷三,雍正刻本。
③ 陈仪:《陈学士文集》卷十二,乾隆刻本。
④ 陈仪:《小圣庙祈雨文》,《陈学士文集》卷十二,乾隆刻本。
⑤ 《长芦盐法志》卷十九《营建》,嘉庆刻本。

康乾间,出现了诸多描写庙会的诗歌,反映此时小圣崇拜风俗之盛。诗人钱陈群:"岸阔危楼迥,争传赛海神。痴邪一巫语,感动几村人。地岂同湘俗,民尤与鬼亲。夹堤芳草路,顷刻踏为尘。"①实记兼观感,首尾各两句勾勒香客纷至、游人如织的情景。旅津诗人蒋河:"二月连朝有盛会,刹那五月赛元侯。津门士女倾城至,戴七星花结伴游"②;寓津学者汪沆:"丛祠金碧俯河流,慑伏天吴驾赤虬。五月新坨人似蚁,船船箫鼓赛元侯"③。这些颇具画面感的描写,留下了清代民俗的珍贵史料。

小圣庙近河,酬神表演,河船箫鼓一艘艘,岸上节目也纷繁。据记载于《天后宫皇会图》的城西永丰屯香斗圣会,三月时天后诞辰出皇会,到了"五月五日小圣爷圣诞"再出会。④ 皇会精彩纷呈,但并非一花独放。经济发达带来文化的活跃,那时津城有一些规模较大的庙会,小圣庙会即其一。盐商富而好文化,热心公益,天后宫皇会之盛,依靠富商们的操持筹办和财力投入。小圣平浪侯被奉为盐业保护神,庙会红红火火,同样折射出城市的活力、商业的推力,以及富商阶层所释放的文化能量。

嘉庆年间,天津诗人沈峻的《津门迎神歌》是吟咏皇会的名作。"津门近海鱼盐利,商舶粮艘应时至,维神拯济免沦胥,策勋不朽宜正位",作品描述皇会"鱼龙曼衍百戏陈",随后笔触稍转,记海神平

---

① 钱陈群:《午日同人泛舟海神庙因饮于郭氏园亭纪游》,《香树斋诗集》卷一,乾隆刻本。
② 蒋河:《沽河杂咏》,《梓里联珠集》,天津古籍出版社,1986,第82页。
③ 汪沆:《津门杂事诗》,《梓里联珠集》,天津古籍出版社,1986,第56页。
④ 《天后圣母事迹图志 天津天后宫行会图合辑》,香港和平图书有限公司,1992,第194页。

浪侯庙会："复有恬波称小圣,立庙瀛壖禋祀敬。未闻报赛举国狂,始信欢虞关性命。"①礼奉小圣与崇祀天后一样,其虔诚,其酬神娱人的赛会狂欢,在人们看来关乎性命、平安所系。

至同治时期,津人华鼎元写海河两岸小圣庙,西岸"安澜平浪神功著,额焕宸章庆典隆",东岸"千帆输运风波顺,平浪侯宜锡特封"②。清代彩色《商盐坨图》上,河西岸竖着"海关"旗的建筑再向下边,恬佑祠与风神庙并列。光绪十四年(1888)《天津城至紫竹林地图》海河两岸恬佑祠、小圣庙齐全。11 年后,《天津城厢保甲全图》只标有河东岸小圣庙;及至庚子过后,盐坨一带被划入租界,坨没庙亦不存。

六、小圣平浪侯信俗的流传区域

明清海神小圣平浪侯信仰习俗的传播,涉及京津冀鲁地区,传播方式包括沿河传播与泛海传播。

"相传姓滕讳经,本一文士,年二十三落河成神,故称为小圣",应是小圣神号的基本解释。民间又以"小神"相称。在津南古镇葛沽,有海神庙俗称小圣庙、小神庙的口碑。③ "九桥十八庙"的顺口溜,"小神、火神在西方,南北相对庙成双"④,小神庙即小圣庙。同一庙宇,雍正《新修长芦盐法志》图识为小圣庙,嘉庆《长芦盐法志》

①　沈峻:《津门迎神歌》,《欣遇斋诗集》卷十四,道光十一年刻本。
②　华鼎元:《津门征迹诗》,《梓里联珠集》,天津古籍出版社,1986,第 177、182 页。
③　刘学孟编撰:《葛沽庙志·溯源》,葛沽民俗文化中心,2012,第 128 页。
④　《葛沽镇志》,1994 年编印,转自《古镇葛沽》,天津古籍出版社,2014,第 41 页。

图识为平浪侯庙。小圣、小神、平浪侯，葛沽一座庙用了三种名称。葛沽镇邓家岑曾有鱼骨庙一间，"鱼骨为屋脊，内塑小神像"。同治时期的县志记载了沿海渔村这座特色小庙，采录民间习称，庙内小神像即海神小圣塑像。

　　小圣之小，民间还给出别样解说。在北塘，广慧寺俗称小神庙，相传神像体量小而称小神。有故事讲，渔民出海遇风浪，搁浅于荒岛，见沙滩横卧三尺铜像，请回北塘，建庙供奉，称为小神爷。那铜像怒目立眉，北塘流传歇后语："小神爷的脸——难看"。至于庙，两层大殿两个院①，规模并不小，20世纪40年代仍有僧人住庙。旧时，古镇最热闹的庙会是小圣（神）庙，会期四月二十八日②。据北塘风俗，六月六为平浪侯小圣加冕。③

　　乾隆《宁河县志》县城图，标出小圣庙。在芦台，小圣庙又称肖神庙，被称为镇里最小的庙。"殿内正位塑一年轻将军坐像，戴红缨头盔，披银色铠甲，面目俊秀"。据传，该庙毁于1976年的地震。而芦台民间传说中，小圣神为龙太子，仙居南海，专管鱼鳖虾蟹，以靖水患。④ 20世纪90年代的《宁河县志》记载，渔民礼奉小圣庙，"求河神保佑他们的生命安全"。

　　小圣崇拜民俗的传播，由天津城边外西河东两座庙起始，后辛庄⑤、葛沽、邓家岑、新河、大沽，沿海河直至海口为一线。北塘、汉

---

① 李学韩：《北塘的八庙九井》，载《名镇北塘》，中国文史出版社，2006，第36页。
② 于辉：《独具风韵的地域风俗》，载《名镇北塘》，中国文史出版社，2006，第57页。
③ 于辉、张东甲：《大沽炮台》，百花文艺出版社，1990，第274页。
④ 政协天津市宁河县委员会文史工作委员会编：《昔日芦台散忆》，2002，第37页。
⑤ 《津门保甲图说·东南一带村庄图说第二十三》，道光刻本。

沽、芦台三地,上溯蓟运河。蓟运河则是明清运粮水道,至北塘入海。

　　小圣信俗的沿河传播,可依河而考。沿南运河,静海独流镇福辛庄曾建小圣庙①,滕经故里清河县城明代建龙神庙祀小圣②。在北运河北端,乾隆《通州志》记载两座小圣庙,"一在州北门外,一在张家湾"③。道光年间的"路单",由通州向潮县,"一里半石坝,三里半土坝小圣庙",十九里"姜家厂,三里小圣庙"④,可证小圣庙与运河漕运密切相关。通州小圣庙村有传说,运粮船队从村前过,船只打横不前。船夫见河里有物独角似龙,一稀奇古怪者骑于其上。人们便塑了骑独角龙神像,供在庙里,称为小圣爷。⑤ 白河源自密云雾灵山。密云本不通漕,万历初疏通白河,漕粟以饷军镇。雍正《密云县志》载,小圣庙在东关;小圣庵在南门外,崇祯年建,康熙时重修,匾额"海不扬波"⑥。

　　嘉庆《畿辅安澜志·府河》载,"小圣庙在清苑县城东南隅,临府河上","每岁商贩往来府河,秋日致祭,盖祀府河之神也"。⑦ 以小圣平浪侯为府河河神。"保定清河,源发满城",经清苑"顺流东下,直抵天津"。万历年间,有修复河闸以通船运之议。建言者长芦

---

① 静海县地方史志编修委员会编著:《静海县志》,天津社会科学院出版社,1995,第659页。
② 见《邢台市第六批市级非物质文化遗产代表性项目名录申报书》。
③ 乾隆《通州志》卷二《建置·坛庙祠宇》,乾隆四十八年刻本。
④ 王光亭:《河运须知》,道光抄本。
⑤ 郑建山选编:《大运河的传说》,文化艺术出版社,2004,第33页。
⑥ 雍正《密云县志》卷二《寺庙》,清刻本。
⑦ 嘉庆《畿辅安澜志·府河》,清刻本。

巡盐御史毕懋康，其任上将青州分司迁至天津东门外①。处于这条航路的安州,道光州志载:"小圣水神,称平浪王,庙在北关大东,春秋二仲致祭"。②

冀东卢龙、滦县、乐亭一带是分布区。清顺治《卢龙县志》城图标出小圣庙。光绪《滦州志》记载,五月五日滦河偏凉汀小圣庙会,"妇女游观者俱以舟,非竞渡也。钗光衫影,混漾水中;沿岸则急管繁弦,俳优演剧。旁列市肆,其热如蒸"。当地庙会,以此为最③。在滦河入海的乐亭县,汀流河镇有小圣庙村。

明代海路运粮饷,"由津入鲜必取道登州"④,小圣崇拜随海船传入山东,成为半岛北部蓬莱、长岛等地民俗。朝鲜使者至此,问及祭海之事,当地人答以祭三神,天妃、龙王、小圣⑤。时为天启四年(1624),可以佐证天津督饷、巡抚大臣毕自严请封海神奏疏所言不虚。蓬莱丹崖山下,明代修筑水城,其平浪台上建平浪宫,俗称小圣庙⑥,今存于蓬莱阁景区。

小圣平浪侯崇拜缘起于大运河,神异的传说在天津开始了关于一位海神的塑造,经河海运输、渔业、盐业的传播,经明清两朝敕封,被京津冀鲁一些地方的民间信仰习俗所吸纳。体现此崇信的种种

---

① 张廷玉等:《明史》卷二四二《毕懋康传》,中华书局,1974,第6278页。
② 道光《增订安州志》卷四《秩祀》,清稿本。
③ 光绪《滦州志》卷八《时序》,光绪二十四年刻本。
④ 毕自严:《饷抚疏草》卷一《鲜运届期飞輓宜亟疏》,天启刻本。
⑤ 洪翼汉:《花浦航海朝天录》,《妈祖文献整理与研究丛刊》第二辑第15册,海峡文艺出版社,2017,第325页。
⑥ 山东省地方交通海运史志办公室:《登州古港史(送审稿)》,1986,第172页。

形式,包括庙祀祝祷、敕封御匾、诗文故事,乃至战事与奏章,构成民俗的和超出民俗的一段社会生活的侧影。发掘整理这一民俗事象的时光碎片,对于津派文化研究,应是有着多方面认识价值的"情景再现"。这是岁月留给天津的特色选题,是一个能够丰富河海文化,为城市史研究带来新看点的题目。

作者:吴裕成,《今晚报》副刊原主任、高级编辑

千春犹待发华滋
——叶嘉莹先生诗词曲编后感

Qian Chun still Awaits Her Blooming Beauty：Florence Chia-ying Yeh´s
Reflections on the Compilation of Poetry，Lyrics and Odes

王玉明

受恩师迦陵先生的信赖和委托，我为"九畹滋兰高校诗词园地"公众号和《中华辞赋》杂志等选编了先生的 30 首诗词曲，经先生亲自审阅定稿。现谨谈几点编后体会。

一、"荷"之诗心

迦陵先生 1924 年 7 月（阴历荷月）出生于北京书香门第，乳字"小荷子"。正如其代表作之一的《木兰花慢·咏荷》前面的小序所言："盖荷之为物，其花可赏，根实茎叶皆有可用，百花中殊罕其匹。余生于荷月，双亲每呼之为'荷'，遂为乳字焉。"①先生天赋灵根，深得荷之精髓，正如其十六岁时写的《咏莲》诗所云："植本出蓬瀛，淤

---

① 叶嘉莹：《迦陵诗词稿》（增订本），中华书局，2019 年，第 248 页。

泥不染清。"①尽管一生命运多舛,历尽艰辛,仍本性不移,赤心不改:"莲实有心应不死,人生易老梦偏痴,千春犹待发华滋。"②

我们先来欣赏诗人十五岁时写的一首七绝《秋蝶》:"几度惊飞欲起难,晚风翻怯舞衣单。三秋一觉庄生梦,满地新霜月乍寒。"③作为一个年仅十五岁的少女,竟然写出这样风格清丽婉约优美典雅的诗,尽显诗人清荷之本色诗性,真令人拍案叫绝。先生曾经说过:"我是一个不大计算未来的人,只是依照我的本性而生活。而我这个人可能是天生就对诗词有比较敏锐的感受,就理解得比较深刻。……我对现实的事情也很马虎,加之我天性中又有一种喜欢踏空梦想的性格,重视内心的感受,而忽视外在的现实。我觉得人生最重要的是保持自己的真心性,心灵的一片清净洁白。"④"保持自己的真心性,心灵的一片清净洁白",这不就是恩师反复对我说的"不失赤子之心"吗?先生曾经对我一再强调:"你是一个不失赤子之心的真正的诗人","你禀赋有一种纯真的赤子之心","我觉得你作为一个诗人,真是不失赤子之心。这个是绝对的真实。你这个人就是非常纯真,而且易于被外界的情事景物所感发。你本身就是诗人的气质。你在本质上就是诗人"。恩师的这些话用在我身上,使我有"受宠若惊"之感,受之有愧;但是,如果将这些话用在恩师身上,则是极其恰如其分的。先生从十几岁的清纯少女到百岁高龄的

① 叶嘉莹:《迦陵诗词稿》(增订本),中华书局,2019年,第6页。
② 叶嘉莹:《迦陵诗词稿》(增订本),中华书局,2019年,第295页。
③ 叶嘉莹:《迦陵诗词稿》(增订本),中华书局,2019年,第5页。
④ 王燕:《莲实有心应不死,人生易老梦偏痴——叶嘉莹先生九十华诞话莲心人生》,《天津广播电视报》2014年5月16日。

学者型诗人、词家,始终保持一颗纯真的赤子之心,一个美丽芳馨的"荷"之诗心。也可以说先生就是荷之化身,诗之化身。

二、"兴发感动"

正由于迦陵师在本质上是一位具有"荷"之诗心的真正的诗人,因此她特别强调古典诗歌中"兴发感动"之特质。她说:"早在 1975 年所发表的《钟嵘〈诗品〉评诗之理论标准及其实践》一文中,我就曾经根据《诗品·序》开端所提之'气之动物,物之感人,故摇荡性情,形诸舞咏'一段话,来说明过钟嵘所认识的诗歌'其本质原乃是心物相感应之下的,发自性情的产物'。"[①]

先生在《什么样的诗才算好诗》这篇短小精悍的文章中,再次强调"情动于中而形于言"的诗歌观。纵观前述选编,从 1939 年至 2006 年近 70 年的诗词佳作,无一不是"兴发感动"和"情动于中"之真诗。这里不妨引用蔡世平先生对拙作的一段点评来评论迦陵师之大作:"完全服从内心召唤,不投谁所好,不刻意追求什么、反映什么,也不发惊人之语,扮诗人之相。"[②]而这正是她"真正的诗人"之本相。

三、"弱德之美"

迦陵先生经常说"弱德之美"。所谓"弱",就是她大半生承受

---

① 叶嘉莹:《多面折射的光影:叶嘉莹自选集》,南开大学出版社,2004 年,第 3 页。
② 刘能英、蔡世平主编:《当代诗词十二家》,中国书籍出版社,2021 年,第 37 页。

了一般人难以承受的巨大苦难。但是在苦难之中，她还有所守持，保持本色，"荷"之本色，百折不挠，完成自己。选集中的作品几乎都体现了这种"弱德之美"，恰如幽兰泣露，亦似含泪的微笑。这里只举几个例子加以说明。

如《一九七六年三月廿四日长女言言与婿永廷以车祸同时罹难日日哭之陆续成诗十首》之三：

> 哭母鬈年满战尘，哭爷剩作转蓬身。
>
> 谁知百劫余生日，更哭明珠掌上珍。①

先生的婚姻并不美满幸福，丈夫因故性情乖戾暴烈，使她备受欺凌。而且由于他失业，家庭经济负担全部由先生一人承受，寄人篱下，拼命工作，她都咬牙挺过去了。情形刚刚有所好转，谁料飞来横祸：1976 年其长女和女婿因车祸双双殒命。在遭受晴天霹雳的打击之后，她闭门谢绝一切慰问，一口气写下十首哭女诗，前诗是其中之三。此等苦难遭遇真是让人为之落泪。难怪广西师大的吴全兰教授说："前几天读叶先生的诗词，有几首我读得泪流满面。"

在经受巨大苦难打击之后的第二年，诗人有一首七绝如下：

> 雾中有作七绝(一九七七年)
>
> 高处登临我所耽，海天愁入雾中涵。
>
> 云端定有晴晖在，望断遥空一抹蓝。

可见诗人并没有绝望，仍然认定："云端定有晴晖在，望断遥空

---

① 叶嘉莹:《迦陵诗词稿》(增订本),中华书局,2019 年,第 136 页。

一抹蓝",真是"莲实有心应不死","千春犹待发华滋"。

先生基于百砺千磨之苦难人生经历,印证了王国维所说的"天以百凶成就一词人"。先生曾说:"过去顾随先生说过两句话:'以悲观之心情过乐观之生活,以无生之觉悟务有生之事业',我当时并没有过深的体悟,历经世事无常,痛极之后才有了彻底的参悟。"①这再次印证了"弱德之美"。试问:没有先生这种大苦大悲的人生阅历和参悟,谁能写出先生这样的"弱德之作"?

四、叶嘉莹先生是一位大词家

迦陵师将诗词研究和教育作为自己的终身事业,乃加拿大皇家学会院士,中央文史研究馆馆员,并获得中华诗词学会终身成就奖,中国政府友谊奖和第六届世界中国学贡献奖等一系列大奖,可谓实至名归、有口皆碑。然而,她在诗词作品方面的成就也许被认识得并不够充分。她十岁以后即从伯父习作旧诗,上中学后读王国维的《人间词话》,深感其见解之精微、思想之睿智,对词之爱好益深;后在辅仁大学国学系师从顾随羡季先生学诗特别是词曲。其别号"迦陵"即其恩师所赐。② 羡季师曾称赞他这位年青的学生:"你写诗是诗,填词是词,度曲是曲,诗词曲都很好。"确实,迦陵师对诗、词、曲、赋样样精通,尤其是词,更是大家。下面让我们来欣赏一下其三首长调词代表作。

---

① 王燕:《莲实有心应不死,人生易老梦偏痴——叶嘉莹先生九十华诞话莲心人生》,《天津广播电视报》2014 年 5 月 16 日。
② 叶嘉莹:《学词自述(代序)》,《迦陵诗词稿》,河北教育出版社,2000 年,第 7-8 页。

水龙吟·秋日感怀(一九七八年)

满林霜叶红时,殊乡又值秋光晚。征鸿过尽,暮烟沉处,凭高怀远。半世天涯,死生离别,蓬飘梗断。念燕都台峤,悲欢旧梦,韶华逝,如驰电。　　一水盈盈清浅,向人间做成银汉。阅墙兄弟,难缝尺布,古今同叹。血裔千年,亲朋两地,忍教分散。待恩仇泯灭,同心共举,把长桥建。

该词上阕是对其前半生"半世天涯,死生离别,蓬飘梗断"身世的感慨和对故园的思念——"念燕都台峤,悲欢旧梦,韶华逝,如驰电"。下阕的"一水盈盈清浅,向人间做成银汉"是对海峡两岸分离现状的感叹,进而是对未来统一的期盼——"待恩仇泯灭,同心共举,把长桥建",充分表达了一位饱经风霜的大词家深沉炽烈的家国情怀。

我们再来欣赏另一首长调词代表作:

木兰花慢·咏荷(一九八三年)

尔雅曰:"荷,芙蕖。其茎茄,其叶蕸,其本蔤,其华菡萏,其实莲,其根藕,其中的,的中薏。"盖荷之为物,其花既可赏,根实茎叶皆有可用,百花中殊罕其匹。余生于荷月,双亲每呼之为"荷",遂为乳字焉。稍长,读义山诗,每诵其"荷叶生时春恨生,荷叶枯时秋恨成",及"何当百亿莲花上,一一莲花现佛身"之句,辄为之低回不已。曾赋五言绝咏荷小诗一首云:"植本出蓬瀛,淤泥不染清。如来原是幻,何以渡苍生。"其后几经忧患,辗转飘零,遂羁居加拿大之温哥华城。此城地近太平洋之暖流,气候宜人,百花繁茂,而独鲜植荷者,盖彼邦人士既未解其花之可赏,亦未识其根实之可食也。年来屡以暑假归国讲学,每睹新荷,辄思往事,而双亲弃养已久。叹年华之不返,感身世之多艰,怅触于心,因赋此解。(篇内"飘零""月明""星星"诸句,皆藏短韵于句中,盖宋人及清人词律之严者,皆往往如此也。至于"愁听"之"听"字则并非韵字,在此当读去声。)

花前思乳字,更谁与、话生平。怅卅载天涯,梦中常忆,青盖亭亭。飘零自怀羁恨,总芳根不向异乡生。却喜归来重见,嫣然旧识娉婷。　　月明一片露华凝。珠泪暗中倾。算净植无尘,化身有愿,枉负深情。星星鬓丝欲老,向西风愁听珮环声。独倚池阑小立,几多心影难凭。

这首作于 1983 年的《木兰花慢·咏荷》一往情深地将自己个人的命运寓之于荷花,"叹年华之不返,感身世之多艰,怅触于心",赋词以寄情怀。这与前面第一点所谈"荷"之诗心一脉相承。

最后,我们来欣赏另一首写于 1988 年的长调词代表作《瑶华》:

瑶华(一九八八年)

戊辰荷月初吉,赵朴初丈于广济寺以素斋折简相招,此适为四十余年前嘉莹听讲《妙法莲华经》之地;而此日又适值贱辰初度之日,以兹巧合,怅触前尘,因赋此阕。

当年此刹,妙法初聆,有梦尘仍记。风铃微动,细听取,花

199

落菩提真谛。相招一简,唤辽鹤归来前地。回首处,红衣凋尽,点检青房余几。　　因思叶叶生时,有多少田田,绰约临水。犹存翠盖,剩贮得,月夜一盘清泪。西风几度,已换了微尘人世。忽闻道,九品莲开,顿觉痴魂惊起。

　　注:是日座中有一杨姓青年,极具善根,临别为我诵其所作五律一首,有"待到功成日,花开九品莲"之句,故末语及之。

　　附　赵朴初先生和作前调

　　光华照眼,慧业因缘,历多生能记。灵山未散,常在耳、妙法莲华真谛。十方严净,喜初度,来登初地。是悲心,参透词心,并世清芳无几。灵台偶托灵谿,便翼鼓春风,目送秋水。深探细索,收滴滴,千古才人残泪。悲欢离合,重叠演,生生世世。听善财,偈颂功成,满座圣凡兴起。(注:"灵谿"指所撰《灵谿词说》。)

这首词因《妙法莲华经》将"荷"心提高到了"佛性"的高度:"忽闻道,九品莲开,顿觉痴魂惊起","因思叶叶生时,有多少田田,绰约临水"。先生在十六岁写的咏荷诗中,是说荷来自蓬瀛"仙境",而这里则又进一步提升至"佛境"。

迦陵师的诗词,深受杜甫、李义山和王国维等诗词大家的影响。大作充满了赤子之心的兴发感动,体现了荷的纯洁芳馨和独特的弱德之美,语言流畅自然而不"隔",其词作的主体风格是:小令清新婉约,长调沉郁顿挫,不愧是当代大词家。

先生的主要成就似乎是在诗词的研究和教育方面,然而,通过我拜师十二年以来的交往特别是反复阅读恩师的大作之后,我个人认为:诗人、词家才是先生的本真之相。

我于 2010 年 1 月 30 日有缘结识迦陵先生,并正式行过拜师之礼而成为其入室弟子。我的字号"韫辉"就是恩师所赐。先生对拙作给予许许多多具体的指教,特别是我的第三本诗集《心如秋水水如天·韫辉诗词百首》是先生系统点评和审阅的。除了诗品,我从先生那里更多地学到了人品。如果说先生是"布道之师",我则是"虔诚信徒"。不少诗词方家(例如梁东先生和孔汝煌先生等)认为我拜师之后的诗词水平"有质的飞跃"。我对先生怀有深深的感恩之心。最后不妨以我为恩师九十华诞写的一首《蝶恋花·三春晖》作为此文的结尾。

蝶恋花·三春晖

应邀出席"叶嘉莹教授归国执教四十周年暨中华诗教国际学术研讨会"并欣逢教师节敬赠迦陵恩师。

诗作灵魂词作质,纯洁芳馨,本性如莲实。百砺千磨心愈赤,风狂雨暴犹磐石。 道德文章谁堪匹,十载为师,蹊径教寻觅。恩泽三春晖历历,南山松柏参天碧。

(2019 年 9 月 9 日初稿于火车上,9 月 10 日定稿于南开大学,2022 年 1 月 27 日再次修改。)

作者:王玉明,中国工程院院士、清华大学机械工程系教授、博士生导师

讲故事的文化关怀与有温度的人间叙事

——冯骥才创作的生存嵌入感、审美追求与文化自觉[*]

The Cultural Concern of Storytelling and the Warm Humanistic Narratives: The Survival Embedded Sense, Aesthetic Pursuit and Cultural Consciousness Created by Feng Jicai

耿传明

内容提要：现代性是一个个体的人从其所属文化共同体中被"连根拔出"的过程,而冯骥才的小说葆有的则是前现代的讲故事的人与故事、听众与生活之间的嵌入感和一体性。正是由于这种融入现实肌理的亲和、居家、在地性,成就了他讲故事的独特视角和有温度的人间叙事。不同于新时期小说后来转向审美个人主义和文体形式实验,冯骥才始终坚守为民众的书写,以人民为历史主体和审美主体,观照和阐发人民的意愿和情感,呈现出人民主体性美学的特质。这种审美追求,深刻影响了他看待生活的态度和审视历史的

* 本论文为国家社科基金项目"近现代以来文学中儒家士人形象嬗变与中国文学的现代性转型"(21BZW033) 的阶段性成果。

眼光,也使他可以跳出西方主导的自我殖民化的文化陷阱,以平常心看待中西新旧冲突,表现出坚定的文化主体性立场和文化自觉意识。

关键词: 冯骥才　生活嵌入感　人民主体性美学　文化自觉

　　冯骥才从20世纪六七十年代开始文学创作,至今已走过了半个多世纪了,其所取得的文学成就是大家有目共睹的,所倾心投入的民间文化保护活动同样令人钦佩。纵观其六十余年的文学文化活动,他的文学文化生涯的特点在于比较早地具备了民族文化的自觉。他一直以他的文学创作自觉地传承、弘扬中华民族文化的精华,并将此视为其一生需要担负的重要使命。这种以民族文化传承为己任的作家是并不多见的,尤其是身处对新的迷信的现代性导向中的文学。由此而言,冯骥才的小说带有某种与时代文学大潮逆向而行的气质。作为一位有文化担当和文化使命感的作家,冯骥才很早就意识到文化是生活的灵魂,是人生意义和人生价值的来源。他的《长衫老者》一文揭示的正是文化对于生活不可或缺性:文中写到闹市区有一条死胡同,不知道的人想走近路,往往走到胡同尽头的时候又不得不倒回来,变得恼怒不已,企图把墙踹倒。有一天一位长衫老者也走进了死胡同,但他碰壁之后,并没有恼怒或自认倒霉,而是拿出纸笔,写了四个大字"此路不通",粘在胡同口墙壁上,然后,飘然而去。这简单的四个字至此改变了胡同的面貌和住户的生活——想抄近路的人几乎没有了,胡同变得清静了不少,并且"它出现了从来没见过的情景:有人打扫,有人种花,有孩童玩耍,鸟雀也敢在地面上站一站。……这些饱受市井喧嚣的人家,开始享受起幽居的静谧和安宁来了。……我因此愈加敬重那矮小、不知姓名、肯思索、更肯动手来做的长衫老者了。"①冯骥才大半生所从事的事业也正与这位长衫老者相似,他是在以自己的亲身经历、生存体验、思考领悟、经验教训来为后人指路、为生活赋魂、为万世谋太平。因此,他的小说世界和现实世界密不可分。在新时期小说普遍向内转,转向审美个人主义和文体形式实验之时,他坚守现实主义文学的公共性和人民性立场,为一方人物、水土写魂,为不堪回首的动荡历史留下心灵档案,为迅疾消亡的民间文化留下珍惜的印记,这正是其本土文化自觉和文化自信的体现。他在 20 世纪 80 年代初就已经意识到西方文化帝国主义秩序中的"东方人的东方主义"的文化殖民性,并坚持从本民族文化主体性的立场出发,以一种温情和理解的态度来看待自己民族的历史和文化。在淘汰陋习、自我更新的同时,又要做到如青年鲁迅所说的"弗失固有之血脉"②,坚持和守护民族的文化根基与本来立场,以与西方文化对等的态度展开文明间性的对话,从而将近代以来中西的碰撞置于一种文明互鉴的交互视野之中,走出舍己从人的文化殖民和复制西方的优等生文化,进而发挥出民族文化的能动性和创造性,参与人类命运共同体的文化建构。本文拟从生存嵌入感、审美追求和文化自觉三方面对冯骥才的文学、文化成就进行综合性的论述。

---

① 冯骥才:《孤独者的自由:冯骥才经典散文》,山东文艺出版社,2021,第79页。
② 鲁迅:《文化偏至论》,《鲁迅全集.1》,人民文学出版社,2005,第57页。

一、生存嵌入感与古今之变

关于生存嵌入感,在传统读书人那儿并不陌生:北宋时代的思想家程颢因为反对王安石变法,被罢官回乡,在乡下他并灭有因为仕途失意而颓废和沮丧,反而因为离开官场而找到了自己的归宿和故乡,因此写下《秋日静观》以明志:"闲来无事不从容,睡觉东窗日已红。万物静观皆自得,四时佳兴与人同。道通天地有形外,思入风云变态中。富贵不淫贫贱乐,男儿到此是豪雄。"这种"浑然与物同体"、与人同乐、从容自在的生活方式,正是一种精神上有根,深植于大地之中,"为善由己"、无须他求的人生哲学的体现。在其中,人作为世界、宇宙的参与者而非旁观者,即是通过提升心性实现与天地的深度嵌入和高度契合,这也就是一个所谓的"参赞化育"的过程。这种嵌入感为现代人提供了一种超越功利而足以安顿心灵的路径,提示我们在纷繁世界中重新锚定自身的定力。程颢在被罢官贬谪后写下此诗,却无半点颓唐之气,反而彰显出"富贵不淫贫贱乐"的豁达、自在和从容。这种超然现实的心境即源于其深厚的嵌入感:个体的意义不依赖于外部的穷通荣辱,而在于与"道"的契合。生存嵌入感在此表现为一种精神锚定,即使身处动荡之中,仍能通过内在与天道的联结保持心灵秩序的稳定。这不同于中国古代的"刑天舞干戚",也不同于西方存在主义的西西弗斯抗争,而是以与万物的相安、相声治道化解冲突,达至和谐。正如张载在《正蒙·太和》中所说"有象斯有对,对必反其为;有反斯有仇,仇必和而解。"①
这正是中国古典文化的价值信念所在。与现代性自我本位的求异
文化不同,古典文化是一种善与人同、善与天同、善与万物之同的文
化,一种道成肉身式的追求整体性和谐的文化,所以古典诗歌以表
现人的"公性情"为目标,其"言志""抒怀"也都是在代天下人言志
抒怀,而不是表达个人的喜怒哀乐、穷通利钝。其弊则如梁漱溟先
生所言"中国文化最大之偏失,就在个人永不被发现这一点上。一
个人简直没有站在自己立场说话机会,多少感情要求被压抑,被抹
杀。"②而现代人却反其道而行之,以自我的发现为圭臬,以个人之
眼来看待世界为文学的不二法门,由此也就催生出现代性审美中的
自我本位的个人主义美学和集体本位的人民性美学之争。两者之
间既相冲突,又相依存,所以不可将其关系绝对化、单一化。正如辛
弃疾所云"物无美恶,过则为灾。"③质言之,正确的方式既不在彼,
也不在此,在于彼此的中道。就人民性美学和审美个人主义文学的
关系而言,一般现代作家都不能无视其重要性,冯骥才也不例外。

就表现市民生活的名家而言,现代以来老舍和冯骥才两人比较
具有可比性,而老舍高出同侪的地方在于他与市民生活的嵌入感和
亲和感。20 世纪 80 年代中期,笔者读硕士时的业师田仲济先生在
上课时曾专门给我们讲过一次老舍。他和老舍先生熟悉,抗战时期

---

① 张载:《正蒙·太和篇第一》,章锡琛《张载集》,中华书局,1978,第 10 页。

② 梁漱溟:《中国文化要义》,上海人民出版社,2011,第 238 页。

③ 辛弃疾:《沁园春·将止酒,戒酒杯使勿近》,邓广铭《稼轩词编年笺注》,上海古籍出版社,2018,第 554 页。

同在重庆,经常见面。他说老舍有个过人之处,那就是他亲眼看到老舍和那些说书的、唱戏的民间艺人能够完全打成一片,称兄道弟、不分彼此,仿佛原本就是他们中的一员,一点儿也没有违和之感,从来没有觉得自己高人一等。田先生后来在回忆文章中这样写到:

> 我吃惊的是,一位名作家、名教授在这种场面中不仅下场作游艺表演,而竟表演得那末认真,那末一丝不苟。这使我又认识了老舍的另一面。……老舍是为了写鼓词才和富少舫接近以至熟识的么?……经过仔细地观察,自然间或也同老舍谈起这个问题,使我感觉到这种说法固然有一定的道理,但并不完全对。从老舍和富少舫间的关系,我看到了从来没见到的作家或知识分子和艺人或旧社会底层人物之间的关系。……他们间所有的接触,不仅老舍丝毫没有高富少舫一等的意味,富少舫也丝毫没有低老舍一等的意味。他们间是完全平等的,亲密无间的友谊。这是我反复观察,反复思考的结论。①

在那个时代像老舍这样的名作家、大学教授、留洋高知和民间艺人之间社会地位是相差甚远的,能像他这样打破"两类人"②隔阂的还是比较少见的。这一方面与老舍本人清贫的原生家庭有关,出生于平民之家的他与那些出生富贵家庭,"从小就受着古书和师傅

---

① 田仲济:《回忆老舍同志》,舒济《老舍和朋友们》,生活·读书·新知三联书店,1991,第380-381页。
② 田仲济:《回忆老舍同志》,舒济《老舍和朋友们》,第381页。

的教训,所以也看得劳苦大众和花鸟一样"①的知识分子不同,他对底层民众有很强的认同感。其次与他的价值取向、人生态度、处世方式等有关。与现代知识分子追求独异、彰显自我不同,老舍善于求同,既擅与人同,也乐与人同。具体到文学创作,他是作为民众的写作,而不是刻意为民众而写作,他是真正融入了民众,与他们成为一体,所以不必在自我与民众之间有分别心。与五四个人精英普遍趋向于"我的王国不属于这个世界"②的"理念人"③倾向不同,老舍可以说是非理念化、生活化的知识分子。他与所处的环境具有很强的嵌入感,他可以高度地融入其所处的环境之中,而不是将自己与周围世界疏离开来,成为所属世界的零余者、局外人,而这对于那些以自我的发现为表征的现代知识分子来说并非易事。就作为个体的人而言,进入现代的过程突出表现为自我认同的变化,即个人从既有的有机体中脱落,成为一个独立的个体的过程。从哲学上来说,这是一个脱嵌的过程。脱嵌理论是加拿大著名哲学家查尔斯·泰勒提出的,描述的是从传统社会向现代社会转型的过程中个体自我认同的变化。在前现代社会,个体的自我认同是深深嵌入道社会和宇宙中的,而随着现代社会的到来,个体开始从传统的框架中脱离出来,并形成了新的自我认同的方式。在脱嵌的过程中,个体不再将自己视为大存在链的一部分,而是着手将自己看作是独立的个

---

① 鲁迅:《英译本〈短篇小说选集〉自序》,李新宇、周海婴《鲁迅大全集.6》,长江文艺出版社,2011,第279-280页。
② 朱利安·班达:《知识分子的背叛》,佘碧平译,上海人民出版社,2017,第11页。
③ 刘易斯·科塞:《理念人:一项社会学的考察》,郭方等译,中央编译出版社,2004,中文版序。

体。在这个时候,"只有反射出自我形象的社会现实才是有意义的"①,自我成为价值和意义的来源,个体开始自我规定内心世界,而不是单纯地被现实世界所规定,这种转型涉及自我认同、社会想象和宇宙想象的转变。这一过程不仅意味着自我的解缚,还同样意味着自我价值的迷失和现代人情感上的不可的承受生命之轻。

就中国而言,脱嵌首先意味着个体从家庭社会的脱离,也就是从依附于君、道、父母,道成为独立的个体。不过,这个从所属关系中拔出的独立个体,除了得到自由感外还会得到难以根除的孤独感与虚无感。而现代文学正是产生于这样一种特定的社会历史文化情境中的文学,一些小说"试图以塑造的方式揭示出并构建隐蔽的生活总体"②,由此呈现为一种被无名之力拔根而出的孤独个体的灵魂传记。正如本雅明所强调的传统的讲故事的人与现代小说家的不同:"讲故事的人所讲述的取自经验——亲身经验或别人转述的经验,他又使之成为听他的故事的人的经验。小说家把自己孤立于别人。小说的诞生地是孤独的个人——是不再能举几例自己所最关心的事情,告诉别人自己所经验的,自己得不到别人的忠告,也不能向别人提出忠告的孤独的个人。"③可以说,冯骥才的小说葆有的正是这种前现代的讲故事的人与故事、听众与生活之间的嵌入感和一体性。相较于失根时代为寻找自我而发起的审美个人主义的

① 理查德·桑内特:《公共人的衰落》,李继宏译,上海译文出版社,2014,第445页。
② 卢卡奇:《小说理论:试从历史哲学论伟大史诗的诸形式》,燕宏远、李怀涛译,商务印书馆,2018,第53页。
③ 本雅明:《讲故事的人》,陈永国、马海良编《本雅明文选》,中国社会科学出版社,1999,第308页。

文学,冯骥才的写作是建立在复数化的价值共识基础之上的。他是作为大众中的一员来讲述大众的故事的,而不是凌驾于大众之上或游离于大众之外来表达自我、表现社会的。因此,其创作具有不同于现代性的"零余者"和"局外人"的人民性的审美特质。

冯骥才是一个土生土长的天津人,从小学画,因为出身不好,失去了上美术学院的机会。他身高一米九二,中学毕业后进入篮球打中锋,因膝盖受伤退役,进入天津书画社,以摹制宋代山水及风俗画为生。"文化大革命"期间,他因家庭因素受到冲击,做过业务推销员、塑料印刷工,画过草帽和玻璃镜片,生计艰辛,是一位典型的天津平民。他与天津的市民文化完全融为一体,他在故乡的生活毫无违和感、陌生感、局外感,所以他的写作是一种与所处市井生活环境高度融入的嵌入性写作,是一种以市民的眼光来看市民的小说。比如《炮打双灯》讲述的是春节乡间大集中的鞭炮商角逐爆竹声响大小的故事。从传统儒家的伦理眼光来看,这个争强好胜的俗事显然是不雅驯的,所以其市井叙事又具有鲜明的现代性。小说中,画缸画的青年牛宝被买鞭炮的美貌的蔡家寡妇春枝所吸引,为引起她注意,买来名家的鞭炮来和他们家比炮,比输之后,又去请教名家,自造炮仗"炮打双灯"来与蔡家比赛。后因经验不足,填错了火药,在放炮打双灯时,被炸去了一只手,旁人看来颇为悲催,但终因其对于爱情的不惜代价的执着追求,打动了春枝,两人喜结连理。就此,缺了一只手的牛宝不再能画缸画,也就入赘蔡家,做了上门女婿,共同继承了蔡家祖传的鞭炮手艺。小说是在一种有情人终成眷属的向往中的氛围中结束的,结尾是:

一年后，还是腊月里，牛宝赶车往县城赶集，左手扬鞭，残断的右手缩在袄袖里。他拿不成笔，不能再画缸鱼了，改卖"杨家的炮打灯"，而且只卖"炮打双灯"。满满一车花炮盖着大红棉被，上头坐着一个鲜艳如花的女人，便是春枝。

但人们说到他俩，都暗暗摇头。窦哥无意间，把万老爷子应验了的预言泄露出来，大家更信春枝这女人是火、是灾、是祸，瞧！她还没进牛家门，就叫牛宝先废了一只手，而且是干活画画的手，这跟搭进去半条命差不多。牛宝听到这些闲话，憨笑不语，人间的苦乐惟有自知。①

该作既可说是悲剧，也可说是喜剧，牛宝失去了一只手，但也得到了爱情。但据此小说改编为电影的《炮打双灯》（1994）却带有明显的迎合西方观看者的自我奇观化倾向：影片中，春枝是蔡家这个无子家族的唯一继承人，但族老们为防手艺外泄，不准春枝嫁人，并把她当成男人养活。她与牛宝偷情招来惩罚，结果牛宝被炮仗崩成了阉人。电影成为一系列展览国民劣根性的夸张变态、阴冷邪僻的悲剧，这显然与原著中冯骥才的审美基调并不同调。可以说，冯骥才的小说创作内含着对于市民文化、民间传统的同理心、同情心，而电影版的《炮打双灯》则从他者视野出发将中国生活对象化、风景化和奇观化，代表的是一种取悦于西方的"东方人的东方主义"的异域文化想象。再者，冯骥才写这篇小说的本意在于表现天津这片水土上天津人的碱性和火性，一种深植于生命深处的敢爱敢恨的真性

---

① 冯骥才：《炮打双灯》，《乡土传奇》，中州古籍出版社，2005，第127页。

212

情,其小说中的潜作者、叙述人、叙述对象爱恨情仇都趋于一致,构成了情感、价值、伦理共同体,由此形成了一种人与环境和谐互动的嵌入性的文学,这与凌驾于人物和生活之上,扭曲生活来迎合他人的功利性追求显然是南辕北辙,不可同日而语的。

二、人民主体性美学的延续与发展

冯骥才创作文学上的直系血亲来自十七年文学,也就是以赵树理、梁斌等人为代表的、以人民性审美取代个人性审美,走民族化、大众化道路的现实主义的文学传统,那么人民主体性美学与个人主体性美学的区别何在? 为什么它会受到普遍的重视而成为新中国文学的追求目标? 这需要我们对审美现代性的发生、发展史有一定了解。简要来说:人民性美学是以人民为主体,把人民作为理解问题的出发点和落脚点的审美理论,与之相应的个体性美学,则是以个体为主体,以自我为参照解释世界的审美现代性美学。个体性美学曾经被视为唯一的具有普遍性的美学,它是与将西化视为现代化的唯一形式、将西方文明视为唯一文明的个体本位文化相一致的美学,但这种判断显然是带有浓厚西方文化中心主义色彩的偏见。

人民性美学的兴起是作为对这种个体性美学的反拨而出现的。当专注于个体书写的文学发展到一种西方学者所说的"肚脐眼展览"①似的私人写作时,一种立足于大众、以人民为历史主体和审美

---

① 张爱玲:《童言无忌》,金宏达、于青《张爱玲文集》第 4 卷,安徽文艺出版社,1992,第 85 页。

主体,表达人民的志向意愿和、情感审美需求,具有本土文化自觉性的写作就会兴盛起来,以填补个体性美学的视域盲区。20世纪的中国处于国家独立、民族解放、人民革命的历史洪流之中,正是这个汹涌澎湃的历史洪流孕育、诞生了这种人民至上,且以人民为出发点和归宿的人民主体性美学。在人民性美学中,人民并非单个个体相加之和,而是"当它们合成为一个自然地延续的整体时,所有它各部分之存在总只能算是潜在而已"①,此言带有经典系统论色彩。整体是由个体构成,但构成整体的个体以一定的结构方式组合在一起,整体的功能就会大于个体相加之和,也就是出现"1+1=3"的情形。如同一个蜂巢的特性并不是单个蜜蜂的相加之和,它是围绕着蜂后、工蜂、兵蜂形成的分工明确的整体,任何一个个体的蜜蜂都不具备整个蜂巢的系统特性。所以原子化的"个体主义"只是一个孤立看待世界的方法,而"整体主义"则是从一种"普遍联系"的角度去看待事物。人民性美学也正是这样一种从整体性、系统性出发看待世界的美学。直观来讲其与个体性美学之间的区别,就是波德莱尔、兰波和高尔基、奥斯特洛夫斯基之间的视域、情怀、精神、气象的区别。个人主体性美学的自我扩张和自我专注最终导致的是自我的幻灭,所以自主受挫后的个人主体性美学往往陷入幽闭孤绝之中,难以自拔。对社会的疏离,使他们意识到"他人不是在我的经验中的一个归结为我的经验的现象,而是它原则上推向一些对我来说处于一切可能经验之外的现象"②。对于未来的绝望,使他们哀叹

---

① 亚里士多德:《形而上学》,吴寿彭译,商务印书馆,1959,第176页。
② 萨特:《存在与虚无》,陈宣良等译,生活·读书·新知三联书店,2014,第289页。

人生不过是徒劳燃烧后留下的灰烬。而人民主体性美学一反其道，作为一种从自我走向他者的文学，它从自我与他者的关联中获取生存的价值和意义，正如鲁迅所说"无穷的远方，无数的人们，都和我有关"①，不从画地为牢、作茧自缚中走出，就不能发现能够实现自己人生价值的广阔空间。其次，人民性美学是其在民族国家生死存亡的危急关头挺身而出的担当者、奋斗者的精神美学。正如北宋邵雍诗云："请观风急天黑夜，谁是当门定脚人。"②这是一种以天下为己任的仁人志士精神与劳苦大众的牺牲奉献精神结合之后，形成的从责任出发，而不是如西方从权力出发来建构国家的朝向他者的文化取向，不明乎此，就进入不了人民性美学的美学境界。最终，人民性美学表现为个体性与整体性的统一，既不是过分高扬个体而伤及整体，也不是过分高扬整体而无视个体。人民性美学的人民书写是主体性的而非迎合性的，是主人性的而非臣仆性的。反映在作家与人民之间的关系，也是一种相互照亮、动态互动和相得益彰的关系，而非一种单向输入、盲目臣服、一方独尊的关系。与 20 世纪 80 年代中后期转向审美个人主义的实验小说不同，冯骥才作为新时期文学中的大家继承的正是这种人民性美学的传统，并在此基础上有所发展和更新，将人性、人情、人道主义、人间烟火、市井情趣等融入人民性美学，丰富和扩展了人民性美学的文学传统。

冯骥才的这种人民性美学特征在《雕花烟斗》和《感谢生活》中表现得比较鲜明：教授和花农、画家和陶瓷厂工人虽然身份、阶层悬

---

① 鲁迅:《"这也是生活"》,《鲁迅全集.6》,人民文学出版社,2005,第 624 页。
② 邵雍:《崇德阁下答诸公不语禅》,郭彧《邵雍集》,中华书局,2010,第 272 页。

殊,但他们对于美的热爱则使他们超越了地位之别,并产生了精神的共鸣。他们因为共同的对美的热爱而相遇、结缘,虽地位悬殊,在精神上是平等的。比如《雕花烟斗》中,教授在"文革"中被打倒,被剥夺了画画的权利,就在烟斗上开始了自己的创作。他到花圃看花,被花农精心培育的大凤尾菊所震撼。同样,花农也极为欣赏教授手里的雕塑着精美图案的烟斗。后来教授复出,忙于应酬,花农送花上门,教授感到无以为谢,顺手送他一个雕花烟斗。花农去世的时候,儿子告诉教授父亲的遗言是要求临走时将教授给的雕花烟斗插在嘴角上。教授听后非常震撼,他原本以为花农不懂美和艺术,所以有点敷衍他,没想到一字不识的老花农也是爱美如命的知音。小说结尾写道:

> 直到现在,唐先生的耳边还常常响着那傻里傻气的"美,美呀!"苍哑的赞叹声。于是,一个难解的问题便纠缠着他:这个曾用一双粗糙的手培植了那么多千姿万态的奇花异卉的老花农,难道对于美竟是无知的吗?那死去的黑老汉在他的想像中,再不是怪模怪样的了,而化做一个极美的灵魂,投照在他心上,永远也抹不去。每每在此时,他还感到心上像压了一块沉重的大石板似的,怀着深深的内疚。他后悔,当初老花农向他要烟斗时,他没有把雕刻得最精美的一只拿出来,送给他……①

《感谢生活》中学美术的大学生因为档案里被塞进了黑材料被分配到边远地区的陶瓷厂,平反之后他又重逢给他带来沉重灾难的

① 冯骥才:《雕花烟斗》,《人生短篇》,中州古籍出版社,2005,第39页。

216

天真虔诚的前女友,但是他并没有抱怨别人、怨恨生活,而是自己扛下了一切,笑对人生:

> "怎么,您笑我傻吗?过于宽厚吗?不,我已经为那件事付出几年苦役,何苦再把它压在另一个心灵上……她不是坏蛋,叫她快快活活去吧!"

> 我受到深深的感动,充满爱怜地瞅着这个温厚又不幸的人,动感情地说:"忘掉过去吧,未来一定比现在好。"我因为自己对生活无望,话说得不带劲,又大又空,不过是句流行的套话!

> 他的回答使我吃惊:

> "不,如果我今天死了,我也要说,感激生活给予我的一切。如果我活下去,就该轮到我去报答生活了。"

> 我听着,感到自己不知不觉地被带进一片迷人、感人、冲击人的境界里。我这个对生活抱着恐惧、淡漠、拉开距离的人,重新感受到生活热浪的澎湃有力的拍打……我沉默了。当一种情感涌上来,最好把它先留在心里,让它慢慢回旋。那时是最幸福的。①

俗话说"一朝被蛇咬,十年怕井绳""文革"之后怀疑一切、否定一切的犬儒之风盛行,但从一个极端走向另一个极端,并不意味着找到了正道。冯骥才作为极"左"文化的受害者,显然与极"左"的理想主义无缘,但他作为平民立场的守护者,显然与个人本位的精

---

① 冯骥才:《感谢生活》,《众生故事》,中州古籍出版社,2005,第72页。

英主义倾向也保持距离。他不是如一般理想主义者那样站在生活之外要求生活,他所关注的是生活自身的逻辑,而非强加于生活的意义。一般地,站在生活之外去看待生活,得到的多是对真正的生活的疑惧、厌倦和逃避。而冯骥才对生活的嵌入和体知,是按照生活自身的逻辑来理解生活、创造生活,而非在生活之外以主观的想象代替真正的生活。只有嵌入到生活之中,才能把握生活的本质。所以,秉持所谓现象就是本质,而不是在现象之外去寻找并不存在的本质,后者追求的是一种在生活之外强加给生活的本质。如冯骥才所理解的——文学是生活肆意掠夺一番之后的馈赠①,"生活是严肃的,它没戏弄我。因为没有坎坷的生活的路,没有磨难,没有牺牲,也就没有真正有力、有发现、有价值的文学。相反,我时常怨怪生活对我过于厚爱和宽恕,如果它把我推向更深的底层,我可能会找到更深刻的生活真谛。"②这是一种不同于浪漫主义对诗和远方的向往的立足当下、朝向他者、拥抱生活、务实、进取的人生精神的体现,是深入生活的肌理,反求真我催化的审美感知,在此基础上才开掘出了人民主体性美学。陀思妥耶夫斯基面对他所身处的理想主义、浪漫主义时代的俄罗斯青年,也提出这样的忠告:"爱生活本身甚于爱它的意义。"③他揭示了现代社会中一种深刻的困境:人们往往沉迷于抽象的概念或理性化的符号,却忽视了真实生活的复杂

① 冯骥才:《我心中的文学》,《案头随笔》,中州古籍出版社,2005,第93页。
② 冯骥才:《冯骥才自述》,大象出版社,2003,第164页。
③ 陀思妥耶夫斯基:《卡拉马佐夫兄弟(上)》,耿济之译,人民文学出版社,2015,第344页。

性和具体个体的鲜活存在。而这与冯骥才感谢生活的哲学也是完全相通的。抽象的爱是懒惰的、廉价的,而具体的爱则是艰难的,需要付出自我牺牲的实践。爱生活本身,就是指回归生活最直接的体验,即拥抱生命的偶然性与琐碎性,而非执着于解释它、评价它、挑剔它。这可以用《感谢生活》中初见罗俊俊时的描写来理解:"她能融在任何背景上,周围的颜色、光线,以至空气,顿时都随着她变,成一幅美妙的画……"①换言之,我们不能要求生活以我们为圆心运转,而应以生活为圆心,并将人的感受的丰富性和生活本身的丰富性联系起来,以此将我们自己投身于生活的运转之中。

《感谢生活》这篇小说的结尾是发人深省的:

> 我望着这扛着纸箱、渐渐走去的背影,我的心有一种泛泛的惆怅。应当为他祝愿什么呢? 他的未来又将是怎样的呢? 然而……这几年,我南来北往,这样的人见得不少。世人的苦难叫他们尝透了。但你从表面却看不出一点受苦的痕迹。有时,他们向你道出自己那些崎岖坎坷,使你难以置信! 他们……他们真像一个奇妙的魔术袋,生活把一件件粗的、硬的、尖利的,强塞进去,不管接受起来怎么艰难,毕竟没把它撑破,最终还是被他们默默地消化掉了。他们的双眼,他们的心,还是执著地向着生活! 生活,往往使一个对它绝望的人,也不肯轻易同它告别,不正因为它迷人的富有,它神秘的未知,它深藏的希望吗? 那就不管身上压着什么,也勇敢地生活下去,我们

----

① 冯骥才:《感谢生活》,《众生故事》,中州古籍出版社,2005,第24页。

伟大的中国人啊……①

相较于彼时盛行的哀怨低回的伤痕文学,《感谢生活》源自"一种冷静的再认识,一种沉着的回顾中由衷生发的深沉的情感"②,表达的是一种将苦难凝聚为光,以照亮前行之路的乐观主义和理想主义精神。所以感谢生活,也就是感谢命运所赠予我们的一切,在不自由的环境中去追求自由,在不完美的世界中追求完美。这也正是人的高贵之处,人生的价值和意义所在。

三、看待中西、新旧冲突的平常心与
文化自觉

冯骥才的理想是根植于中国的传统文化传统之上的理想,所以他对传统文化的传承有着更积极的行动,在看待传统与现代的关系上,也表现出更为辩证和合理的特点。一方面,他强调人文精神的重要,认为"如今,人文精神的固有准则、特别是传统的价值观正遭遇到颠覆性的冲击,诸多迷惘和困惑摆在社会和个人面前。面对物欲横行与享乐盛行,我们却手无寸铁,无能为力——重建我们的人文精神迫在眉睫。"③另一方面,他也高度关注当代社会与传统的关系,指出"我们所谓的传统并不等于历史,传统是文化。传统并不在

---

① 冯骥才:《感谢生活》,《众生故事》,中州古籍出版社,2005,第75页。
② 冯骥才:《十年再回头》,《案头随笔》,中州古籍出版社,2005,第82页。
③ 冯骥才:《人文精神是教育的灵魂》,《民主》2008年 第1期。

我们的过去,更应该在我们的未来。"①所以,他的理想追求是一种有根的追求,而不是一种脱离现实的乌托邦。

谈到冯骥才对于文化的关注,离不开他的"怪世奇谈三部曲"——《神鞭》《三寸金莲》和《阴阳八卦》。相较于当时激进的"反传统"浪潮,冯骥才倾向于让传统照亮未来,挖掘传统中的正面的价值和意义,光怪陆离、怪力乱神的表层之下潜藏的文化之魂。为此,他不惜冒着极大的风险选择已经被极度污名化的文化符号作为其文化思考的象征,如"辫子""小脚""八卦"这类意象,颇有一种"沙里淘金""粪中觅道"的味道。冯骥才的小说是一种思想性的小说,他往往用欧亨利式的翻转式的小说结尾将人们意想不到的结果突然呈现在读者的面前,让人惊叹,"原来如此""精彩艳艳"!实际上这与佛教所讲的"不着相"是相通的,"着相"是一个佛教术语,意思是执着于外相、虚相或个体意识而偏离了本质。这里的"相"指的是某一事物在我们脑中形成的认识或概念,它可以分为有形的(可见的)和无形的(即意识)。而我们通常所说的"着相",也就是传统中国持有的比较原始的形象思维。表现在"剪辫子"这一行为中,就相当于将辫子视为中国文化自身,辫子神功不行了,就认为是中国文化不行了,于是彻底的反传统就是把传统彻底地与辫子一起埋葬,彻底消杀、灭绝,而忘记了"是实相者,即是非相"②,"凡所有相

① 冯骥才:《传统不仅代表过去,更应代表未来》,见《当代社会中的传统生活:国际学术研讨会论文集》,天津社会科学院出版社,2014,第4页。
② 陈秋平:《金刚经·心经》,中华书局,2010,第62页。

221

皆是虚妄"①。中国在近代历史上的受挫、受辱和失败,并不能简单地认定是永久的受挫、受辱和失败。晦气的一天不等于晦气的一生,只要"神"在,必会重生,就像神鞭傻二,割掉辫子的头皮像鸭蛋又青又亮,把玻璃花惊得嗓音变了调儿:

> "你,你把祖宗留给你的'神鞭'剪了?"傻二开口说:"你算说错了!你要知道我家祖宗怎么情况才创出这辫子功,就知道我把祖宗的真能耐接过来了。祖宗的东西再好,该割的时候就得割。我把'鞭'剪了,'神'却留着。"②

傻二深知变通是继承的必须,他在不断地与时俱进。本来祖宗立下的规矩是自家技艺不准传给外人,只能传给自己的后代,但他没有后代,就只能打破祖先的规矩:"收徒那天,傻二向祖宗烧香叩头,骂自己大逆不道,改了祖宗二百年不变的规条;但又盟誓,要把辫子功发扬光大,代代传衍,这才是真正不负古人,不违先辈创造这神功的初衷。其实,他是给事情赶到这一步,不改不成,改就成了。祖宗早烂在地下,还能找他来算账? 总背着祖宗,怎么往前走?"③这其中反映了文化的受动性与能动性的问题,文化并非单向僵死的负担,它还具有能动创造的一面,正如电的阴阳两极一样,所以要全面把握一种文化,需要的是一种"叩其两端而竭焉"的整体性眼光,而不是把某种文化单极化、脸谱化和本质化,忽视文化的复杂性,而

---

① 陈秋平:《金刚经·心经》,中华书局,2010,第30页。
② 冯骥才:《神鞭》,百花文艺出版社,2016,第168页。
③ 冯骥才:《神鞭》,百花文艺出版社,2016,第152页。

进入单一决定论的轻躁武断之举。

《三寸金莲》也是如此。小说将缠足的动作诉诸视觉,比如第十四回名为《缠放缠放缠放缠》,缠字与放字交叠,体现了缠足与放足的曲折和反复。潘妈教戈香莲如何缠足——"来绕到脚背搂紧,再打脚背外斜着往下绕裹严压向脚心,四个脚趾拉住抻紧再转到脚外边翻上脚背,搭过脚外边挂脚跟前扯勾脚尖回到脚内侧又直扯大拇趾斜绕脚背,下绕四脚趾打脚心脚外边上脚背外挂脚跟勾住脚尖二次回到脚内侧,跟手还是脚内脚尖脚背脚心脚外脚背脚跟脚尖三次回到原处再来。"[1]这是对"一个裹得紧紧又死沉死沉的包袱从来不曾打开"[2]的旧社会缠足文化的直观再现。缠小脚作为一种传统陋习一直引起现代人的厌恶和反感,但是作为古代社会的积习,自然有其缘故在,不能简单地从是否文明、是否人道角度来做简单判断。更不能武断地将其作为中国文化的独有之恶来看待,而对域外他国中同样存在的对女性身体戕害的陋习熟视无睹。比如西方社会长期存在的束腰陋习,其对于人的内脏、呼吸的伤害程度不下于缠足,这些都是在特定历史阶段父权秩序下的性别规训和美的暴力的体现。西方社会也并没有因为进入现代社会而终结此陋习,而是直到第一次世界大战之后因为妇女大量出来工作,这一陋习才逐渐消失。西方束腰高峰期恰恰是十九世纪西方工业文明的顶峰期英国维多利亚王朝时期,这说明文化上的陋习与现代化本身也并无直接

① 冯骥才:《三寸金莲》,百花文艺出版社,2016,第95页。
② 冯骥才:《传统文化的惰力和魅力——我为什么写〈三寸金莲〉》,《冯骥才散文精选》,长江文艺出版社,2015,第138页。

因果关系。它的出现与人类文明自身的、内在的局限性有关，并不是可以简单地以文明与野蛮的冲突加以解释。

除了缠足，盘发也一样具有同样的映射文化陋习的作用。"比方堕马髻双盘髻一字髻元宝髻盘辫香瓜蝙蝠髻云头髻佛手髻鱼头髻笔架髻双鱼髻双鹊髻双凤双龙髻四龙髻八龙髻百龙髻百鸟髻百鸟朝凤髻百凤朝阳一日当空髻"①，盘发是传统社会通过赋予女性身体整一化的秩序，来彰显、固定并强化个体在家庭中的角色和地位的手段。究其缘由，传统中国的生活伦理由儒家文化传统所浸染，通过对身体发肤的规范，可以维护家庭内部的等级秩序，表征个体在集体生活的身份和位置，这也是现代意义上的确立集体感的建制方式之一。所以《三寸金莲》中的缠足者并不意味着就是一些死心塌地的保守派和吃人者。戈香莲在《白话报》上刊登了《致有志复缠之姐妹》，文章写道：人爱金莲，今人爱天足，并无落伍与进化之区别。古女皆缠足，今女多天足，也非野蛮与文明之不同。不过"俗随地异，美因时变"而已②。戈香莲是金莲比赛的冠军，但是她不仅没有对缠足和放足损一贬一，而且采用大众媒介表达意见，足以说明彼时缠足女性也在思想上有着程度不低的先进性。不过，香莲也认为"最美女子都在种种不适之中。没规矩不能成方圆，无约束难以得至美。"③这就涉及约束与解缚、自由与秩序的依存关系，单纯偏向任一方，都是行不通的。如小说的结尾站在缠足和反缠足的阵

① 冯骥才：《三寸金莲》，百花文艺出版社，2016，第245页。
② 冯骥才：《三寸金莲》，百花文艺出版社，2016，第233页。
③ 冯骥才：《三寸金莲》，百花文艺出版社，2016，第236页。

营中的是至亲的母女,但看似顽固的母亲实则是先行一步的变通者。这表明,从传统社会走向现代社会,从本质上说就是走向群龙无首、自我中心的"意见世界"而非既往由传统宗教设定的"真理世界",所以相对主义在所难免:"人间事,有时有理,有时没理,有时有理又没理没理又有理。没理过一阵子没准变得有理,有理过一阵子又变得没理。有理没理说理争理在理讲理不讲理道理事理公理天理。有理走遍天下,没理寸步难行。事无定理,上天有理。公说公有理,婆说婆有理。"①新旧之间,人同此心,心同此理,有矛盾冲突是自然的,但并非水火不容、不共戴天的关系,不可将这种新旧矛盾绝对化、极端化,并将一方彻底压倒另一方作为解决问题的唯一方式。

《阴阳八卦》所写的更集中于中国文化的核心领域。关于算卦,古人从来就有"善易者不卜"的说法,也就是说精通《易经》的人,往往不再依赖具体占卜手段。他们通过把握阴阳变化的规律预判趋势,无需借助外在仪式。"道高于术"的意思就是占卜是"术",而擅卜者追求的是"道"。擅卜者更注重修身养性以求与道合一,而非通过占卜改变命运、谋取利益。孔子言"不占而已矣"②,强调的是德行修养比占问吉凶更为重要,并且占卜还涉及敬畏天道和避免僭越的问题。所谓"天命不可窥尽",传统文化观念中占卜是"窥探天机"的行为,频繁甚至滥用是对天道的冒犯。擅卜者深知因果规律,而对占卜行为持谨慎态度,不可过度依赖。

---

① 冯骥才:《三寸金莲》,百花文艺出版社,2016,第265页。
② 杨伯峻:《论语译注》,中华书局,2017,第200页。

在《阴阳八卦》中,八哥说:"依我说,命自然是有。可谁也不知道。你非叫人说,别人就使一套蒙你。世上的事不这样就那样,怎么说也能蒙对一半。蒙错了,你只当受骗,不信,不信就不认真;蒙对了,你就信,愈信愈认真,愈认真愈上当。"①小说通过一个家族为寻找似有若无的祖传金匣子,导致家破人亡的故事,实则在告诫人们"善易者不卜"的道理。也就是说重要的是求道,而非求术。如果将术作道,倾心求之,最后只能走火入魔,陷入迷途。传统内部也有正邪之分,其所产生的问题也只能按其自身的文化逻辑来解决,不能一概而论,全盘否定。如冯骥才自述"我们把民族优秀的东西像泼水一样,连同孩子一块儿泼出去了。"②所以,冯骥才的其他创作也多具有这样一种警示作用,其中渗透着对故乡和传统文化的温情。他在《俗世奇人》的序言中说:"天津卫本是水陆码头,居民五方杂处,性格迥然相异。然燕赵故地,血气刚烈;水咸土碱,风习强悍。近百余年来,举凡中华大灾大难,无不首当其冲,因生出各种怪异人物,既在显耀上层,更在市井民间。余闻者甚伙,久记于心;尔后虽多用于《神鞭》《三寸金莲》等书,仍有一些故事人物,闲置一旁,未被采纳。这些奇人妙事,闻所未闻,倘若废置,岂不可惜?近日忽生一念,何不笔录下来,供后世赏玩之中,得知往昔此地之众生相耶?故而随想随记,始作于今;每人一篇,各不相关。冠之总名《俗世奇人》耳。"③正因为"血气刚烈;水咸土碱,风习强悍",所以才

---

① 冯骥才:《阴阳八卦》,百花文艺出版社,2016,第264页。
② 冯骥才:《文化的疼痛与守护》,见《冯骥才对谈录》,人民出版社,2020,第227页。
③ 冯骥才:《〈俗世奇人〉前记》,见《乡土传奇》,中州古籍出版社,2005,第7页。

出至情至性之人,而文学的本质就在于"美的根据总是现象中的自由。我们对美的表现的根据是自由中的技巧"①,正因为现实中无法实现精神的完全自由,所以才产生了文学艺术以想象和虚构弥补现实的缺憾。

冯骥才是一位智与情、创作与理论兼胜的作家,他的创作是建立在深刻的理性的、文化的自觉之上的。文化自觉根源于文化自信,缺乏文化自信作为基础,文化自觉便难以确立。如果没有文化自信,没有对本民族文化根基的认同,"民不知祖,就有丧国之危"②,只能导致文化立场上的虚无主义。如《老残游记》第二十回《道人冰雪返魂香》中的人物在寻找高人道士青龙子时,庄家老道:"眼前路,都是从过去的路生出来的;你走两步,回头看看,一定不会错了。"③传统是现代的根基和源泉,它与现代之间具有一种割舍不掉的连续性。人类的经验和智慧就是这种连续性的突出表现,如果舍弃了这种经验和智慧,人们就会陷入断裂性的"现代的野蛮"之中,出现文明和历史的倒退。所以判断现代性是否走对了路,需要的还是传统的标杆,而不是它自我标榜的进步。

《单筒望远镜》讨论的是中西文化的交流碰撞。小说将视点聚焦在天津老城区边中法租界的交界地,以天津裕光纸店欧阳家二少爷欧阳觉和法国军官的女儿莎娜小姐互生情愫为线索,讲述了一个传统儒商家庭在庚子事变中遭遇战火以致沉寂的故事。其中,望远

---

① 弗里德里希·席勒:《美育书简》,徐恒醇译,中国文联出版社,1984,第 159 页。

② 冯骥才:《神鞭》,百花文艺出版社,2016,第 113 页。

③ 刘鹗,严薇青校注、严民整理:《老残游记》,齐鲁书社,2024,第 268 页。

镜寄寓了中西两种视觉观看方式带来的感官体验,先是欧阳觉领莎娜到娘娘宫东北角的阁楼,意图"从阁楼上的窗口可以俯瞰大庙全景、庙前广场、戏楼,和整整一条宫南大街上熙熙攘攘的人流。再向远望,可以看到白河辽阔而动人的景象,以及紫竹林租界那边模模糊糊、有些奇特的远景"①;后是莎娜小姐帮助欧阳觉通过望远镜看远景,"她先用镜头对着白河边一艘船,调好焦距,然后叫马老板告诉他对准河上那艘船看。待欧阳觉再举起望远镜看,'呀'地叫出一声,觉得自己真像天上'四大天将'中那个千里眼了!"②两种不同的视觉经验显示出中西认知世界方式的不同,从阁楼上看是以传统建筑为媒介,从望远镜中看是以现代技术为媒介。前者是亲眼所见,但"模模糊糊、有些奇特的远景"并不能带来直接的视觉震撼;后者是技术中介的所见,不仅可以清晰聚焦和放大远方的风景,而且还赋予观看者把握世界的主体性,发展出"世界由自"的自我意识。但是小说并未停留于中西文化的差异,而是以两人的爱情延展了中西文化交流的超越性和对视沟通的可能性,即从人类共通的情感经验出发,接纳和正视异族男女之间心绪结构的区别和互映。如冯骥才在该书封底上所说:"在中西最初接触之时,彼此文化的陌生、误读、猜疑、隔阂乃至冲突都在所难免;而在殖民时代,曾恶性地夸张了它,甚至将其化为悲剧。"这就是说人类文明的互动并非是去一存一的博弈,只有当一种文明试图侵占、征服另一种文明时,不同文明的接触才会产生水火不容、你死我活的剧烈矛盾、极端冲突。而这正

① 冯骥才:《单筒望远镜》,人民文学出版社,2018,第26页。
② 冯骥才:《单筒望远镜》,人民文学出版社,2018,第27页。

是不利于人类生存和文明延续的零和游戏,所以要避免这种两极对立的极端势态的出现,就需要我们承认文明的复数性、共在性、多元性,在美美与共、多元共存的背景下实现良性互动,这样才能是人类进入到一个以世界人类的共同繁荣为目标的新的文明阶段。

结　语

冯骥才的创作是超越于其时代的激进主义的反传统西化派和把传统理想化、浪漫化的复古派之外的注重经验理性的、务实主义的文化态度。这与他 20 世纪 80 年代的访英经历颇有关系,英国提供了不同于法国的独特的现代化模式,那就是最大程度地保持了历史文化的连续性,从而避免了剧烈的社会动荡的经验主义的现代化模式,这给冯骥才在思考传统与现代关系时带来了不少启示。他创作上的一个得天独厚之处在于他与他的生活环境——他的家庭、城市、地域文化的圆融无碍,这使他的文学生活具有一种居家感、嵌入感的关键。与莫言将他的文学故乡高密东北乡视为"最英雄好汉最王八蛋"的两极化情绪不同,冯骥才看待天津的态度是平和理性、不走极端的,他所表现出的生活嵌入感并不意味着丧失自我、一味认同,而是意味着在更高层面上理解人性、包容人性、容纳差异。他的《高个子女人和她的矮丈夫》《抬头老婆低头汉》等表达的都是一种人道主义的温情和对世俗偏见的批判。冯骥才创作中的传统与现代之间,不是一种对立、断裂的关系,而是一种互动互补的关系。正是这种文化洞见使他能够超越其时代的文化偏见之上,以平常心看待传统与现代、东方和西方的矛盾冲突,在古今之变和东西差异中站稳立场、不畏物议,并将很大的精力投入到了时不我待的民间文化遗产的抢救和保护工作之上。这项工作与他的创作一样,在当代文化史上具有不可磨灭的价值和意义。

作者:耿传明,南开大学文学院教授、博士生导师

用好丰厚文化资源 繁荣发展津派文化
——津派文化资源及研究状况综述

Make Good Use of the Rich Cultural Resources and Promote the Prosperity and Development of Tianjin´s Cultural School:A Review of Jinpai Cultural Resources and Research Status

津派文化研究中心课题组

内容提要:天津是一座具有悠久历史的文化名城。数万年人类史、数千年文明史、六百余年建城史,创造了丰厚的津派文化资源。这既包括数量众多、富有价值的物质文化资源,也包括种类繁多、内容精湛的非物质文化资源。河海文化、红色文化、工商文化、建筑文化、民俗文化、演艺文化、文博文化、休闲文化八种文化形态皆具有众多历史遗存、场馆景点、文献档案等物质载体,同时也皆蕴含着丰富精神内涵。学界对于津派文化及其八种文化形态的研究,已经取得丰硕成果。新形势下,要加强对津派文化资源的保护传承和利用,多措并举加强津派文化研究阐释和宣传,努力开创津派文化传承发展新局面。

关键词:津派文化 文化资源 研究状况 综述

习近平总书记在视察天津时指出"天津是一座很有特色和韵味的城市"①,要求天津在文化传承发展上善作善成。津派文化蕴含着天津的文化特色和韵味,传承发展津派文化是落实在文化传承发展上善作善成的必然要求。为摸清津派文化资源和研究底数、更好在新形势下推进津派文化传承发展,津派文化研究中心于 2025 年上半年开展津派文化资源及研究现状调研工作。根据调研结果,现将津派文化资源及研究状况综述如下。

一、津派文化研究总体状况

(一)津派文化研究的对象

丰富多彩的津派文化资源是开展津派文化研究的对象。天津是一座具有悠久历史的文化名城。早在旧石器时代,天津市域便有人类活动。先秦时期,蓟州地区处于燕文化的中心区域。秦汉时期,武清地区设泉州、雍奴二县。西汉初年,静海地区设立东平舒县。唐代设武清县,北宋设静海县,金代设立宝坻县,明初建立天津城,设天津三卫。数万年人类史、数千年文明史、六百余年建城史,创造了丰厚的津派文化资源。这既包括数量众多、富有价值的物质文化资源,也包括种类繁多、内容精湛的非物质文化资源。

---

① 《习近平春节前夕赴天津看望慰问基层干部群众 向全国各族人民致以美好的新春祝福 祝各族人民幸福安康 祝伟大祖国繁荣昌盛》,《人民日报》2024 年 2 月 3 日,第 1 版。

1. 津派文化的物质文化资源

津派文化的物质文化资源主要包括以下三类:一是物质文化遗产和文物。天津拥有数量众多的物质文化遗产和文物,其中包括大运河、长城 2 处世界文化遗产,天津拥有马可·波罗广场建筑群、天津五大道近代建筑群等全国重点文物保护单位 34 处,拥有天津市文物保护单位 220 处、国有馆藏一级文物 635 项①。二是文献资料。截至 2023 年底,天津拥有公共图书馆 20 家(藏书 2445 万册)和众多专业图书馆,拥有各类档案馆 33 个(其中国家综合档案馆 18 个、国家专门档案馆 1 个)②,保存大量记载天津历史文化的资料、文献和档案,是承载津派文化的重要载体。三是展示载体。截至 2023 年底,全市有区级以上文化馆 17 个、公有制艺术表演团体 5 个(从业人员 817 人)、艺术表演场馆 126 个(从业人员 1685 人),有天津出版传媒集团(下属 11 家出版单位)和多家专业出版社,有哲学社会科学和文化艺术类期刊 99 种。③ 截至 2024 年底,全市有备案博物馆 80 家,全市博物馆藏品总量达 78.5 万件(套)④;有 A 级旅游

---

① 参见天津市文化和旅游局官网发布:《天津市全国重点文物保护单位名录》(2024 年 12 月 2 日发布)、《天津市文物保护单位名录》(2024 年 12 月 13 日发布)、《天津市国有馆藏一级文物目录》(2025 年 4 月 24 日发布)。

② 参见天津市统计局、国家统计局天津市调查总队编:《天津统计年鉴.2024》,中国统计出版社,2024。

③ 参见天津市统计局、国家统计局天津市调查总队编:《天津统计年鉴.2024》,中国统计出版社,2024。

④ 《全市博物馆藏品总量达 78.5 万件(套)》,《天津日报》2025 年 5 月 17 日,第 4 版。

津派文化研究 第1辑

景区共 109 家,其中 5A 级 2 家,4A 级 34 家,3A 级 53 家,2A 级 20 家①。每年通过举办展览、举行演出、出版图书、发表文章、接待游客等展示天津历史文化。

2. 津派文化的非物质文化资源

津派文化的非物质文化资源主要包括以下方面:一是千百年来天津地域产生的各类精神文化。这些精神文化涉及哲学、历史、文化、经济、政治等众多学科、众多领域,包含着数之不尽的"天津故事",凝聚着天津的精神气质,传承着天津的历史文脉,是天津的宝贵精神财富和津派文化研究的无形资源。二是天津的非物质文化遗产。截至 2024 年底,天津市拥有国家级"非遗"项目 49 项、市级"非遗"项目 357 项,涵盖民间文学、传统音乐、传统舞蹈、传统戏剧、曲艺、传统体育游艺与杂技、传统美术、传统技艺、传统医药、民俗 10 类。②

(二)津派文化的学术研究

1. 天津解放前的津派文化研究

对于天津地区历史文化的研究,由来久远。早在明代以前,便有对天津地区历史文化的梳理总结。明代成化年间编修《蓟州志》,

---

① 天津市文化和旅游局:《天津市 A 级旅游景区名录》,https://whly. tj. gov. cn/WSB-SYZXBS4230/WMFW8706/QYML408/202008/t20200817＿3486782. html,访问日期:2025 年 4 月 27 日。

② 天津市文化和旅游局:《天津市国家级及市级非物质文化遗产项目名录》,https://wh-ly. tj. gov. cn/WSBSYZXBS4230/WMFW8706/QYML408/202007/t20200728＿3105499. html,访问日期:2024 年 12 月 4 日。

234

弘治年间编修《宝坻县志》，便对蓟州、宝坻等地的风俗文化进行了研究梳理。然而，明确具有"天津"地域意识的天津历史文化研究，则始自清代前期。康熙《天津卫志》、乾隆《天津县志》《天津府志》的编纂，体现了天津学者的地域文化自觉。近代以后，出现许多梳理天津历史文献的书籍，民国时期的天津学者金钺、高凌雯等都曾广泛搜集整理天津历史文献，《屏庐丛刻》等刻印天津历史文献的大部头书籍得以出版。总体而言，天津解放前的历史文化研究，主要为对天津地方志的编纂和对天津历史文献、本地学者文集的整理刻印。这些文献书籍既是前人研究梳理天津历史文化的结果，也是后人研究天津历史文化的文献依据。

2. 天津解放后到改革开放前的津派文化研究

天津解放后，天津文化研究进入新阶段。大批解放区文艺专家来津，推动了津派文学艺术的研究和传承发展。特别是 1958 年中国科学院河北省分院历史研究所（天津社会科学院前身，1962 年改称天津市历史研究所，1979 年并入天津社会科学院）成立后，把天津历史作为研究重点，曾专门设立天津史研究室，集中人力物力搜集整理了大量天津革命史资料，并开展专题研究。1964 年，天津市历史研究所编辑出版《天津历史资料》（内部发行），1966 年编写出版《天津概况》（天津人民出版社内部发行，是最早介绍宣传解放后天津的书籍），随后着手编写天津简史。这些研究工作为按照现代学术规范开展津派文化研究做了积极探索。

3. 改革开放以来的津派文化研究

改革开放以来，市有关部门在津派文化研究方面主动采取了一系列举措,在人才培养、学科建设、研究创作、活化利用等方面都取得显著成效。南开大学、天津师范大学、天津社会科学院(以下简称"天津社科院")的天津文史研究,天津大学的建筑文化研究,中共天津市委党校的红色文化研究等,都具有良好学术传统、雄厚科研实力。1979 年初,天津市历史研究所(天津社科院)天津史研究室编印了《天津简史(征求意见稿)》。此后,关于津派文化的通史研究和专门研究迅速展开。天津社科院组织相关领域的专家编写了《天津简史》《古代天津城市史》《近代天津城市史》《天津文学史》《天津宗教史》等一批高水平津派文化研究专著。中国人民政治协商会议天津市委员会文史资料委员会编辑的《天津文史资料选辑》(已出版 136 辑),持续开展对津派文化的专门研究,产生了广泛影响。特别是在 20 世纪 80 年代,天津市地方志编修委员会启动了《天津简志》《天津通志》的编写工作,陆续出版了数十种大部头天津地方志书,南开大学来新夏、郭凤歧教授主持整理的《天津通志·旧志点校卷》等许多志书都是研究津派文化的力作。2004 年,在纪念天津设卫建城 600 周年之际,由万新平主持的天津通史编修工作正式启动,该项目出版"天津通史专题研究丛书""天津通史资料丛书""天津通史编译丛书",形成了一大批津派文化专题研究成果和研究资料。2014 年以来,王振良主编《问津文库》出版津派文化相关丛书 100 余种,李国庆、王振良主编《天津文献集成》汇集影印天津历史文献 50 册 84 种。2018 年以来,天津市档案馆出版《天津市志·妈祖文化志》等志书 20 余册,资助出版"天津地方史研究丛书"和"天津地情资料丛书"十余种,产生了广泛影响。

二、八种文化形态资源状况

（一）河海文化资源

1. 运河文化资源

天津是"运河载来的城市"，南北运河的交汇，不但促进了天津城市的建立和发展，也为天津留下了众多历史文化遗产。作为世界非物质遗产文化的一部分，大运河天津段沿线共有文物保护单位 55 处、非物质文化遗产 120 余项。运河周边还分布有全国重点文物保护单位 8 处、天津市文物保护单位 26 处。当下运河虽然已经丧失漕运功能，但被赋予新的使命和功能，运河河道、船闸、桥梁、堤坝构成了"遗存文化资源"，沿岸的衙署官仓、会馆商铺以及传统习俗构成了"伴生文化资源"。

2. 海河文化资源

海河是天津的母亲河，数千年海河水系的变迁历史深刻影响了海河流域的经济社会发展，人们在治理海河的过程中积极利用海河资源①，形成了独具特色的海河文化。旧时的"晓日三叉口，连樯集万艘"的漕运盛景，成为如今氤氲着商文旅气质的"活力秀带"。它集津沽风韵的古文化街、异域风情的小洋楼与现代城市地标"天津之眼"等于一身，与矗立于海河之上的解放桥、金刚桥、狮子林桥、金

---

① 关于海河水系变迁及海河流域历代治水活动，参见海河志编纂委员会编：《海河志第一卷》，中国水利水电出版社，1997；王长松：《泥沙上的繁华：近代海河治理与天津港空间形态演变》，天津人民出版社，2023。

汤桥等桥梁形成天津独特的兼收并蓄的文化景观带。

3.海洋文化资源

天津是海河水系入海口,襟河枕海。万年古贝壳堤见证渤海湾沧海变桑田,千年盐业奠定"海韵盐魂"的文化底色,"妈祖文化"强化水手船夫的民俗记忆,大沽口炮台见证抵御外侮的爱国主义,"永久黄"彰示工业文明的兴起。潮音寺、大沽炮台遗址、大沽船坞遗址、芦台盐场、北塘古镇、茶淀文创街区、长芦汉沽盐业展览馆和天津盐业风情游览区等是天津海洋文化的历史见证。国家海洋博物馆是集收藏、展示、研究、教育于一体的我国唯一国家级综合性海洋博物馆。此外,海漕海运的发展为天津塑造了历史悠久的港口文化。从唐代的军粮城到元代的直沽港,到近代开埠以后天津发展为北方最大的贸易出海口,港口文化日益成为天津海洋文化的重要内容①。时至今日,天津港对外通达 180 多个国家和地区的 500 多个港口,连续多年跻身世界港口前十强,带动了天津海洋经济和海洋文化的发展。

(二)红色文化资源

1.红色实物载体

2023 年 1 月,天津市人民政府公布《天津市红色资源名录(第一批)》,主要分为两大类:一是重要旧址、遗址、纪念设施或场所类红色资源,共 151 处,包括旧址 58 处、遗址 64 处、纪念设施或场所

---

① 关于天津港口文化的发展历史,参见李华彬主编:《天津港史(古、近代代部分)》,人民交通出版社,1986;郭凤歧主编:《中国海洋文化·天津卷》,海洋出版社,2016。

29 处,如平津战役纪念馆、周恩来邓颖超纪念馆、觉悟社旧址、盘山烈士陵园、中共天津历史纪念馆、天津一二·九抗日救亡运动纪念馆等。二是重要档案、文献和实物类红色资源,共 92 件(套),如关于天津地下党组织建设、党的机要交通工作等重要活动的档案资料,反映天津历史名人、劳动模范、国家勋章获得者等先进人物事迹的档案资料,天津革命烈士蓝运藏书信、日记等珍贵红色档案,与抗日战争、解放战争等重大历史事件相关的档案资料,等等。另外,天津市文化和旅游局先后于 2021 年、2023 年分两批公布天津市革命文物名录,共有不可移动革命文物 76 处、可移动革命文物 8220 件(套)。这些革命文物时间跨度长、品类丰富、分布广泛,不可移动革命文物包括旧址、旧居、战斗遗址等,可移动革命文物包括纪念章、出版物、信件、旗帜、军用工具等众多种类。

2. 红色经典故事

近代以来,天津在抵抗外辱、开展革命、推进建设的历史中发生了许多可歌可泣的英雄事迹。从第二次鸦片战争到辛亥革命,从马克思主义在天津早期传播到天津解放,从社会主义改造和建设时期到中国特色社会主义新时代,津沽大地发生了许多感人肺腑的红色经典故事。这些红色经典故事蕴含着民族精神和时代精神,体现了党的精神谱系,传承党的红色血脉,是开展津派文化研究的宝贵财富,值得深入研究和传承。

3. 红色旅游景区

天津市现有于方舟故居、天津觉悟社纪念馆等 15 家天津市红色旅游景区(点),这些景区由天津市文旅局于 2021 组织评选并公布,分布于滨海新区、和平区、南开区、河北区、红桥区、西青区、北辰区、宁河区、蓟州区。其中平津战役纪念馆、周恩来邓颖超纪念馆、盘山烈士陵园、中共中央北方局旧址纪念馆、天津市规划展览馆、大沽口炮台遗址博物馆6个景区于2016年被国家发展改革委、中宣部等列入《全国红色旅游经典景区名录》。另外,天津市还打造了"爱国教育"旅游线、"平津战役·走向胜利"精品线路、周恩来革命足迹一日游、"红色曙光"旅游线、"抗日烽火"旅游线等15条天津市红色旅游精品线路,其中"平津战役·走向胜利"精品线路、"生态蓟州·田园如诗"精品线路曾于2021年入选全国"建党百年红色旅游百条精品线路"。

(三)工商文化资源

自明清时期以来,天津便凭借优越的地理位置,逐步发展成为全国重要的商贸中心。进入近现代,天津作为开放口岸之一,吸引了大量国内外商人,形成了独具特色的工商文化。目前,天津市拥有中华老字号72个,此外,另有津门老字号141个(不含商务部认定的三批次中华老字号),涉及18个国民经济行业分类,各类市场实有经济主体181万家,形成了多层次、多业态的工商体系。此外,天津市拥有36个开发区和产业园区,其中省级开发区21个、国家级经济技术开发区6个、海关特殊监管区域5个、国家级高新技术产业开发区1个、国家级自主创新示范区1个,包括天津经济技术开发区、滨海高新区、天津自由贸易试验区等,为工商文化的传承与发展提供了坚实支撑。

　　天津依托港口经济、近代工业及金融业的发展，形成了独具特色的工商文化体系，主要包括商贸文化、工业遗产、金融文化三大核心板块。

1. 商贸文化

　　天津在古代是北方的重要商埠，历史上形成了多个重要的商业街区，如古文化街、金街、老城厢的南市商圈等。民国时期，天津已成为北方商业中心，吸引了全国各地的商人前来投资和经营。目前，天津的商贸文化主要体现在以下方面：一是传统商业街区，如古文化街、劝业场、金街等，承载着天津传统商业的历史记忆；二是专业市场集群，天津拥有多个专业批发市场，如红桥区的茶叶市场、河北区的图书市场、东丽区的建材市场等；三是现代商业综合体，近年兴起的天津环球金融中心、恒隆广场、天津大悦城等新兴商业综合体，推动了天津商贸文化的现代化发展。

2. 工业遗产

　　天津作为中国近代工业的发源地之一，拥有较为丰富的工业遗产。自 19 世纪末以来，天津逐步形成了纺织、机械制造、食品加工、化工等工业体系。自 2017 年至 2024 年，国家工信部先后公布 6 批国家工业遗产名单，认定国家工业遗产 232 项，天津有大港油田港 5 井、海鸥表业手表制作生产线、天津第三棉纺织厂、长芦汉沽古盐场 4 项被认定为国家工业遗产。2023 年 7 月，天津市工信局根据国家工信部《国家工业遗产管理办法》，印发《天津市工业遗产管理办法》，并于 2023 年 12 月、2025 年 3 月先后认定两批共 15 项天津市工业遗产。近年来，天津活化利用工业遗产方面采取了一系列创新举措。天津第三棉纺织厂改建为天津棉 3 创意街区,长芦汉沽古盐场发展为集生产体验、文化展示于一体的特色工业旅游区。天津通过活化这些工业遗产,将其转化为文创园区、博物馆、商业综合体等,使工业遗产焕发新生。

3.金融文化

作为中国近代金融业的重要发源地之一,天津的金融文化底蕴深厚。清末民初,天津成为全国最早设立银行、证券交易所的城市之一,吸引了大量国内外资本。目前,天津市的金融文化主要体现在以下方面:一是近代金融遗存,如盐业银行、大陆银行、金城银行等旧址,承载着天津早期金融业的辉煌历史;二是现代金融发展,天津目前拥有多个金融中心,如滨海新区金融改革创新基地、于家堡金融区等,吸引了大量金融机构入驻;三是商业保险与证券交易,天津在近代中国率先引入商业保险,并在 20 世纪初建立了证券交易所,这些金融制度的创新为中国现代金融体系的形成奠定了基础。

(四)建筑文化资源

建筑文化是人类从事建造活动创造的物质和精神财富的总和,凝聚着人类对于社会习俗、意识形态、伦理道德和技术水平的整体认知。建筑物既是建筑文化的载体,又超出了建筑的范畴,作为人类社会活动的"场所"而存在。天津素有"万国建筑博览会"之称,有五大道、意风区、解放北路、古文化街等 16 个历史文化街区,拥有众多从传统到现代的各类建筑,具有丰富的建筑文化资源。

根据 2005 年 9 月 1 日出台的《天津市历史风貌建筑保护条

例》,天津市政府于 2005 年至 2013 年分六批确认了历史风貌建筑 877 幢,合计 126 万平方米,分布在 15 个行政区。其中,和平区共有历史风貌建筑 663 幢,约占所有天津市历史风貌建筑的 75.6%,河北区、河西区、南开区、红桥区和河东区分别拥有历史风貌建筑 85 幢、55 幢、35 幢、11 幢和 2 幢。市内六区历史风貌建筑量占全市总量的 97%。西青区、蓟州区、武清区、东丽区、宝坻区、津南区,宁河区、静海区和滨海新区分别拥有历史风貌建筑 9 座、7 座、2 座、2 座、1 座、1 座、1 座和 1 座,占全市总量的 3%。天津的中式历史风貌建筑,以文庙、天后宫和大悲禅院为代表,主要集中在天津老城一带。西洋建筑则主要分布在原各租界区内。天津市历史风貌建筑分为三个保护等级,即"特殊保护""重点保护"和"一般保护",其中"特殊保护"级别有 69 幢、"重点保护"级别 205 幢、"一般保护"级别 603 幢。

另外,自 2016 年至 2018 年,经天津市规划局、天津市国土房管局和天津市文物局认定,经天津市人民政府同意,分五批认定公布保护性建筑 1034 座。截至 2024 年底,天津历史建筑中,共有全国重点文物保护单位 32 处,天津市文物保护单位 142 处(162 幢),区文物保护单位 31 处(32 幢),不可移动文物点 348 处(413 幢)。

津派建筑文化是基于特殊历史、地理环境的产物。从明清时期的卫城建设,到近代租界的形成,再到现代化都市的演变,天津的建筑风貌始终在城市发展中不断变化与丰富。津派建筑不仅涵盖了传统的四合套建筑、近代中西合璧的小洋楼,尤其是近代以来,随着天津作为通商口岸的地位确立,城市建设进入高速发展期,各国建筑风格在天津交汇融合,使得津派建筑呈现出鲜明的多元特征。在当代建筑设计中,天津延续和发展了本土建筑文化的中西融合理念,采用了国际化的设计手法,形成了既具有地方文化特色,又符合现代审美和功能需求的建筑风格,使津派建筑文化在新时代背景下得到了创造性的延续和发展。

(五)民俗文化资源

民俗,即民间风俗,指一个国家或民族中广大民众所创造、享用和传承的生活文化。[①] 民俗文化是一个民族或地区在长期历史发展中形成的、反映民众日常生活和精神世界的传统文化,是十分重要的文化资源,其内容丰富多彩,涵盖社会生活的方方面面[②]。尚洁主编《天津通志·民俗志》将天津民俗分为生活民俗、物质生产民俗、社会组织、岁时节日民俗、人生礼仪民俗、信仰民俗、民间艺术、游戏娱乐民俗、方言共9大类[③]。

在这9类天津民俗中,生活民俗、物质生产民俗、社会组织等,

---

① 钟敬文主编:《民俗学概论》,高等教育出版社2010,第3页。

② 关于民俗文化的分类,民俗学界不同学者有不同分法。钟敬文主编《民俗学概论》分物质生产民俗、物质生活民俗、社会组织民俗、岁时节日民俗、人生仪礼、民俗信仰、民间科学技术、民间口头文学、民间语言、民间艺术、民间游戏娱乐共11个方面论述民俗。仲富兰《中国民俗学通论》以上海为例,将民俗文化资源分为8类:"(1)地方风味和衣食民俗资源;(2)民居与楼堂馆所的建筑资源;(3)岁时节日和游乐民俗资源;(4)工业化初期阶段名牌与品牌产品资源;(5)民间信仰和庙会民俗资源;(6)城市交通民俗资源;(7)民间手工艺与口承文艺资源;(8)公共文化空间及古镇资源。"(仲富兰:《中国民俗学通论. 第3卷,民俗资源论》,复旦大学出版社,2015,第9页)

③ 参见尚洁主编:《天津通志·民俗志》,天津社会科学院出版社,2006。

大多属于经济生活、社会活动的领域,有些内容体现了工商文化、建筑文化等文化形态的特点。反映天津人文化生活的民俗文化主要包括以下 6 类。岁时节日风俗,包括诸如立春"咬春"、小年"祭灶"、除夕"踩岁"、重阳节"攒斗"等一系列与岁时节庆有关的习俗和规矩。人生礼仪民俗,包括在诞生、婚嫁、寿诞、丧葬等人生重要节点中出现的一些规矩礼仪。信仰民俗,包括各种祭祀传统、俗神信仰,以及由此而来的仪式活动,如天津天后文化信仰、妈祖祭典(天津皇会、葛沽宝辇会)、潮音寺民间庙会、独乐寺庙会、大杨宝辇出会、汉沽女书民俗文化等。民间艺术,包括工艺、美术、音乐舞蹈、戏曲等。天津市现有市级传统技艺类"非遗"135 项,其中天津风筝魏制作技艺、老美华手工制鞋技艺、天津"狗不理"包子制作技艺、桂发祥十八街麻花制作技艺、天津古籍修复技艺、天津葫芦制作技艺、独流老醋酿造技艺、天津戏剧靴子制作技艺 8 项为国家级"非遗"。传统美术类"非遗"有 41 项,其中杨柳青木版年画、泥塑(天津泥人张)、面人(天津面塑)为国家级"非遗"。游戏娱乐民俗,主要包括天津的游戏、竞技等。天津有传统体育、游艺与杂技类市级"非遗"49 项,其中回族重刀武术、戏法、拦手门、李氏太极拳、大六分村登杆圣会、永良飞叉、穆氏花键、无极拳 8 项为国家级"非遗"。方言,主要指"天津话"。

(六)演艺文化资源

天津是曲艺之乡,演艺文化资源丰富。金元时期直沽寨的漕运盛景,催生了民间艺术的萌芽;明清盐务发展带来的富商阶层,为戏曲提供了物质基础。蓟州30余座元明古戏台遗址的考古发现,印证着"村村有戏台,户户传弦索"的盛况。至清乾隆年间,市区戏曲已形成规模,马可·波罗笔下"天城"的戏曲盛景与运河码头"皇会"期间的百戏争艳遥相呼应。天津成为戏曲流派的"过境码头":河北梆子在此完成"山陕梆子"到"卫派梆子"的蜕变,何达子、元元红开创的声腔体系,与京剧形成"两下锅"的独特演出形态,催生荀慧生等大家;京剧在津形成"孙派"老生(孙菊仙)、"津派武生"(黄月山)等流派,四大名旦新编剧目必经天津首演的"北京创新、天津锤炼"传统,铸就"国剧第二故乡"的美誉;评剧从冀东莲花落蜕变为正规剧种,李金顺革新唱腔,刘翠霞、白玉霜创立流派,完成民间说唱到舞台艺术的升华。20世纪20年代至40年代,劝业场周边茶园年演出超千场,形成"戏园七处赛京城"的奇观。这种"官绅商民共赏"的生态,培育出艺术革新的沃土。

截至目前,天津传统音乐类市级"非遗"有20项,其中汉沽飞镲、刘园祥音法鼓、杨家庄永音法鼓、香塔音乐法鼓、挂甲寺庆音法鼓5项为国家级非遗;传统舞蹈类市级"非遗"有30项,其中西码头百忍京秧歌高跷为国家级非遗;传统戏剧类市级"非遗"有10项,其中京剧、河北梆子、评剧为国家级"非遗";曲艺类市级"非遗"有21项,其中京东大鼓、天津时调、相声、京韵大鼓、西河大鼓、梅花大鼓、单弦牌子曲7项为国家级"非遗"①。

① 天津市文化和旅游局:《天津市国家级及市级非物质文化遗产项目名录》,https://wh-ly.tj.gov.cn/WSBSYZXBS4230/WMFW8706/QYML408/202007/t20200728_3105499.html。

（七）文博文化资源

文博文化是基于博物馆与文物资源构建的知识体系,以博物馆为主要空间载体,通过藏品陈列、学术研究、公共教育等实践,承载文明记忆、建构价值体系、促进文化认同的复合型文化形态。天津市有丰富的文博文化资源。截至 2024 年底,在全市 80 家已备案的博物馆中,国家一级博物馆 4 家,分别是天津博物馆、天津自然博物馆(北疆博物院)、周恩来邓颖超纪念馆、平津战役纪念馆;二级博物馆 6 家,分别为元明清天妃宫遗址博物馆、武清区博物馆、大沽口炮台遗址博物馆、天津沉香艺术博物馆、静海区萨马兰奇纪念馆、滨海新区博物馆;三级博物馆 3 家,分别为天津市体育博物馆、天津戏剧博物馆(文庙博物馆)、梁启超纪念馆。从博物馆的性质来看,文物系统国有博物馆 26 家、其他行业国有博物馆 22 家、非国有博物馆 32 家,分别占比为 32.5%、27.5% 与 40%。全市博物馆藏品总量 78.5 万件/套,2024 年全年全市各博物馆共举办展览 589 个,接待观众 1754 万余人次①。

天津依托"河海通津"的区位优势与六百年建城史的深厚积淀,形成了以海洋文明、工业遗产、红色基因三大核心板块为支撑,兼具历史厚度与当代活力的特色文博文化体系。海洋文化特色方面,天津市以海洋为主题的特色博物馆主要为国家海洋博物馆,是全国唯一国家级综合性海洋博物馆。国家海洋博物馆拥有涵盖远古海洋、

---

① 参见天津市文化和旅游局:《2024 年天津市博物馆发展报告》,https://mp.weixin.qq.com/s/MGTrCuPDbLTgU8QCVUiM_w,访问时间:2025 年 5 月 17 日。

今日海洋、中华海洋文明、海洋灾害体验等的 15 个常设展厅与 5 个临时展厅,馆藏文物标本超 5 万件,包括国内最大的鱼龙化石、9.4 米鲸鲨标本等"镇馆之宝",是天津海洋特色文博的标识所在。以国家海洋博物馆为核心,天津还有自然博物馆、国家海洋信息中心海洋档案馆、滨海新区海洋科技馆等,共同组成一个海洋文博集群。工业遗产活化方面,天津作为近代工业发源地,拥有大量工业遗存。部分工业遗产已被改造为文博空间,形成独特的文化景观。其中典型代表为天津第三棉纺织厂、汉沽长芦古盐场,在经活化改造后皆具有文博功能。红色文博主题方面,天津市红色文博主题博物馆可分为革命历史类、抗战纪念类、人物纪念类 3 大类别。一是革命历史主题博物馆,如中共天津历史纪念馆、中共中央北方局旧址纪念馆、天津市军事管制委员会和中共天津市委旧址纪念馆。二是抗战纪念主题博物馆,如平津战役纪念馆、大沽口炮台遗址博物馆、天津市烈士陵园(在日殉难烈士·劳工纪念馆)。三是人物纪念主题博物馆,如周恩来邓颖超纪念馆、天津觉悟社纪念馆。天津市红色文博主题博物馆以革命历史、抗战纪念、人物精神为核心,担负京津冀地区红色教育与文化传承重任。如平津战役纪念馆是第四批国家一级博物馆、首批全国科教基地,天津觉悟社纪念馆是全国爱国主义教育示范基地。

(八)休闲文化资源

天津拥有丰富多样的休闲文化资源,主要包括以下方面。休闲街区资源,如古文化街、五大道、意式风情区等。人文休闲资源,如盘山、独乐寺、黄崖关长城、天津文化中心等。民俗休闲资源,如天津民俗博物馆、杨柳青古镇等。自然休闲资源,如海河风景带、滨海新区海岸线景区等。娱乐设施资源,如天津方特欢乐世界、欢乐谷、吉姆冒险世界等。体育休闲资源,如天津奥林匹克中心体育场、天津体育馆等。美食购物资源,这既包括特色美食,如狗不理包子、耳朵眼炸糕、桂发祥麻花、煎饼馃子等,也包括购物商业街,如滨江道商业街、和平路商业街等。乡村休闲资源,如梨木台风景区、杨柳青镇、郭家沟景区等。冰雪休闲资源,如蓟州国际滑雪场、盘山滑雪场、天津奥林匹克中心滑冰场、和平区冰上运动中心、东疆湾沙滩景区冰雪嘉年华、泰达航母主题公园冰雪活动等。整体而言,天津的休闲文化及产业规模不断扩大,"微度假"需求旺盛,外溢效应显著,休闲经济持续增长。

三、八种文化形态研究状况

(一)河海文化研究

改革开放以来,河海文化研究在学术研究、资料整理以及大众传播普及等方面取得了较为丰硕的成果。

1.学术研究成果

河海文化是天津城市的"文化母体",是天津市各大高校、研究机构以及地方文化学者关注的重点内容,并形成了各具特色的研究成果。南开大学注重从社会生活史的角度探讨河海文化的内涵与特征,研究内容涉及天津租界历史、妈祖文化等,如《近代中国通商口岸与租界》《天后信仰与地方社会秩序的建构——以天津皇会为中心的考察》《视觉文化·妈祖信仰·社会性别——以中国传统木版年画为中心》《海洋中国:妈祖信仰的传播——以天津为中心考察》《海神妈祖信仰在天津之变化及衰落原因再分析》等。天津师范大学则从历史地理角度分析河海文化的成因与发展,尤其关注与运河其他城市的比较,注重从地方角度挖掘天津河海文化的深刻内涵,目前出版专著与文章数十篇,代表作有《近代报刊中的独流镇》《"小扬州"与"北方的上海"——近代天津城市形象的更新及其意义》《"临河无池"抑或"筑城浚池":明清天津护城河考辨——兼论"塞淮安城"说》等。天津社科院长期关注天津历史文化研究,在此基础上注重对海河文化的总体研究。天津社科院的学者们有《天津简史》《天津古代城市发展史》《近代天津城市史》《天津史话》等一大批研究天津历史文化的综合性学术专著及研究天津海关、港口、交通、教育、宗教等众多专门领域学术专著出版。这些著作大都对天津河海文化进行研究推介。进入 21 世纪以来,天津社科院又组织学者在实地调研的基础上,历经数年完成《行与思:大运河文化带考察报告》,并形成数十篇运河研究成果,全方位讨论了河海文化的根与源。

与高校、科研院所有所不同,业务部门立足于自身优势,开展河海文化研究。天津出版传媒集团的《天津运河文化史》详述了天津运河鲜明的水文特征和地域特色。天津市档案馆则依托丰富的馆藏资源,以编修志鉴史的方式推动津派文化传承发展,自 2018 年始共出版 21 部著作,其中包括《天津近代历史人物传(上中下)》《中国近代画报大系·中国近代画报史稿》《皇权的力场:清前中期天津大盐商的兴衰》等成果。天津市文旅局出版《传统与现代的交融:近代天津社会文化变迁》《谈沽论津:讲好天津故事》等专著与通俗读物。

2. 资料整理成果

天津近代历史档案资料丰富,市档案馆以出版档案汇编的形式,自2018年陆续出版了近十部大部头资料汇编,如《近代天津租界档案史料选编》(三卷本)《中国近代画报大系·报刊文论卷·公牍档案卷》《长芦盐务档案史料选编》《天津市档案馆藏运河档案汇编》等,集中展示河海文化的历史底蕴。天津市图书馆深耕古籍文献整理,通过系统性文献工程筑牢津派文化研究的学术根基,在历史文脉传承与地域文化阐释中发挥着承前启后的枢纽作用。该馆以资料汇编的形式出版了《水道寻往:天津图书馆藏清代舆图选》《[康熙]天津卫志》《[乾隆]天津县志》《[同治]续天津县志》《[乾隆]天津府志》《[光绪]重修天津府志》《津门保甲图说》等,全时空展示了天津河海文化丰富的历史文化资料。

此外,天津师范大学古籍保护研究院王振良创有"天津记忆""问津"两大文化品牌,主编相关图书、资料超过500册。其中编印内部资料《天津记忆》130期,主编出版大型丛书《问津文库》109种、《天津文献集成》全50册,编印内部资料《问津》丛刊126种、《品报》电子丛刊36期。主编出版《蒹葭》丛刊2辑24册,《天津记忆文库》2种,编印内部资料《秋水文库》3种,影印天津文献84种,有力推动了天津河海文化研究。

3. 宣传推介成果

早在 1980 年,市委便根据改革开放新形势下天津外宣工作需要,组织天津社科院编写《天津简史》,相关部门编写《天津旅游指南》,天津人民美术出版社和天津新闻图片社编印《天津画册》《天津旅游挂历》等,对外宣传天津风光和文化风貌,这些宣传资料都展现了天津的河海文化意蕴。此后,天津市各有关单位积极开展河海文化宣传推介,取得可喜成效。

天津图书馆等利用馆藏津派文化资源制作 200 集非遗、红色历史等主题短视频,形成"影像记录—学术研究—传播推广"的完整链条。其中包括拍摄制作 6 集系列专题片《津沽运河行》,以丰富的图片、视频、文献史料,介绍了大运河天津段的开凿历史、通航功能、漕运管理等,全面展现了大运河遗存承载的文化内涵。举办"津派文化沙龙"讲座,围绕丰富多彩的运河文化,为观众展现天津城市的美好记忆。自 2002 年起,持续举办"海津讲坛"公益讲座,宣讲天津历史文化,截至 2025 年 3 月已成功举办 546 期,受益读者 20 余万人次。天津文旅局自 2015 年相继协办津派文化展陈 40 次,其中涉及河海文化有"沽帆影远——天津运河文化展""海河之子——李叔同与天津""'物语新声'——华世奎书法文献精品展""海河原生鱼"等展览。在向大众传播河海文化的同时,天津文旅局注重旅游体验,先后制作《寻梅·又见虞姬》(40 分钟)、《大河向东》(5 分钟)、《数字戏楼》(10 分钟)等沉浸式戏剧活动,让河海文化以娱乐互动方式深入人心。天津市档案馆拍摄大型生态人文纪录片《海河》入藏中央档案馆,并在全球 139 个国家和地区播出。天津师范大学与津云、红桥区文旅局联合拍摄《天津 红桥》,展示了天津河海文化之源。

总体而言,以往关于河海文化的研究已涵盖运河文化资源、海河文化资源和海洋文化资源,但在深度和广度上仍有明显短板。在深度上,一方面多以文化资源的梳理和呈现为主,缺乏全面、系统、深入的理论探讨;另一方面从保护利用等角度展开的研究呈现出某种程度的雷同性。在广度上,涉及运河文化资源和海河文化资源的研究较多,关于海洋文化资源挖掘、保护和利用的研究成果相对较少,对文旅融合和科技赋能等关注不够。

(二)红色文化研究

天津在红色文化研究和利用方面取得丰硕成果,特别是在红色文化保护传承、红色教育开展等方面成效显著。

1. 红色历史研究

当前天津红色文化的研究主要以党在天津的历史发展为主。天津作为中国共产党早期活动的重要地区之一,其党史研究具有深厚历史积淀和丰富的成果。改革开放以来,中共天津市委党史研究室等相关机构通过系统整理、深入挖掘和广泛宣传,出版了大量关于天津党史的专著和资料汇编。这些研究成果涵盖了从建党初期到新时代的各个历史阶段,展现了天津在中国共产党领导下的革命、建设和改革历程。专著、文章、资料汇编、科普读物等各类成果均较为显著。据不完全统计,自 2000 年以来,中共天津市委党史研究室等单位出版党史研究的著作近 70 部,如《中国共产党天津历史》第一卷、第二卷,《中国共产党天津历史大事记》《中国共产党天津历史图鉴》《天津通志·中国共产党天津志》,以及中共天津市各区县历史等天津地方党史通史性著作;发表党史研究方面的文章共100余篇;此外,纪录片、专题片脚本有5部,如《曙光》(第一季至第八季)等;展陈陈列大纲、手册有6册,如"奋斗的历程 辉煌的成就——庆祝中国共产党成立100周年暨中共天津地方党组织发展历程展"等。2023年,天津城建大学设立红色文化遗产研究院,依托建筑、土木、材料等专业学科,发挥其在历史风貌建筑保护等的科研优势,推动红色文化领域多学科交叉研究。

2. 红色文化传承

天津在红色文化成果转化方面的实绩,主要体现在保护利用红色资源、推动红色文化教育与传承、发展红色旅游与文化产业、建设红色文化品牌、加强研究与创新以及区域协同合作等多个方面。这其中,最为突出的是天津的红色教育。开展红色教育是天津市在传承和弘扬红色文化、培育时代新人、增强爱国情怀方面的重要举措。一是以立法方式保护红色资源与载体。天津市颁布了《天津市红色资源保护与传承条例》,成为全国率先进行红色资源保护立法的地区之一,明确了红色资源保护与传承的法律责任和具体措施。落实中央和市委保护传承红色资源的部署要求,贯彻《天津市红色资源保护与传承条例》,按照市政府公布的《天津市红色资源名录(第一批)》和市委宣传部等部门发布的《天津市红色资源体验线路》,做好调查研究,进一步摸清红色资源底数,结合第二批红色资源推荐发布,做好保护开发利用工作。通过系统保护和精细治理,天津将红色血脉融入城市规划和日常生活中,使红色文化成为城市文化的重要组成部分。二是以学校为主阵地开展红色教育。天津大学在党史学习教育中深挖校史中的红色资源,并通过微党课、话剧、瞻仰塑像等形式,让师生重温历史,传承红色基因。天津美术学院注重将红色文化融入校园文化建设,通过校史馆建设、红色艺术创作和第二课堂活动等方式,将红色文化渗透学生的学习和生活。天津艺术职业学院通过举办"197封电报"革命文物进校园宣讲活动,邀请平津战役纪念馆的讲解员深入讲解平津战役的历史意义,生动诠释红色文化的重要性;同时,学院将红色文化融入艺术专业课程,如音乐表演专业的红色经典音乐赏析课和戏剧表演专业的红色题材剧目排练,等等。天津工业大学成立了红色文化研究中心,开展思政课公开课大赛和大学生主题实践活动,推动大中小思政课一体化建设,等等。天津学校在红色教育方面采取了多样化的方式,从课堂教学到社会实践,从校史馆建设到虚拟现实技术应用,全面融入红色文化教育资源,在全国红色教育方面树立了典范、走在了前列。

(三)工商文化研究

改革开放以来,天津加强工商文化研究,取得显著成果。围绕工商文化研究的成果主要有三类。

1. 专著、文章、资料汇编、科普读物

南开大学、天津社科院、天津市档案馆、天津出版传媒集团、市工商联等都是工商文化研究重镇。南开大学以学术专著、档案史料选编为主,重点关注近代天津商业体系、银行业发展以及租界时期

的工商变迁。天津社会科学院以专著、报刊、资料汇编为主,涉及商会、海关、航运业、房地产、造纸业、纺织业、化工业、橡胶业、体育用品业等,研究领域较广、综合性较强。市档案馆注重档案整理与历史挖掘,涉及工商文化与红色文化、河海文化等领域的交叉融合,研究较为多元,馆藏工商档案资源丰富,在史料编纂和数据整理方面具有优势,围绕天津近代经济史料的整理研究成果多,出版《近代天津中国银行档案选编》(上中下三卷)、《天津近代工业档案选编》(上、下卷)、不同历史时期的长芦盐务档案史料选编、多辑《近代经济档案文献汇编》、《近代海关贸易档案:1906—1937》等。天津出版传媒集团以出版近代天津商业经济、老字号品牌、租界经济史料整理为特色。市工商联研究成果主要集中在天津本地企业发展史、老字号品牌保护以及商业制度变迁方面,同时涉及现代经济政策研究。其成果形式多为行业报告与发展规划,而非学术论文,近年来更多关注产业创新、民营经济发展及营商环境优化。

2. 纪录片、专题片脚本

关于工商文化的"纪录片、专题片脚本"类成果,总体呈现以近代天津工商史为核心、叙事性强的特点。就成果数量而言,海河传媒中心最多,以纪录片、专题片脚本为主,关注津商历史、近代商业兴衰以及老字号品牌故事。其传播方式以电视、网络视频为主,侧重大众化呈现,兼具文化普及和商业价值。天津图书馆曾长期播出纪录片《天津近代工业遗产》300分钟(10集)、《天津近代金融遗产》240分钟(8集),以讲述天津近代工商文化。

3. 展陈陈列大纲、手册

据统计,关于工商文化的"展陈陈列大纲、手册"类成果,主要由天津市档案馆等单位举办,主题涵盖工业档案、城市记忆、票证展等多方面内容。总体特征表现为,展陈内容以历史档案为主。

(四)建筑文化研究

天津拥有丰富的历史建筑,相关研究成果也颇为丰富,既有关于建筑本体的研究,也有诸多挖掘建筑背后历史与文化的研究,更有关于历史建筑保护、利用的研究。

天津出版传媒集团出版了《天津小洋楼:名人故居完全档案》四卷本,介绍了天津近300座小洋楼的故事,将近代寓居天津的北洋官僚、工商界人士、文化界名流等各类名人的故事娓娓道来。《丹青粉壁唯独乐:独乐寺壁画之美》聚焦于天津蓟州区独乐寺的壁画艺术,完整收录了独乐寺观音阁内围墙所绘的全部壁画,通过专业研究与通俗表达的结合,系统呈现了独乐寺壁画的历史、艺术与文化价值。还有《天津建筑》《天津老城建筑》《天津园林景观》《天津城市景观》等书籍,也是研究天津建筑文化的重要成果。天津海河传媒集团近些年也非常关注津派建筑文化,制作了一系列纪录片,如《五大道》《津门往事》《说天津》《小楼春秋》等。《天津日报》《今晚报》也相继刊发了"小楼春秋"的系列文章,在建筑文化的传承方面做了大量工作。

南开大学、天津大学、天津师范大学和天津社会科学院、天津市档案馆等机构,在建筑文化方面着力甚多,其中尤以天津大学为代表。天津大学以文化发掘和传承为特色,产学研结合,聚焦新时代文化资源保护传承利用工作,完成了天津历史文化名城、大运河、长城、历史风貌建筑保护利用、历史名园、乡村振兴、文旅融合等领域的大量科研课题和工程项目,取得了一系列重要成果,在团队建设、学术研究、工程实践、科普宣传、学术交流、人才培养等方面成绩显著。一是搭建联合研究机构。以建筑学院为依托,专门设置文化遗产保护学科交叉中心,聚焦津派建筑文化研究和传承工作,形成跨学科协同机制。二是学术研究成果丰硕。关于天津建筑主题,天津大学现已出版学术专著近百部,为天津地域建筑文化的研究和传播作出了突出贡献,积累了深厚的研究基础。如周祖奭等人完成了《中国近代建筑总览·天津篇》,荆其敏等人完成了《天津的建筑文化》《建筑师之笔:天津建筑启示录》,徐苏斌完成了《中国工业遗产史录·天津卷》,滕绍华、荆其敏完成了《天津建筑风格》,朱阳等人完成了《中国传统建筑解析与传承 天津卷》等著作。此外,天津大学还完成了"京杭大运河天津段保护与利用研究""天津地区传统建筑风格与元素调查分析""天津市乡村民居特色解析与传承"等纵向科研课题,对津派建筑文化进行了深入研究和总结。三是具有丰富的工程实践。先后完成了天津大运河、长城、杨柳青、葛沽历史文化名镇、西井峪历史文化名村保护规划,庆王府、广东会馆、利顺德大饭店、安里甘教堂、北洋大学堂旧址、浙江兴业银行、第二工人疗养院修缮设计,以及天津第一机床厂片区城市更新的等工程项目。天津大学的优秀设计人才,立足天津,精准把握天津地域传统,创造众多优秀作品,并建立了强大的数据库。从1941年至今,在沈理源、卢绳、王其亨等老师的带动下,天津大学的建筑测绘传统已经延续了80余年。包括对天津老城厢、五大道、解放北路、蓟州、杨柳青镇等重要区域的系统测绘与研究,为津派建筑文化的保护与传承奠定了坚实基础。四是推进科普和宣传工作。成立建筑历史与遗产保护天津市科普基地,举办"尽缮尽美·天大作为"——天津大学文化遗产保护传承及城市更新专题成果交流分享活动、连续主持天津国际设计周等活动,推动津派建筑文化的学术传播和文化普及。五是多渠道开展学术交流,不断丰富和拓展国际视野,将津派建筑文化打造为全球叙事的"文化样本",让"地方符号"成为"文明名片"。天津大学与法国驻华大使馆联合成立"中法文化遗产与城市研究中心",天津大学主办的国际学术会议"建筑遗产保护与可持续发展·天津"已经举办多届,推动了中外文明交流互鉴。六是人才培养与发展需求相适配。天津大学建筑学院本科生开设对天津建筑认识、建筑设计等课程,研究生开设"中国现代建筑论""建筑遗产保护"等相关课程,对天津建筑文化进行系统讲解。2010 年至今,天津大学建筑学院共有相关研究生学位论文近 90 篇,涉及建筑学、城乡规划、风景园林、环境艺术等领域。天津大学冯骥才文学艺术研究院也在建筑文化方面有所涉及,如冯骥才主编的《小洋楼风情》《珍藏五大道》等书。

此外,天津大学、南开大学、天津师范大学还有很多硕士、博士学位论文聚焦于津派建筑文化研究。例如,天津大学关于近代天津各租界、老城厢等历史街区研究的学位论文,南开大学关于天津劝业场研究的学位论文等,都对天津建筑文化有较为深入的研究。

（五）民俗文化研究

1. 民俗文化研究现状

改革开放以来，关于天津民俗的研究可以分为整体性研究和具体民俗事项研究两个视角。关于天津民俗的整体性研究，其成果形式主要有专著、报刊文章、研究论文等。专著主要有《天津通志·民俗志》《天津民俗》《中国民俗知识》(天津民俗)《民俗天津》《老天津的风俗》等，论文有《天津民俗文化刍议》《基于民俗文化视角下天津 IP 形象设计研究》等，报刊文章有《天津民俗文化是座富矿》《天津：民俗火爆"年"味浓》等。关于天津具体民俗事项的研究，主要形式有专著、论文、报刊文章、普及读物等，其中概述研究有《从"造物"中获得愉悦与享受》《印象非遗》《天工开万物》等。具体事项的介绍和阐释主要集中在饮食民俗、民间技艺、岁时节庆民俗、方言民俗等方面。其中，研究民间技艺的专著主要有《杨柳青木版年画》《见证匠心：杨柳青年画访谈口述史料汇编》《中国杨柳青木版年画线版全集》《天津杨柳青木版年画博物馆馆藏》《天津砖刻艺术》《天津民间濒危发绣艺术》《天津传统地毯艺术》《天津民俗剪纸》《天津当代民间艺术精品集》《津"门"有忆：天津胡同门扇民俗图典》《天津市津南区非物质文化遗产代表性项目图典》等 30 余种，报刊及网络文章主要有《杨柳青年画"娃娃"：经典的时代记忆》等十余种；饮食民俗类的主要著作有《天津传统食品》《天津饮食文化史》等；方言民俗类专著主要有《方言、地域文化与旅游文化综合研究》《天津方言文化研究》《天津方言词典》等；信仰民俗的各类研究有数十种,如《妈祖文化与天津》《皇会》《天津天后宫》《嬗变与传承:现代社会转型期天津皇会的研究》等,以及"天津皇会文化遗产档案"丛书。

就天津民俗研究的现状和发展趋势来看,专著、资料汇编等文史基础学科概括性研究趋势较为稳定,而应用类交叉学科进路以期刊论文为主要形式的研究呈现显著上升趋势。据"中国知网"统计,2013—2024年相关研究激增现象明显,有多个峰值。从学科进路来看,主要以"应用研究""技术研究""开发研究·行业研究"为主,涉及旅游、文化、美术书法雕塑与摄影、艺术舞蹈等多个研究领域。研究的热点主题集中在"民俗文化""天后宫""杨柳青年画""妈祖文化""民俗体育文化""古文化街"等。

为了鼓励天津民俗文化研究,天津市设立了各级课题。例如,2023年天津市教委社科重大项目"天津'非遗'文化资源在教育中国的传承与发展研究",2019年度天津市哲学社会科学规划年度项目"基于田野调查的天津手工技艺非遗活态化保护与传承"等,都对推进天津民俗文化研究发挥了积极作用。

2. 天津民俗开发利用

一是利用城市节事活动"活化"和传播天津民俗文化,打造民俗活动平台。如2024年举行的第一届"天津古文化街民俗文化旅游节",将曲艺、非遗技艺、皇会活化展演、妈祖诞辰活动融入其中,吸引了大量的游客和媒体的关注。2025年春节期间,天津市文化和旅游局联合16个区及有关单位举办"非遗"贺新春"走进非遗 品味天津"系列春节非遗活动,包括我的家乡年、古城过大年、年在非遗馆、年画进万家、点亮中国灯、非遗年货集、花会闹新春、过个非遗年、戏曲大联欢等9大版块55项内容。

二是借助"非遗"平台活化民俗文化。例如,创新"葛沽宝辇会",成为天津民俗文化新品牌。"葛沽宝辇会"是每年春节期间举办的同时祭祀以云霄娘娘为尊的八位娘娘的传统民俗活动,有600多年的历史,现为国家级非物质文化遗产。2024年,葛沽宝辇会有近30万人参加,2025年2月,"葛沽宝辇会"活动创意邀请已成为"网红"的广东国家级非物质遗产代表"潮阳英歌"前来表演,同时还新增"永明灯亭"与"门幡老会"等传统民俗活动,成功"出圈"。再如,提升"天津皇会"规模和知名度。天津皇会,又称"天后宫娘娘庙会"。天后宫妈祖诞辰民俗活动已经举办多届,如2023年的皇会活动中共有18道花会队伍,600余人参加展演。2024年,除了天津皇会活化展演、妈祖诞辰纪念活动外,还有特色市集、文艺演出、短视频大赛等活动。为了使市民更好的体验民俗文化的魅力,还安排了民俗文化博览园56民族拓片手作体验、脸谱绘制、皮影绘制手工体验、绢人制作手工等民间工艺体验活动。

三是利用文创产品活化天津民俗文化。近年,为了更好地宣传津派文化,各博物馆、创意工作室、老字号企业等,都设计出产了各种形式的文创产品,如杨柳青年画为题材的《海河绘》图书折页、《富贵有余》瓷板画插屏等,均取得一定的社会效益。

四是民俗文化与数字化相结合的开发利用。天津市非遗保护中心完成了全市非遗资源数据库基础建设,建设运营"天津市非物质文化遗产网",面向社会公布全市市级以上非物质文化遗产名录。

天津大学建设了"非遗学"学术资源网站,南开大学建设了"庄浪县非遗数字文化资源平台",天津中医药大学建设了"中医药文化研究与传播中心",天津艺术职业学院建设了"曲艺文化传承与创新教学资源库"。

五是各类展览促进民俗文化的传播利用。天津博物馆、天津大学冯骥才博物馆等曾多次举办民俗文化主题展览,如"'艺术+文化遗产'课程群成果展暨首届民俗艺术节"以及"俗世雅趣——天津民间艺术品展""刻画洞天——天津博物馆藏砖雕展""秋澄万景清——中秋文化展""中国民间艺术的瑰宝——天津博物馆藏杨柳青年画展""非遗焕彩　古艺迎春——天津民俗文化展""杨柳青青话年画""俗世雅趣——天津民间工艺品展""沽上风物——天津民间工艺展"等展览。

(六)演艺文化研究

关于津派曲艺、戏剧、戏曲、传统舞蹈、影视等的研究较为丰硕。改革开放至新时期,天津戏曲理论和戏曲史的整理和研究也取得了重要的突破。20世纪八十年代至九十年代,《中国戏曲志·天津卷》《中国戏曲音乐集成·天津卷》等相继出版,对戏曲史及戏曲本体进行了深入细致的分析研究。夏冬等编著《天津戏曲史》是近年出版的一部全面记述天津市各戏曲剧种发展历史的力作。

1. 话剧百年:从文明戏到津味戏剧的嬗变

开埠后的天津成为西方戏剧东渐的前沿。1871年英国侨民组建天津业余剧团,1909年张伯苓导演《用非所学》开启本土话剧先河。南开新剧团(1914年)引入西方戏剧理论,张彭春改编《钦差大使》《娜拉》等经典,其《新村正》因批判现实引发轰动,被胡适誉为"完成话剧现代化转型"。20世纪30年代,职业剧团如雨后春笋,曹禺《雷雨》《日出》在津首演轰动全国,焦菊隐、黄佐临等名家崛起。左翼剧团"三三剧团"排演《梅雨》《活路》传播进步思想,形成关注现实的传统。抗战期间,《原野》《群鬼》等剧目坚持演出,保持文化火种。新中国成立后,天津人艺融合多元文艺力量,创作《六号门》《龙须沟》等作品屡获殊荣。1956年,《前夜》晋京演出,独创无缝纱幕技术,具有"思想性+艺术性"特色。改革开放后,《闯江湖》开创津味戏剧流派。1986年,《李尔王》实现西洋经典本土化突破。面对娱乐冲击,天津话剧开启"送戏进校园"等创新模式。《蛐蛐四爷》晋京巡演并赴台交流,儿童剧《少年霍元甲》荣获"五个一工程"奖。新世纪《家》以女性视角重构经典,融合现代舞台技术焕发新生。津味话剧通过方言运用、民俗展现、小人物塑造,形成独特艺术风貌。

2. 影视发展:技术革新与城市记忆的交响

民国时期,天津虽无本土制片业,但租界文化孕育出放映业繁荣。《红旗谱》成为时代印记,并创作新闻纪录片。2000年以来,天津北方电影集团通过《康定情歌》《兔侠传奇》等多元探索实现技术突破。《兔侠传奇》以传统兔儿爷形象打造中国风动画标杆,戏曲电影工程运用4K全景声技术重现经典,开创"像音像"工程新模式。2004年华北首座五星级万达影城开业,至2015年,天津市银幕数突破484块。机制革新释放市场动能,天津影院已从放映空间进化为文化综合体。

3.舞蹈史诗:漕运基因的身体语言

北魏至唐代铜像、乐俑展现早期艺术萌芽,金元漕运盛景注入民间舞蹈基因。天后宫祭祀庙会催生的"皇会",高跷、法鼓、秧歌等艺术形式在运河码头生根发芽,见证艺术生命力的蓬勃迸发。在现代社会,专业院团将芭蕾本土化,《红色娘子军》影响深远;原创舞剧《泥人的事》《精卫》则以现代叙事重塑传统美学。

4.津派相声:市井智慧的活态传承

天津相声,作为城市的文化名片,历经百年沧桑,深刻映照了传统文化的传承密码。清末民初,相声在天津逐渐发展,艺人们"撂地"演出,在鸟市、街头支起简易舞台,用市井幽默慰藉底层民众。20世纪20年代,相声进入茶馆、堂会等半开放空间,观众可自由进出,"流动剧场"模式促成其从贫民艺术向雅俗共赏的蜕变。常宝堃、马三立等大师通过电台传播,使天津相声突破物理空间限制,成为全国闻名的文化符号。改革开放后,传统茶馆迎来新生。谦祥益、名流茶馆等老字号剧场,在商业化运营中重塑相声生态。西岸相声会馆等"新派"阵地融合时尚元素,吸引"80后""90后"成为消费主力,传统艺术由此完成代际传承。人才培养体系的革新为传承注入活水。从马氏相声的家族传承,到北方曲艺学校的科班教育,再到高校社团的薪火相传,天津构建起"老带新"的传承网络。

(七) 文博文化研究

1.文博文化研究现状

研究团队方面,有天津博物馆、南开大学、天津社会科学院、天津大学、天津师范大学等研究机构,涌现出一批获得丰硕成果的专家学者。南开大学的历史学院、经济学院、外国语学院、日本研究院、文学院等学院或研究机构,都有一批专家学者取得了较好的研究成果。这些成果,多涉及文博文化方面的内容。天津社会科学院是津派文化研究的重镇,尤其文学与文化所、历史所、哲学所等,近些年出版相关专著、文集100余部,发表期刊、报纸论文140余篇,其中许多成果与文博文化相关,涉及租界、文庙等多方面内容。天津大学冯骥才文学艺术研究院以"学院博物馆化"为理念,正在建设中"天津大学冯骥才博物馆",将对现冯研院大楼及其南侧土木工程系土建馆进行改建,本身有文保建筑保护修缮及活化利用的意义。整座博物馆共设有8个常设展览,有大量与津派文化相关的展陈内容。天津市档案馆在开展档案史料研究开发、档案文献展览、拍摄纪录片专题片、出版志鉴史等文化产品等方面取得不少成果,资助出版《近代天津地区博物馆史研究》等专著20余部,出版《天津市志·文物博物馆志》等志书20余本。

2. 文博文化开发利用

天津积极推动智慧博物馆的建设,通过沉浸式体验、智能技术应用和政策支持取得初步成果。以 BIM(建筑信息模型)技术为代表的智能建筑示范项目,为博物馆的智慧化改造(如展厅升级、设施智能化)提供了技术支撑。文物保护与活化利用方面,2023 年《天津市关于让文物活起来实施方案(2022—2025 年)》发布,提出数字化、跨界融合等 15 项任务,推动文物资源"活态化"。科技赋能文物保护,采用低反射玻璃展柜、环境监测器、RP 封存保护等技术,实现文物微环境精准控制。革新修缮技术,应用三维激光扫描、BIM 建模等技术,实现"靶向治疗"式修复,减少对文物本体的干预。文化创意与产业融合方面,2024 年天津市文博创意设计大赛累计收到200 余个方案,涵盖非遗实物与数字产品,推动"津韵"文化品牌建设;打造京津冀文化地标,推动红色旅游线路开发,积极探索和开展"博物馆+"与各行业的融合创新。

(八)休闲文化研究

自 2003 年以来,关于天津市休闲文化的研究论著超过 100 种,其中论文类(含政策文件、报纸文章)超过 90 种,专著类(含研究报告)超过 10 种。

目前,年度研究成果数量整体上呈逐步增长趋势。早期(2003—2009 年)研究数量相对较少,每年平均 4—5 篇,反映出当时天津休闲文化研究处于起步探索阶段。2010—2019 年,研究数量有明显增长,平均每年 7—8 篇,说明该时期天津休闲文化相关产业发展受到更多关注,研究热度上升。2020 年后,文献数量不多,但仍有新的研究产出,也表明对天津休闲文化的研究在持续进行。

这一发展趋势与天津城市的整体发展进程紧密相连。在2003—2009 年,天津正处于城市快速发展的初期,重点更多放在基础设施建设、经济发展的基础领域,休闲文化产业尚处于培育阶段,因此相关研究较少。随着城市经济的稳步提升,居民收入增加,对休闲文化的需求日益增长,2010—2019 年休闲文化产业迎来发展机遇,学者们对其关注度也随之提高。2020 年后,尽管受到一些外部因素如疫情的影响,但人们对休闲文化的重视程度不减反增,研究也在持续推进,不过由于特殊时期的限制,研究产出数量相对稳定但维持在一定水平。

目前具体的研究领域广泛,涵盖休闲旅游、休闲农业、休闲体育、休闲渔业、休闲餐饮、城市休闲服务体系多个方面。其中,休闲旅游和休闲农业相关研究占比较大,分别约为30%和25%。这体现出天津的旅游资源和农业基础使其在这两个领域的休闲文化发展受到重点关注。休闲体育、休闲渔业等领域,也有一定数量的研究,各自占比在10%~15%,说明天津休闲文化的多元化发展格局受到学者们的重视。

休闲旅游研究占比较高,主要是因为天津拥有独特的历史文化和自然景观资源。作为历史文化名城,有众多的历史建筑、文化街区等人文景观,同时还有海河、滨海等自然景观资源,这些都为休闲旅游的发展提供了坚实基础。休闲农业研究占比较大则得益于天津的农业资源和城市居民对田园生活的向往。天津周边有丰富的农田、果园等农业资源,发展休闲农业既能满足城市居民亲近自然、体验农事的需求,又能促进农村经济发展,实现乡村振兴。

四、津派文化研究现状总体分析

(一)津派文化研究具有良好基础

1.津派文化资源丰富,研究空间广阔

河海文化、红色文化、工商文化、建筑文化、民俗文化、演艺文

化、文博文化、休闲文化八种文化形态皆具有众多历史遗存、场馆景点、文献档案等物质载体,同时也皆蕴含着许多感人肺腑、引人入胜的发展经历、历史故事等精神内涵。这些文化资源具有鲜明的津派特色,展现了天津文化特质和精神气质,体现了津派文化在中华文明发展史上的独特贡献和显著地位。这为开展津派文化研究提供了丰富资源和广阔空间。

2. 津派文化研究的专家队伍不断壮大

经过数十年努力,天津市培养了一批热爱天津、学有专长的津派文化研究专家。这些专家学者分布于全市各高校、社科院、党校、博物馆、档案馆等学术机构以及相关党政机关、社会组织、民间团体,既有全国知名的老专家,也有年富力强的中青年学者。特别是近年来,天津许多高校、科研单位引进培养了一批受过规范专业学术训练、学术功底较好、热衷津派文化研究的青年学者,这为推进津派文化研究的长远发展、提升津派文化研究的学术水平提供了较好的人才保障。当前,社会各界对加强津派文化研究热情高涨,从事津派文化研究的学者队伍正在迅速壮大,学界开展津派文化研究的干劲十足,进一步增强了津派文化研究力量。

3. 以往的研究成果为进一步加强津派文化研究做了学术积累

近代以来,天津社会各界在保护传承本地历史文化方面取得了较为丰硕的成果。特别是改革开放以来,天津市在津派文化研究的学科建设、成果创作、传承利用等方面都取得显著成效。一是在学科建设方面,天津有关高校、科研单位在党史党建、哲学、历史学、文学、表演艺术、建筑学、文物与博物馆学等多个学科都建有专门的院系或研究所,在全国学界具有重要影响。天津历史、天津文学、天津曲艺、天津建筑等都是他们的重点研究方向,这为加强津派文化研究奠定了较好的学科基础。二是在成果创作方面,以往数十年研究创作了大量高水平津派文化研究成果。这些成果形式多样,既有学术专著、学术论文,也有影视作品、展陈资料等。特别是在天津通史的研究方面,天津学界从改革开放初期编写《天津简史》,到近年来开展天津文学史、宗教史、交通史、教育史等专门领域通史研究,呈现出一大批高水平成果,初步建构了关于天津历史文化的研究体系和总体框架。三是在传承利用方面,无论是历史街区、工业遗产的保护利用,还是文旅资源的开发,近年来都取得显著成效,积累了成功经验。

(二)以往研究存在的短板或不足

近年来,天津市在研究阐释、传承利用津派文化方面成绩非常显著。同时也应看到,津派文化研究在部分领域仍存在短板或不足。

1. 思想认识有误区

部分学者、社会人士对津派文化资源的认识存在不足。有的学者以天津城市发展史等同于整个天津市的历史,以中心城区的文化史代替整个天津市域的文化史。鉴于天津是近代开埠以后兴起的城市,有六百多年的建城史,他们误认为,天津历史相对较短,古代历史文化资源不足。这便忽视了天津数万年人类史、数千年文明史所创造的历史文化资源,对天津市域存在的丰富文化资源了解不够、缺乏足够自信,淡化了天津在数千年中华文明史上的独特贡献和地位,进而影响了研究宣传津派文化的主动性、自觉性,也不利于人力物力的投入。

2. 研究广度有局限

从研究的地域看,以往的研究主要集中于与天津市区有关的历史文化领域,重点关注天津城市的发展历史以及发生在天津城区的历史事件、文化活动,而对城区之外的部分区的历史文化关注不足,相对忽视了蓟州等具有数千年历史、具有全国影响的边关重镇的研究。从研究的时段看,以往的研究更多地关注一百余年天津近现代历史文化,对古代天津历史文化关注不足,相对忽视了数千年天津古代历史文化的研究。从研究的内容看,以往的研究更多关注于天津的风土民情、民俗文化研究,而对天津的学术思想史的研究关注不足,相对忽视了数千年来天津历代学者在中华学术思想史上的作用。

3. 研究深度有欠缺

一是学术界的研究成果更多集中于通史研究,细化研究成果相对不足。以往的研究曾创作大批高水平学术成果,但这些高水平成果大多属于通史研究。学界通过这些通史研究搭建了津派文化研究的总体框架体系,但在进一步的细化研究方面成果相对不足。已出版的天津通史著作大多略古详今,对古代天津历史文化的研究叙述不够全面深入,难以从天津数千年历史中准确梳理出其中的发展规律、学术传统和文脉传承。二是社会各界对天津民俗关注较多,存在研究碎片化现象。对天津风土民情、历史文化等方面具体事件的研究尽管较多,但很多成果是通俗读本,学术研究的规范性不强,相对缺少全国视野、缺少系统性。三是对八种文化形态的研究不均衡。对河海文化、红色文化的学术研究相对较为深入,对民俗文化、演艺文化的社会关注也相对较多,而对工商文化、建筑文化特别是文博文化、休闲文化的研究相对不足。

(三)新形势下加强津派文化研究的设想建议

1. 以宣传阐释为抓手,凝聚开创津派文化研究新局面的
　　强大力量

习近平总书记视察天津并发表重要讲话,为新形势下加强津派文化研究指明了正确方向,提供了强大动力。当前,全市已经掀起津派文化研究热潮。要深入学习贯彻、宣传阐释习近平总书记视察天津重要讲话精神,充分调动社会各界关注津派文化、研究津派文化、宣传津派文化的饱满热情,充分利用当前文化建设的大好形势,进一步加强津派文化的宣传阐释,利用学术创作、新闻报道、影视作品、文娱活动等各种形式,引导社会各界了解、热爱丰富多彩的津派文化,树立对天津历史文化的自觉自信,凝聚起推进津派文化研究的强大力量。

2. 以津派文化研究中心为平台,加强对津派文化研究的
　　组织协调

经过数十年的发展,天津市已培养了一批津派文化研究人员,但这些人员散在于各高校、科研单位及其他社会机构,以往多是凭借个人爱好、一腔热情从事津派文化研究,缺少对他们的组织协调,

未能充分实现力量整合。今后要积极加强津派文化研究中心建设，充分发挥其平台作用，整合各有关单位人员力量，不断壮大津派文化研究队伍。要充分用好天津各有关单位在文史哲、政经法以及文艺、工程等各领域的学科建设成果，组织开展跨学科、跨单位研究，实现学科建设、学术研究、宣传推介、传承利用有机结合、一体推进。

3. 以文献整理为基础，夯实津派文化研究的学术根基

开展津派文化的学术研究，必须要有科学的精神、严谨的态度、学术的规范，既要深入阐发津派文化的丰富内涵、精神价值，又要有充分的学理支撑、翔实的资料支持、规范的学术方法，这就需要大量津派文化文献作为依据。要加大对古籍整理、文献汇编等工作的支持力度，在课题设立、出版资助等方面加强对津派文化文献整理工作的支持，让更多馆藏文献通过整理出版走向社会，让古籍里的津派文化活起来，夯实津派文化学术研究和社会宣传的文献根基。

4. 以标识塑造为抓手，打造津派文化宣传推广品牌

要深入研究津派文化的代表性形态，结合八种文化形态研究，打造体现天津特色、便于推广、便于记忆的津派文化标识。要着眼于加强国际化大都市建设、提升天津现代化精神风貌的需要，加强津派文化的推介宣传，努力让津派文化走向世界，向世界各国讲好"天津故事"。

5. 以文旅融合为重点，推进津派文化有效传承利用

要加强津派文化资源的保护利用，坚持在发展中保护、在保护中发展，坚持以文塑旅、以旅彰文，推进文旅商体展深度融合，以津派文化研究赋能城市更新、产业焕新。要总结红色文化利用、工业

遗产活化等方面的成功经验,梳理八种文化资源传承利用状况,积极创新津派文化传承利用方式,推动理念创新、学术创新、技术创新、载体创新。要结合八种文化形态,积极开发旅游线路,打造精品旅游品牌,努力开创津派文化保护传承、研究利用新局面。

后 记

为进一步推动学习贯彻习近平总书记视察天津重要讲话精神落地落实、见行见效,按照天津市推动文化传承发展工作会议暨全市旅游发展大会关于创新文化发展形态,努力打造特色鲜明、内涵深刻的津派文化品牌的部署要求,更好汇聚学术界智慧,深入挖掘和传承发展津派文化,在市委宣传部领导下,在各界学者及同仁支持下,作为津派文化研究中心的重要学术成果——《津派文化研究》集刊终于付梓。集刊的诞生凝结了多方心血,在此谨向所有支持本刊的领导和专家学者致以诚挚感谢!

本刊以习近平文化思想为指导,秉持守正创新的学术理念,既注重挖掘天津深厚的历史文化资源,又关注其在当代社会中的创造性转化、创新性发展,旨在打造展示津派文化研究成果的重要载体,促进津派文化研究学术化、专业化,增强津派文化研究学理性、系统性,切实为展现城市文化特色和精神气质,传承发展城市文化、培育滋养城市文明提供学理支撑和善策良方。

本刊遵循"立足天津、面向全国、对话国际"的办刊原则,设置"习近平文化思想研究""津派文化大家谈""津派文化专题论丛""津派文化名家学人""学术述评"等特色专栏,邀约专家学者从不同视角深度探讨津派文化。每年两辑,由天津社会科学院出版社出版。

文化如水,润物无声;学术如灯,照亮前路。《津派文化研究》集刊的诞生,既是阶段性总结,更是全新起点。文化如河,奔流不息;研究之路,未有穷期。愿我们以学术之薪火,照亮津派文化的过去、现在与未来,为推动文化传承发展善作善成,建设社会主义现代化大都市贡献理论津军的力量。

津派文化研究中心

2025 年 6 月